찬미의 제사

찬미의 제사

발행일   2016년 8월 31일

지은이   장덕재
펴낸이   최진숙
펴낸곳   다니엘미션
출판등록   제 2016-000042 호
주소   수원시 권선구 평동로 114-5, 103호
전화번호   010-8143-0972   이메일   djjbible@naver.com

ISBN   979-11-958538-0-9 03230

이 도서의 국립중앙도서관 출판예정도서목록(CIP)은 서지정보유통지원시스템 홈페이지(http://seoji.nl.go.kr)와
국가자료공동목록시스템(http://www.nl.go.kr/kolisnet)에서 이용하실 수 있습니다.
(CIP제어번호 : CIP2016019344)

찬미의 제사

장덕재(Paul) 지음

찬송은
고난의 터널을 빠져 나오는
최상의 선택이다!

다니엘미션

출간에 즈음하여

말씀에 사로잡혀서 달려온 세월이 어언 30여 년이 되었습니다.

하나님께서는 어느 날, "이제는 그것들을 책으로 기록하라"고 명령하셨습니다. 무엇을 어디서부터 정리해야 할지 무척 난감했지만 기억나게 하시는 대로 하나씩 정리하다 보니 그것들이 10권의 책이 되었습니다. 모든 것은 그 분께서 하셨고 저는 그 분의 지시를 따라 '창고 정리'만 했을 따름입니다.

또 "그것들을 이제는 책으로 출간하라"고 말씀하셨습니다. 더더욱 두렵고 떨려서 많이 망설였습니다. 그러나 이제는 더 이상 회피할 수가 없어서 순종하는 마음으로 이렇게 출간을 합니다. 하나님께서 출간하라는 순서대로 출간을 하다 보니, 집필순서와는 다르게 〈찬미의 제사〉와 〈다니엘의 기도〉가 맨 먼저 출간이 되었습니다. 참된 예배의 회복과 인재 양성의 필요성을 강조하는 내용입니다. 하나님께서 우리에게 그것들을 최우선으로 요구하시는 것 같습니다.

이 책을 집필할 수 있도록 도움을 주신 성지구국기도원 원장님 내외분께 진심으로 감사를 드립니다. 7년 동안 이 동산에 머물며 기도와 집필에 전념할 수 있도록 환경과 여건을 제공해 주신 참으로 고마운 분들입니다. 또한 기도원 총무인 양창렬 전도사님께 감사를 드립니다.

기도원 관리를 도맡아 하면서도 한 번도 불평하지 아니하고 묵묵히 저를 후원하셨습니다. 또한 이 책의 출판을 후원해 주신 진재승 장로님(유한킴벌리 부사장) 내외분께 진심으로 감사를 드립니다. 장로님은 복음으로 인재를 키우는 사역에 지대한 관심과 열정을 갖고 계신 분이십니다. 마지막으로 아내 최진숙 사모와 아들 위민이에게 참으로 미안함과 고마움을 표합니다. 나의 나 된 것은 첫째는 하나님의 은혜요 다음은 가족의 희생이 있었기 때문입니다. 그들의 희생으로 인하여 이 책들이 세상에 빛을 보게 된 셈이기 때문입니다.

그러나 모든 공로는 최종적으로 우리 하나님께 있습니다. 그 분께서 이 모든 환경과 여건을 조성하시고 선한 길로 인도하셨기 때문입니다. 부디 이 책들이 이 시대의 교회와 성도를 깨우며 하나님의 기쁜 뜻을 이루는 거룩한 도구로 쓰임 받기를 간절히 소망합니다.

2016년 6월 5일, 성지동산 기도처에서

장 덕 재 (Paul Jang)

프롤로그

하나님은 제사를 기뻐하십니다. 특별히 감사의 제사를 기뻐하십니다. 마음의 고백이기 때문입니다. 제사 중에 제사는 찬미의 제사입니다. 믿음의 고백이기 때문입니다. 고난의 궁극적 목적이, 세상을 창조하신 창조의 목적이 여기에 있습니다.

이러므로 우리가 예수로 말미암아 항상 찬미의 제사를 하나님께 드리자. 이는 그 이름을 증거하는 입술의 열매니라.(히 13:15)

감사로 제사를 드리는 자가 나를 영화롭게 하나니, 그 행위를 옳게 하는 자에게 내가 하나님의 구원을 보이리라.(시 50:23)

내가 노래로 하나님의 이름을 찬송하며, 감사함으로 하나님을 광대하시다 하리니, 이것이 소 곧 뿔과 굽이 있는 황소를 드림보다 여호와를 더욱 기쁘시게 함이 될 것이라.(시 69:30-31)

차례

창조의 목적

〈창세기〉는 태초에(In the beginning) 하나님께서 천지를 창조하셨다고 기록하고 있습니다. 창조의 시기는 태초이고, 창조의 주체는 하나님이시라고 선언합니다. 〈요한복음〉은 말씀으로 만물을 창조하셨다고 기록하고 있습니다. 창조의 방법이 하나님의 말씀이라는 것입니다. 〈잠언〉은 지혜로 천지를 창조했다고 기록하고 있습니다. 창조의 도구가 지혜라는 것입니다.

요약하면, "태초에 하나님께서 지혜의 말씀으로 천지를 창조하셨다"라고 할 수 있습니다. 엿새 동안 창조하셨다고 하셨으니 창조의 기간도 명기된 셈입니다.

그리고 하나님이 지으신 그 모든 것들이 '하나님이 보시기에 좋았다'라고 기록하고 있습니다. 특별히 인간을 창조한 마지막 날은, '하나님이 보시기에 심히 좋았다'라고 기록하고 있습니다.

✝ 태초에 하나님이 천지(우주)를 창조하시니라.(창 1:1)

[NIV]창 1:1

In the beginning, God created the heavens and the earth.

[ISV]창 1:1

In the beginning, God created the universe.

✝ 태초에 말씀이 계시니라. 이 말씀이 하나님과 함께 계셨으니 이

말씀은 곧 하나님이시니라. 그가 태초에 하나님과 함께 계셨고, 만물이 그로 말미암아 지은 바 되었으니, 지은 것이 하나도 그가 없이는 된 것이 없느니라.(요 1:1-3)

[NIV]요 1:1-3

In the beginning was **the Word**, and the Word was with God, and the Word was God. Through him all things were made; without him nothing was made that has been made.

† 여호와께서 그 조화의 시작 곧 태초에 일하시기 전에 나(지혜)를 가지셨으며, 만세 전부터, 상고부터, 땅이 생기기 전부터 내가 세움을 입었나니… 내가 그 곁에 있어서 창조자가 되어 날마다 그 기뻐하신 바가 되었으며, 항상 그 앞에서 즐거워하였으며(잠 8:22-30)

[표준새번역]잠 8:30

나는 그 분 곁에서 창조의 명공(기능공)이 되어, 날마다 그 분을 즐겁게 하여 드리고, 나 또한 그 분 앞에서 늘 기뻐하였다.

[NKJV]잠 8:30

Then I was beside Him as 'a master craftsman'; And I was daily His delight, Rejoicing always before Him,

해설 '창조자'의 히브리어 **아몬**(אָמוֹן)은 '기술자, 건축가, 명장, 기능공, 공교한 건축가'를 의미합니다. 영어 성경은 a master craftsman, a master worker, an architect, a skilled craftsman 등으로 번역했습니다.

† 하나님이 그 지으신 모든 것을 보시니 보시기에 심히 좋았더라. 저녁이 되며 아침이 되니 이는 여섯째 날이니라.(창 1:31)

[NIV]창 1:31

God saw all that he had made, and it was very good. And there was evening, and there was morning--the sixth day.

정리하면, 창조의 시기는(when) 태초, 창조의 주체는(who) 하나님, 창조의 방법은(how) 말씀, 창조의 도구는(what) 지혜, 창조의 기간은 6일간, 창조의 결과는 '좋았더라'(good) 입니다.

그런데 살펴보면 창세기 1장에는 창조의 목적과 동기가 분명하게 나타나 있지를 않습니다. 하나님께서 천지를 창조하신 목적(object)이 과연 무엇일까? 하나님께서 천지를 창조하신 근본 동기(motive)는 과연 무엇일까? 특별히 아담(아담은 사람이라는 뜻)을 창조하신 진짜 이유(why)는 과연 무엇일까? 그것이 나와는 과연 무슨 상관이 있을까? 우리는 이런 것들이 궁금합니다.

하나님께서 천지를 창조하신 데는, 분명한 목적과 이유가 있었을 것입니다. 더구나 당신의 형상을 닮은 아담(사람)을 창조하신 데는, 더 확실한 목적과 이유가 있었지 않겠습니까? 이런 것들을 분명하게 알아야 우리의 정체성이 확립됩니다. 예수님의 십자가를 좀 더 깊이 이해할 수가 있습니다.

그런데 놀랍게도 여기에는 '찬송의 비밀'이 숨겨져 있습니다. 찬송은 천지 창조의 중요한 목적입니다. 우주의 비밀입니다!

1
창조의 동기

하나님이 천지를 창조하신 동기는 하나님의 정체성에서 찾을 수가 있습니다. 하나님이 왜 천지를 창조하셨나요? 단지 피조물을 통해서 영광 받기 위해서 천지를 창조하셨나요? 그렇지 않습니다. 그것은 기계적인 대답이지, 절대로 만족할 만한 답변은 아닙니다. 하나님은 우리가 영광 돌리지 않아도 충분히 영광스러운 분이십니다. 하나님은 영광 그 자체이십니다. 무언가가 부족해서 우리에게 무엇을 요구하시는 분은 더더욱 아닙니다. 그러면 왜 천지를 창조하셨나요? 왜 우주와 만물을 지으셨나요?

요한 1서에 그 답이 있습니다. "하나님은 사랑이시라."

✝ 하나님이 우리를 사랑하시는 사랑을 우리가 알고 믿었노니, 하나님은 사랑이시라. 사랑 안에 거하는 자는 하나님 안에 거하고, 하나님도 그 안에 거하시느니라.(요일 4:16)

✝ 사랑하는 자들아 우리가 서로 사랑하자. 사랑은 하나님께 속한

것이니, 이는 하나님은 사랑이심이라. 사랑은 여기 있으니, 우리가 하나님을 사랑한 것이 아니요, 오직 하나님이 우리를 사랑하사 우리 죄를 위하여 화목제로 그 아들을 보내셨음이니라.(요일 4:7-10)

하나님은 속성 자체가 사랑이십니다. 사랑 그 자체이십니다. 사랑은 주는 것입니다. 베푸는 것입니다. 베풀기 위해서는 대상이 필요합니다. 사랑의 대상이 필요합니다. 교제의 대상이 필요합니다. 그 대상으로, 하나님께서는 천지와 만물을 창조하셨습니다. 특별히 당신의 형상을 닮은 인간(아담)을 지으셨습니다.

따라서 하나님께서 천지와 만물을 지으시고 기뻐하셨다는 말씀은, 곧 '하나님께서 행복하셨다'는 의미입니다. 사랑은 베풀 때 행복합니다. 사랑을 베풀 대상이 생겨나니, 사랑의 하나님은 그것을 보시고 행복하셨다는 것입니다. 하나님은 당신 자신의 행복을 위해서 천지 만물을 창조하셨습니다. 특별히 당신의 형상을 닮은 인간(아담)을 창조하셨습니다.

† 하나님이 그 지으신 모든 것을 보시니 보시기에 심히 좋았더라. 저녁이 되며 아침이 되니 이는 여섯째 날이니라.(창 1:31)

[GNT]창 1:31
God looked at everything he had made, and he was very pleased. Evening passed and morning came - that was the sixth day.

해설 '좋았더라'의 히브리어 **토브(וב)**는 '좋은, 선한, 아름다운, 복된, 형통한' 등의 의미로 '행복'과 관련된 단어입니다.

그렇다면 하나님은 언제 가장 행복하십니까? 당신의 자녀들이 행복할 때 하나님 자신도 행복하십니다. 예를 들겠습니다. 부부가 결혼해서 왜 자녀를 낳습니까? 자녀를 통하여 영광 받기 위해서입니까? 아니면 늙어서 효도 받기 위해서입니까? 아니지요. 그것은 중요한 이유가 아닙니다. 자녀가 있어야 부모 자신이 행복하기 때문입니다.

그러면 부모는 언제 행복합니까? 자녀가 행복할 때 부모도 행복합니다. 영광, 효도 받는 것은 그 다음의 일입니다. 하나님도 마찬가지입니다. 자녀인 우리가 행복할 때 하나님 자신도 행복하십니다. 영광 받으시는 것은 그 다음의 일입니다. 하나님은 사랑이시기 때문입니다.

그렇다면 자녀는 언제 행복합니까? 부모의 은혜와 사랑을 깨닫고, 항상 부모의 그늘 아래 거할 때 행복합니다. 부모를 떠나서는 절대로 행복할 수가 없습니다. 집을 나간 탕자의 비유는 좋은 예입니다. 포도나무의 비유도 마찬가지입니다.

† 그 둘째가 아비에게 말하되, 아버지여 재산 중에서 내게 돌아올 분깃을 내게 주소서 하는지라. 아비가 그 살림을 각각 나눠 주었더니, 그 후 며칠이 못 되어 둘째 아들이 재산을 다 모아 가지고 먼 나라에 가 거기서 허랑방탕하여 그 재산을 허비하더니, 다 없이한 후 그 나라에 크게 흉년이 들어 저가 비로소 궁핍한지라. 가서 그 나라 백성 중 하나에게 붙여 사니 그가 저를 들로 보내어 돼지를 치게 하였는데, 저가 돼지 먹는 쥐엄 열매로 배를 채우고자 하되 주는 자가 없는지라. 이에 스스로 돌이켜 가로되, 내 아버지에게는 양식이 풍족한 품꾼이 얼마나 많은고, 나는 여기서 주려 죽는구나.(눅 15:12-17)

† 나는 포도나무요 너희는 가지니, 저가 내 안에, 내가 저 안에 있으면 이 사람은 과실을 많이 맺나니, 나를 떠나서는 너희가 아무것도 할 수 없음이라. 사람이 내 안에 거하지 아니하면 (쓸모없는)가지처럼 밖에 버리워 말라지나니, 사람들이 이것을 모아다가 불에 던져 사르느니라.(요 15:5-6)

그러면, 부모의 그늘 아래 거하는 자녀가 해야 할 일은 무엇입니까? 간단합니다. 부모의 뜻에 순종하고 복종하는 것입니다. 항상 그 은혜와 사랑에 감사하면서, 늘 감사를 표현하는 것입니다. 그것이 효도입니다. 표현이 중요합니다. 감사의 고백이 참으로 중요합니다. 그것은 자녀가 자녀 됨의 증표요, 부모를 부모로 공경하는 표시이기 때문입니다.

하나님과의 관계도 마찬가지입니다. 하나님의 자녀인 우리들이 하나님을 부모로 인정하고 하나님께 사랑의 고백, 감사의 고백을 드릴 때, 하나님은 그것을 너무나 기뻐하시고, 영광 받으십니다. '뿔과 굽이 달린 황소의 제물보다도 그것을 더 기뻐하십니다. 하나님은 그 고백을 듣고 싶어서, 온 우주와 만물을 창조하시고, 마지막으로 당신의 형상을 닮은 인간을 창조하셨기 때문입니다.

그렇다면 그 고백이 과연 무엇일까요? 하나님을 기쁘시게 하는 최고의 고백이 과연 무엇일까요? 앞에서 살펴본 대로 감사 찬송, 감사 기도입니다. 특별히 감사 찬송입니다. 여기에 찬송의 비밀이 있습니다. 복음의 비밀이 있습니다.

찬송은 천지 창조의 중요한 목적입니다. 우주의 비밀입니다!

2
우주의 창조 목적

하나님이 창조하신 별들이 새벽부터 하나님을 찬양하고 있습니다. '별들의 찬양'입니다. 해와 달이 하나님의 영광을 찬양하고 있습니다. '태양계의 찬양'입니다. 은하계가 하나님의 영광을 찬양하고 있습니다. '하늘의 찬양'입니다. 전체 우주가 하나님의 영광을 찬양하고 있습니다. '우주의 찬양'입니다. 찬양은 우주의 창조 목적입니다.

† 내가 땅의 기초를 놓을 때에 네가 어디 있었느냐, 네가 깨달아 알았거든 말할지니라. 누가 그것의 도량법을 정하였는지, 누가 그 줄을 그것의 위에 띠웠는지 네가 아느냐. 그것의 주추는 무엇 위에 세웠으며 그 모퉁잇돌을 누가 놓았느냐. 그때에 새벽별들이 기뻐 노래하며, 하나님의 아들들(천사들)이 다 기뻐 소리를 질렀느니라.(욥 38:4-7)

† 할렐루야. 하늘에서 여호와를 찬양하며 높은 데서 찬양할지어다. 그의 모든 사자여 찬양하며 모든 군대여 찬양할지어다. 해와 달아 찬양하며 광명한 별들아 찬양할지어다. 하늘의 하늘도 찬양하며 하늘 위에 있는 물들도 찬양할지어다. 그것들이 여호와의 이름을 찬양할 것은, 저가 명하시매 지음을 받았음이로다.(시 148:1-5)

그러면 우주가 어떻게 하나님을 찬양하나요? 별들이 어떻게 하나님을 찬양하나요? 지구가 어떻게 하나님께 찬양을 하나요?

지구는 하늘에 떠 있는 '하나의 별'입니다. 아주 작은 별입니다. 사실은 별(fixed star)이 아닌 행성(planet)입니다. 별은 상대적으로 정해진 위치가 있고 스스로 빛을 발하지만, 지구는 태양 주위를 공전하면서 태양의 빛을 받아 반사하는 하나의 행성(planet)입니다. 나그네 별입니다. 태양이 바로 지구와 가장 가까이에 있는 하나의 별(fixed star)입니다. 우리의 태양은 보통 크기, 보통 밝기의 평범한 별(fixed star)입니다.

태양은 지구와 같은 행성과 그 행성에 딸린 위성은 물론, 자체적으로 태양의 주위를 공전하는 수많은 소행성들을 거느리고 있습니다. 수성이나 금성을 제외하고, 지구를 포함한 행성은 모두 자체적인 위성들을 거느리고 있습니다. 목성이나 토성은 2013년 현재까지 발견된 위성의 숫자만도 각각 80개가 넘습니다. 또한 태양계에는, 직경이 50m 이상 되는 소행성만도 100만 개 이상이 존재하는 것으로 추산됩니다(2013년 1월 30일 기준, 35만 3,926개의 소행성에 공식적으로 숫자가 부여되었음). 8개의 행성과 수백 개의 위성, 그리고 숫자를 파악할 수 없는 수많은 소행성들이 모두 태양계의 식구들입니다. 즉, 태양이란 하나의 별(fixed star)이 거느린 식구들인 것입니다.

그런데 우리가 살고 있는 우주(소우주, 은하계, galaxy)에는, 태양과 같은 별들이 최소한 1,000억 개 이상 존재합니다. 평균 2,000억 개, 학자에 따라서는 4,000억 개 정도로 추산하기도 합니다. 지구와 같이 작은 행성이나 달과 같은 위성은 제외한 수치입니다. 즉, 태양계가 1,000억 개 이상이란 이야기입니다. 상상이 가십니까? 신학자들이 아닌 과학자들이 밝힌 숫자입니다. 모두 하나님께서, 우리 아버지께서 창조하신 것들입니다. 말씀으로 창조하신 것들입니다. 놀라운 사실입니다.

그런데 그런 우주가 우리가 속한 우주 외에도 또 있다는 사실입니다. 몇 개쯤 더 있을까요? 10개, 100개? 아니면 1,000개쯤? 놀라지 마십시오. 아니 놀라셔야 합니다. 무려 1,000억 개 이상이 더 있다는 사실입니다(일부 학자들은 5,000억 개 이상으로 추산하기도 합니다). 한 은하계(galaxy)에 태양과 같은 별들이 1,000억 개 이상 존재하는데, 전체 우주(universe)에는 그런 은하계가 무려 1,000억 개 이상이 존재한다는 사실입니다. 1,000억 개 × 1,000억 개의 별(태양, 태양계). 놀라서 기절할 일입니다. 졸도할 사실입니다. 도저히 상상이 가질 않습니다. 시편 기자(다윗)의 표현대로 신묘막측할 따름입니다. 다 하나님께서 창조하신 것들입니다. 우리 아버지께서 창조하신 것들입니다. 말씀으로 창조하신 것들입니다. 그것들이 한결같이 하나님의 영광을 찬양하고 있습니다. 전체 우주가 하나님의 영광을 찬양하고 있습니다.

그러나 세상 사람들은 그런 것에 도무지 관심이 없습니다. 왜 그런 것을 알려고 하느냐고 핀잔입니다. "그것들은 (빅뱅에 의해)저절로 생겨난 것들이고, 자신들도 저절로 태어난 존재들이니 관심이 없다"는 것입니다. 자신들은 '원숭이의 자녀들'이니 상관이 없다는 것입니다. 불쌍하지요. 그것이 하나님을 모르는 이 세상 사람들의 현주소입니다. 첨단과학을 자랑하는 이 시대의 현주소입니다. 문제는 그런 주장이 과학이란 미명아래 포장되어, 지금도 우리 자녀들이 배우는 교과서에 실려 있다는 사실입니다. 진화론이라는 가면으로 교과서에까지 수록되어, 우리의 자녀들의 영혼을 잠식하고 있다는 사실입니다. 학력고사에서 그렇게 답을 해야만 대학을 갈 수가 있다는 사실입니다. 통탄할 현실입니다.

그런데 사실은 자녀들뿐만 아니라 우리 모두가 그 진화론에 깊이 세뇌되어 있습니다. 믿는 우리들까지도 잠재의식 속에 그 진화론이 깊이 자리를 잡고 있습니다. 진화론은 우리 안에 자리 잡은 사단의 견고한 진입니다. 진화론에 사로잡힌 히틀러는 유태인 630만 명을 학살했고, 그 진화론에서 나온 유물론은 공산주의의 이론이 되어, 수천만 명에 달하는 인류의 목숨을 앗아 갔습니다. 6·25전쟁을 겪은 우리 대한민국은 그 대표적인 피해자입니다. 그 이론과 지식을 우리가 파해야 합니다. 사단의 견고한 진을 파해야 합니다. 복음의 진리로 파해야 합니다.

† 믿음으로 모든 세계가 하나님의 말씀으로 지어진 줄을 우리가 아나니, 보이는 것은 나타난 것으로 말미암아 된 것이 아니니라.(히 11:3)

[공동번역]히 11:3
우리는 믿음이 있으므로 이 세상이 하나님의 말씀으로 창조되었다는 것, 곧 우리의 눈에 보이는 것이, 보이지 않는 것에서 나왔다는 것을 압니다.

[NLT]히 11:3
By faith we understand that 'the entire universe' was formed at 'God's command', that what we now see did not come from anything that can be seen.

해설 보이는 것은 나타나 있는 것(appear, visible, seen)으로 말미암아 된 것이 아닙니다. 믿음으로 우리는 온 우주(entire universe)가 하나님의 말씀으로 지어진 사실을 깨닫습니다.

✝ 우리가 육체에 있어 행하나 육체대로 싸우지 아니하노니, 우리의 싸우는 병기는 육체에 속한 것이 아니요, 오직 하나님 앞에서 견고한 진을 파하는 강력이라. 모든 이론을 파하며 하나님 아는 것을 대적하여 높아진 것을 다 파하고, 모든 생각을 사로잡아 그리스도에게 복종케 하니(고후 10:3-5)

해설 사단의 견고한 진을, 하나님이 주신 강력한 무기인, 복음의 진리로 파해야 합니다. 잘못된 이론과 지식과 생각들이 곧 사단의 견고한 진입니다.

✦ 지구의 공전

그러면, 우주가 어떻게 찬양을 하나요? 별들이 어떻게 찬양을 하나요? 지구가 어떻게 하나님께 찬양을 하나요?

지구는 자전하며 태양의 주위를 공전하고 있습니다. '자전 속도'는 적도를 기준으로 시속 약 1,700㎞, 초속은 약 500m입니다. 굉장히 빠른 속도입니다. 총알의 속도이며, 음속의 약 1.5배, 비행기 속도의 약 2배입니다.

또한, 지구가 태양 주위를 도는 '공전 속도'는 시속이 약 11만㎞, 초속은 약 30㎞입니다. 엄청난 속도이지요. 환산해 보면, 총알 속도의 약 60배, 음속의 약 90배, 비행기 속도의 약 120배, 승용차 속도의 약 1,200배가 나옵니다.

저와 여러분이 지금 그러한 속도로 우주 공간을 달려가고 있습니다. 총알의 60배, 비행기의 120배 속도로 날아가고 있습니다. 그래서 시편 90편의 기자인 모세는 "우리가 다 날아가고 있다"고 표현하고 있습니다.

† 우리의 연수가 칠십이요 강건하면 팔십이라도, 그 연수의 자랑은 수고와 슬픔뿐이요 신속히 가니, 우리가 날아가나이다.(시 90:10)

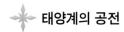

태양계의 공전

지구는 태양 주위를 공전하지만, 태양 역시 자전하면서, 태양계의 가족들을 거느리고 은하의 중심을 축으로 회전(공전)하고 있습니다. 태양의 '공전 속도'는 시속이 약 90만㎞, 초속이 무려 250㎞나 됩니다. 환산하면, 총알 속도의 약 500배, 음속의 약 750배, 비행기 속도의 약 1,000배, 승용차 속도의 약 10,000배입니다. 도저히 상상이 가질 않습니다. '천문학적 속도'입니다.

지구는 태양계의 가족이니, 다시 말하면 지구가 그런 속도로(시속 90만 ㎞, 지구의 공전 속도를 합하면 시속 100만㎞) 은하계의 중심을 회전(공전)하고 있다는 사실입니다. 비행기의 1,000배, 승용차의 10,000배의 속도로, 지구가 저와 여러분을 싣고서, 지금도 그렇게 우주 공간을 달려가고 있습니다. 지구촌 70억 인생의 모든 무거운 짐을 싣고서, 지금 이 순간에도 그렇게 달려가고 있습니다.

은하계의 공전

그것뿐이겠습니까? 은하계 역시 자전하면서, 우주의 중심을 축으로 회전(공전)하고 있습니다. 1,000억 개 이상의 별들을, 1,000억 개 이상의 태양계를 거느린 은하계가, 그렇게 자전하며 회전하는 가운데 광활한 우주의 공간을 달려가고 있습니다.

은하의 '자전 속도'만 해도 시속이 약 90만㎞, 초속이 약 250㎞나 됩니다. 또한 시속 약 230만㎞, 초속 약 630㎞라는 가공할 속도로 어딘가를 향하여 날아 가고 있습니다. '공전 속도'는 정확한 계산이 불가합니다. 우주의 규모가 워낙 광대하기 때문입니다.

† 주여, 주는 대대에 우리의 거처가 되셨나이다. 산이 생기기 전, 땅과 세계도 주께서 조성하시기 전, 곧 영원부터 영원까지 주는 하나님이시니이다. 주께서 사람을 티끌로 돌아가게 하시고 말씀하시기를, 너희 인생들은 돌아가라 하셨사오니, 주의 목전에는 천 년이 지나간 어제 같으며, 밤의 한 경점(순간) 같을 뿐임이니이다. 주께서 저희를 홍수처럼 쓸어 가시나이다. 저희는 잠깐 자는 것 같으며 아침에 돋는 풀 같으니이다. 주께서 우리의 죄악을 주의 앞에 놓으시며 우리의 은밀한 죄를 주의 얼굴빛 가운데 두셨사오니, 우리의 모든 날이 주의 분노 중에 지나가며 우리의 평생이 일식간에 다하였나이다. 우리의 연수가 칠십이요 강건하면 팔십이라도, 그 연수의 자랑은 수고와 슬픔뿐이요, 신속히 가니 우리가 날아가나이다. 누가 주의 노의 능력을 알며 누가 주를 두려워하여야 할 대로 주의 진노를 알리이까. 우리에게 우리 날 계수함을 가르치사 지혜의 마음을 얻게 하소서.(시 90:1-12)

해설 시편 가운데 유일한 모세의 시편입니다. 하나님의 영원하신 능력과 위세를 찬양하는, 모세의 기도입니다. 한평생 달려온 인생의 길이가, '빛의 속도'로 환산하면, 고작 3~4초에 불과합니다. 그 순간을 어떻게 살았느냐에 따라서 우리의 영원이 결정됩니다.

✦ 우주의 중심, 복음

그렇다면, 모든 피조세계가 그것을 중심으로 회전하며 달려가고 있는데, 그것은 과연 무엇입니까? 어디에 있습니까? 우주의 중심은 과연 무엇입니까? 야고보 사도가 말합니다. 영원하신 하나님, 곧 우리 주 예수 그리스도라는 것입니다. 진리의 말씀이라는 것입니다. 그 분은 빛들의 아버지이시며 우주의 중심이기에, 변함도 없으시고 회전하는 그림자도 없으시다는 것입니다.

성도는 그 영원한 나라, 진동치 아니할 나라를 유업으로 받은 자들입니다. 이 땅에서 살고 있지만 '천국의 시민권'을 소유한 하늘나라의 백성들입니다. 기가 막힌 사실입니다. 덧없는 세상살이에 우리의 마음을 빼앗기지 말고, '영원한 나라'에 우리의 기업을 쌓는 지혜로운 건축자가 되어야만 하는 이유가, 바로 여기에 있습니다.

복음은 생명입니다. 영원한 생명입니다. 복음은 우주의 중심입니다. 우주를 붙들고 있는 근원입니다.

† 각양 좋은 은사와 온전한 선물이 다 위로부터 '빛들의 아버지'께로서 내려오나니, 그는 변함도 없으시고 회전하는 그림자도 없으시니라. 그가 그 조물 중에 우리로 한 첫 열매가 되게 하시려고, 자기의 뜻을 좇아 진리의 말씀으로 우리를 낳으셨느니라.(약 1:17-18)

† 그때에는 그 소리가 땅을 진동하였거니와 이제는 약속하여 이르시되, 내가 또 한 번 땅만 아니라 하늘도 진동하리라 하셨느니라. 이 또 한 번이라 하심은 진동하지 아니하는 것을 영존하게 하기 위하여, 진동할 것들 곧 만드신 것들이 변동될 것을 나타내심이라. 그러므로 우리가 '진동치 못할 나라'를 받았은즉 은혜를 받자.(히 12:26-28)

✝ 이 아들을 만유의 후사로 세우시고 또 저로 말미암아 모든 세계를 지으셨느니라. 이는 하나님의 영광의 광채시요 그 본체의 형상이시라. 그의 능력의 말씀으로 만물을 붙드시며, 죄를 정결케 하는 일을 하시고, 높은 곳에 계신 위엄의 우편에 앉으셨느니라.(히 1:2-3)

[GNT]히 1:3

He reflects the brightness of God's glory and is the exact likeness of God's own being, sustaining the universe with his powerful word. After achieving forgiveness for the sins of all human beings, he sat down in heaven at the right side of God, the Supreme Power.

해설 말씀이신 예수님은 1)만유의 창조자이시며, 2)만유의 상속자이자, 3)만물의 보존자이십니다. 그의 능력의 말씀으로 지금도 만물을 붙들고 계십니다. 온 우주(universe)를 붙들고 계십니다. 1,000억 개 이상의 은하계를 붙들고 계십니다. 말씀은 생명이자 우주의 중심축입니다.

✝ 해와 달아 찬양하며 광명한 별들아 찬양할지어다. 하늘의 하늘도 찬양하며 하늘 위에 있는 물들도 찬양할지어다. 그것들이 여호와의 이름을 찬양할 것은 저가 명하시매 지음을 받았음이로다. 저가 또 그것들을 영영히 세우시고 '폐치 못할 명'을 정하셨도다.(시 148:3-6)

✝ 그러므로 모든 육체는 풀과 같고 그 모든 영광은 풀의 꽃과 같으니, 풀은 마르고 꽃은 떨어지되 오직 '주의 말씀'은 세세토록 있도다 하였으니,(벧전 1:24-25)

✝ 여호와여, 주의 말씀이 영원히 하늘에 굳게 섰사오며(시 119:89)

✝ 천지는 없어지겠으나 내 말은 없어지지 아니하리라.(마 24:35)

1) 지구의 찬양

그렇다면 우주가 어떻게 하나님을 찬양하나요? 별들이 어떻게 찬양을 하나요? 지구가 어떻게 하나님을 찬양하나요?

생각해 봅시다. 지구가 그 빠른 속도로 자전을 하면(음속의 1.5배, 비행기의 2배), 자전하면서 내는 소리가 있겠지요? 웅장한 소리일 것입니다. 또 그 엄청난 속도로 공전을 한다면(음속의 90배, 비행기의 120배) 당연히 거기에 따른 소리가 있겠지요? 엄청난 소리일 것입니다. 참고로, 비행기가 음속을 돌파하면 폭발음이 들리는데 굉장히 큰 소리입니다. 그래서 초음속 여객기인 콩코드기가 (그 소리 때문에)취항이 금지된 적이 있었고, 이제는 역사의 무대에서 아예 사라져 버렸습니다.

그런데 지구의 공전 속도는 음속의 90배나 되니, 그것하고 어찌 비교가 되겠습니까? 엄청난 소리이겠지요. 또 태양계의 가족인 지구가 그 엄청난 속도로(비행기의 1,000배, 승용차의 10,000배) 은하계의 중심을 회전(공전)하면서 내는 소리는 과연 어떠할까요? 사람의 귀는 지나치게 큰 소리를 듣지 못합니다. 귀를 보호하시려고, 하나님께서 그렇게 만들어 놓으셨습니다. 하지만 우리 하나님은 그 모든 소리를 다 듣고 계십니다. 엄청난 소리일 것입니다.

[지구의 찬양] 우주 공간에 떠 있는 파란 별 지구가, 자전하며 공전하는 가운데 하나님의 영광을 찬양하고 있습니다.

2) 태양계의 찬양

이번에는 태양계 전체가 내는 소리를 한번 상상해 봅시다. 먼저, 태양 자체가 '자전'하면서 내는 소리와 은하계의 중심을 '공전'하면서(시속 90만 키로, 비행기의 1,000배, 승용차의 10,000배) 내는 소리가 있겠지요? 참고로 태양의 크기는 지구의 약 130만 배입니다. 엄청난 크기이지요. 태양이 농구공이라면 지구는 한 톨의 쌀알 크기에 불과합니다.

그 거대한 불덩어리가 그 엄청난 속도로 우주 공간을 날아가면서 발하는 소리를 한번 상상해 보세요. 대단하지요? 심히도 웅장한 소리일 것입니다. 태양이 그 아름다운 소리를 발하며 달려가는 가운데, 지금도 하나님의 영광을 찬양하고 있습니다. 시편 19편 다윗의 고백이 바로 그 장면을 묘사하고 있는 내용입니다.

[태양계의 찬양] 8개의 행성과 그에 딸린 위성들, 무수한 소행성들이 태양 주위를 공전하는 가운데 하나님의 영광을 찬양하고 있습니다.

† 하늘이 하나님의 영광을 선포하고, 궁창이 그 손으로 하신 일을 나타내는도다. 날은 날에게 말하고, 밤은 밤에게 지식을 전하니, 언어가 없고 들리는 소리도 없으나, 그 소리가 온 땅에 통하고, 그 말씀이 세계 끝까지 이르도다. 하나님이 해를 위하여 하늘에 장막을 베푸셨도다. 해는 그 방에서 나오는 신랑과 같고, 그 길을 달리기 기뻐하는 장사 같아서, 하늘 이 끝에서 나와서 하늘 저 끝까지 운행함이여, 그 온기에서 피하여 숨은 자 없도다.(시 19:1-6)

또한 태양계 전체가 내는 그 소리들은 어떠하겠습니까? 즉, 8개의 행성들(수성, 금성, 지구, 화성, 목성, 토성, 천왕성, 해왕성)과 그들에게 속한 수백 개의 위성들(목성이나 토성은 그들이 거느린 위성들만도 각각 80개 이상이나 됩니다) 각자가 내는 그 소리들은 어떠할까요? 심히 아름다운 오케스트라가 아니겠습니까? 또 태양계에 분포한 수백만 개의 소행성들(2013년 1월 30일 기준, 35만 3,926개의 소행성에 공식적으로 숫자가 부여되었음)이 발하는 그 소리들은 과연 어떠하겠습니까?

[태양계의 가족들] 8개의 행성과 그에 딸린 위성들, 무수한 소행성들이 태양 주위를 공전하는 가운데 하나님의 영광을 찬양하고 있습니다.

태양계가 하나님을 향하여 발하는 그 아름다운 합창의 장면이란, 묘사하기조차 어려운 심히도 아름다운 모습이며, 심히도 아름다운 소리일 것입니다. 형형색색, 장조와 단조, 높은 음과 낮은 음, 소프라노와 베이스 등등. 지구를 포함한 태양계가 지금도 그렇게 하나님의 영광을 찬양하고 있습니다.

3) 은하계의 찬양

그것뿐이겠습니까? 은하계(galaxy) 역시 '자전'하면서, 전체 우주(universe)의 중심을 축으로 회전하고 있습니다. 1,000억 개 이상의 별들을 1,000억 개 이상의 태양계를 거느린 은하계가, 그렇게 '자전'하며 '회전'하는 가운데 광활한 우주의 공간을 달려가고 있습니다. 은하의 '자전 속도'만 해도 시속이 약 90만㎞, 초속이 약 250㎞나 됩니다. 또한 시속 약 230만㎞, 초속 약 630㎞라는 가공할 속도로 어딘가를 향하여 날아가고 있습니다. (1,000억 개 이상의 별들을, 1,000억 개 이상의 태양계를 거느린)그 은하계가, 그 엄청난 속도로 날아가며 달려가며 힘차게 소용돌이치는 가운데, 지금도 하나님의 영광을 찬양하고 있습니다.

은하계에 '태양과 같은 별들'이 1,000억 개 이상이라는 이야기는, 다시 말해서 태양계와 같은 '별들의 합창단'이 1,000억 개 이상이라는 이야기입니다. 그 1,000억 개 이상의 합창단이, 각자의 '독특한 모양'과 '독특한 소리'를 발하며, 하나님을 찬양하는 그 '아름다운 장면'을 한번 상상해 보십시오. 1,000억 개 이상의 오케스트라가 연주하는 그 '웅장한 선율'을 한번 상상해 보십시오. 그것들이 기뻐 뛰며 춤을 추며 힘차게 하나님을 찬양하는 '아름다운 장면'을 한번 상상해 보십시오.

그것을 어찌 인간의 언어로 표현할 수가 있겠습니까? 인간의 방법으로 묘사할 수가 있겠습니까? 우리 하나님께서 그 모든 찬양을 받고 계십니다. 우리 하나님, 우리 아버지는 그렇게도 영광스러운 분이십니다. 영광 그 자체이십니다. 은하계가 그렇게 하나님의 영광을 찬양하고 있습니다.

[우리 은하의 모습] 1,000억개 이상의 별들, 1,000억개 이상의 태양계가 소용돌이치는 가운데 하나님의 영광을 찬양하고 있습니다. 태양이 하나의 작은 점으로 표시됩니다.

[은하계 속의 태양] 우리의 태양이 하나의 작은 점으로 표시됩니다.

4) 온 우주의 찬양

여기까지만 상상해도 사실은 대단한 것입니다. 그런데 전체 우주에는 그런 은하계가 최소한 1,000억 개 이상이 존재한다는 사실입니다(학자에 따라서는 5,000억 개 이상으로 추정하기도 합니다).

이것이 어찌 인간의 머리로 계산이 되며, 상상이나 할 수 있는 일이 겠습니까? 비유해서 1,000억 개 이상의 별들이 운집한 은하계를 하나의 오케스트라로 봤을 때, "이 우주에는 1,000억 개 이상의 거대한 오케스트라단이 존재한다"는 이야기입니다. 다시 말해서, "대원이 1,000억 명씩인 합창단이 1,000억 개 이상이나 존재한다"는 이야기입니다.

우주는 1,000억 개 이상의 오케스트라단이 찬양을 연주하는, '거대한 찬양의 홀'인 셈입니다. 1,000억 개 이상의 합창단이 모인 연합 합창단이 우리 하나님 앞에 찬양의 목소리를 발하는, '거대한 예배 처소'인 셈입니다. 놀라운 사실입니다. 신묘막측한 사실입니다. 온 우주가 지금도 그렇게 하나님의 영광을 찬양하고 있습니다.

† 할렐루야. 하늘에서 여호와를 찬양하며 높은 데서 그를 찬양할지어다. 그의 모든 천사여 찬양하며 모든 군대여 그를 찬양할지어다. 해와 달아 그를 찬양하며 밝은 별들아 다 그를 찬양할지어다. 하늘의 하늘도 그를 찬양하며 하늘 위에 있는 물들도 그를 찬양할지어다.(시 148:1-4)

† 그때에 새벽별들이 기뻐 노래하며, 하나님의 아들들이 다 기뻐 소리를 질렀느니라.(욥 38:7)

[공동번역]욥 38:7
그때 새벽별들이 떨쳐 나와 노래를 부르고, 모든 하늘의 천사들이 나와서 합창을 불렀는데,
해설 새벽별들이 떨쳐 나와 함께 노래를 부르고, 천사들이 기쁨으로 합

창을 부릅니다. 온 우주는 그렇게 하나님의 영광을 찬양하고 있습니다.

삼층천에 올라가서 이 '엄청난 광경'을 목격한 사도 바울의 이야기가, 외경 〈바울 계시록〉에 기록되어 있습니다. 단테의 〈신곡〉이나 외경 인 〈에녹서〉에도 이러한 장면들이 묘사되어 있습니다. 정경이 아닐지 라도 충분히 수긍이 가는 대목입니다.

바울은 그 비밀을 깨달았기에 빌립보 감옥에서도 로마 감옥에서도 찬송을 드렸고, 고난을 당하면 당할수록 더욱더 하나님 앞에 감사의 찬양을 올려드렸습니다. 하나님의 사람 다윗도 그 비밀을 깨닫고 한평 생 하나님을 찬양했습니다.

[전체 우주의 모습] 2001년 NASA에서 발사한 WMAP 위성이 보내온 우주의 열 분포 영상을, 3D 컴퓨터 그래픽으로 처리한 전체 우주의 모습입니다. 직경이 940억 광년이며 1,000억 개 이상의 은하계가 존재합니다. 창세 전에 그리스도 예수 안에서 우리를 예정하시고 선택하신 후, 우리에게 유업으로 주시려고 창조하신 우리 하나님의 작품입니다. 은하계가 하나의 작은 점으로 표시되고 있습니다.

[우주의 확대 모습] 전체 우주를 확대하면 수많은 은하계의 모임인 은하단이 보이며, 은하단을 확대하면 은하군이, 은하군을 확대하면 은하계가 보입니다. 별처럼 보이는 것들이 크고 작은 은하계의 모습들입니다. 그것들이 한결같이 우리 하나님의 영광을 찬양하고 있습니다.

찬송은 복음의 비밀입니다. 믿음의 비밀입니다. 우주의 비밀입니다. 천국의 비밀입니다. 최고의 제사입니다. 천국의 열쇠입니다. 성도의 특권입니다. 가장 높은 단계의 열매입니다. 우주 만물을 창조하신 하나님의 '창조의 근본 목적'입니다.

우리에게 이 비밀을 깨닫게 하여 주신 하나님께 감사드립니다. 우리에게 이 귀한 특권을 허락하신 창조주 하나님을 찬양합니다. 할렐루야!

✝ 할렐루야. 하늘에서 여호와를 찬양하며 높은 데서 찬양할지어다. 그의 모든 사자여 찬양하며 모든 군대여 찬양할지어다. 해와 달아 찬양하며 광명한 별들아 찬양할지어다. 하늘의 하늘도 찬양하며 하늘 위에 있는 물들도 찬양할지어다. 그것들이 여호와의 이름을 찬양할 것은 저가 명하시매 지음을 받았음이로다.(시 148:1-5)

✝ 하늘이 하나님의 영광을 선포하고 궁창이 그 손으로 하신 일을 나타내는도다. 날은 날에게 말하고 밤은 밤에게 지식을 전하니, 언어가 없고 들리는 소리도 없으나, 그 소리가 온 땅에 통하고 그 말씀이 세계 끝까지 이르도다.(시 19:1-4)

해설 하나님의 사람 다윗은 우주의 비밀을 깨달은 자였습니다. 따라서 그는 일평생 하나님을 찬양하지 아니할 수가 없었습니다. 온 우주는 하나님의 영광을 선포하고, 하나님의 은혜의 영광을 찬미하고 있기 때문입니다.

✝ 무익하나마 내가 부득불 자랑하노니, '주의 환상과 계시'를 말하리라. 내가 그리스도 안에 있는 한 사람을 아노니, 14년 전에 그가 셋째 하늘에 이끌려 간 자라. 내가 이런 사람을 아노니, 그가 낙원으로 이끌려가서 '말할 수 없는 말'을 들었으니, 사람이 가히 이르지 못할 말이로다.(고후12:1-4)

해설 '말할 수 없는'으로 번역한 헬라어 **알레토스**(ἄρρητος)는, '말할 수 없는, 말로 표현할 수 없는, (너무 거룩해서)표현이 불가능한' 등의 의미입니다. 영어 성경은 unspeakable, inexpressible, unutterable, astounding 등으로 번역하고 있습니다.

바울이 삼층천에 붙들려 올라가서 보고 들은 비밀들은 ①사람의 언어로는 표현이 불가능한 엄청난 장면들이었고, ②사람이 표현해서는 안 되는 엄청난 비밀들이었습니다. ③또한 우주가 하나님을 찬양하며 하나님과 대화하는, 신비한 장면들이었습니다. 온 우주는 지금도 그렇게 하나님의 영광을 찬양하고 있습니다. 그것이 우주가 존재하는 목적이기 때문입니다. 그것이 하나님께서 우주를 창조한 목적이기 때문입니다.

3
만물의 창조 목적

1) 만물의 찬양

땅에서는 하나님이 창조한 모든 생물들이 하나님의 영광을 찬양하고 있습니다. 들짐승 길짐승들이 하나님의 영광을 찬양하고 있습니다. 숲 속의 나무들이 하나님의 영광을 찬양하고 있습니다. 공중의 새들이 하나님의 영광을 찬양하고 있습니다. 지구상에 존재하는 1,000만 종류 이상의 개체들이 한결같이 하나님의 영광을 찬양하고 있습니다.

✝ 주님은 은혜롭고 자비로우시며, 노하기를 더디 하시며, 인자하심 이 크시다. 주님은 모든 만물을 은혜로 맞아 주시며, 지으신 모든 피조물에게 긍휼을 베푸신다. 주님, 주님께서 지으신 모든 피조물 이 주님께 '감사찬송'을 드리며, 주님의 성도들이 주님을 찬송합니 다.(시 145:8-10, 표준새번역)

해설 만물은 하나님의 은혜를 기억하고, 하나님께 항상 감사찬송을 드리고 있습니다. 하나님은 감사찬송을 받기 위해 만물을 창조하셨습니다.

✝ 내가 광야에 길을 내겠으며, 사막에 강을 내겠다. 들짐승들도 나

를 공경할 것이다. 이리와 타조도 나를 찬양할 것이다. 내가 택한 내 백성에게 물을 마시게 하려고, 광야에 물을 대고, 사막에 강을 내었기 때문이다.(사 43:19-21, 표준새번역)

해설 들짐승도 하나님의 은혜를 기억하고 하나님을 공경하며, 야생 동물들도 하나님의 은혜를 생각하며 하나님께 감사 찬송하고 있습니다.

† 너희 용들과 바다여, 땅에서 여호와를 찬양하라. 불과 우박과 눈과 안개와 그 말씀을 좇는 광풍이며, 산들과 모든 작은 산과 과목과 모든 백향목이며, 짐승과 모든 가축과 기는 것과 나는 새며, 다 여호와의 이름을 찬양할지어다. 그 이름이 홀로 높으시며 그 영광이 천지에 뛰어나심이로다.(시 148:7-13)

† 내가 또 들으니 하늘 위에와 땅 위에와 땅 아래와 바다 위에와 또 그 가운데 모든 만물이 (찬양하여)가로되, 보좌에 앉으신 이와 어린 양에게, 찬송과 존귀와 영광과 능력을 세세토록 돌릴지어다 하니, 네 생물이 가로되 아멘 하고 장로들은 엎드려 경배하더라.(계 5:13-14)

[GNT]계 5:13

And I heard **every creature** in heaven, on earth, in the world below, and in the sea - **all living beings** in the universe - and they were **singing**: "To him who sits on the throne and to the Lamb, be praise and honor, glory and might, forever and ever!"
해설 우주 안의 만물들이 하나님의 영광을 찬양하고 있습니다. 그것이 창조의 목적이기 때문입니다.

2) 만유의 찬양

땅과 바다, 강들과 섬들이 하나님의 영광을 찬양하고 있습니다. 바람과 이슬, 번개와 구름, 서리와 우박, 더위와 추위, 빛과 어둠까지도 하나님의 영광을 찬양하고 있습니다. 무생물과 원소들까지도 하나님의 영광을 찬양하고 있습니다. 만유(萬有)는 하나님의 영광을 찬양하는 존재들입니다.

† 여호와는 은혜로우시며 자비하시며 노하기를 더디 하시며 인자하심이 크시도다. 여호와께서는 만유를 선대하시며, 그 지으신 모든 것에 긍휼을 베푸시는도다. 여호와여, 주의 지으신 모든 것이 주께 감사하며, 주의 성도가 주를 송축하리이다.(시 145:8-10)

† 너희 용들과 바다여, 땅에서 여호와를 찬양하라. 불과 우박과 눈과 안개와 그 말씀을 좇는 광풍이며, 산들과 모든 작은 산과 과목과 모든 백향목이며, 짐승과 모든 가축과 기는 것과 나는 새며, 다 여호와의 이름을 찬양할지어다. 그 이름이 홀로 높으시며 그 영광이 천지에 뛰어나심이로다.(시 148:7-13)

† 하늘은 즐거워하고, 땅은 기뻐 외치며, 바다와 거기에 가득 찬 것들도 다 크게 외쳐라. 들과 거기에 있는 모든 것도 다 기뻐하며 뛰어라. 그러면 숲속의 나무들도 모두 즐거이 노래할 것이다. 주님이 오실 것이니, 주님께서 땅을 심판하러 오실 것이니 숲속의 나무들도 주님 앞에서 즐거이 노래할 것이다.(시 96:11-12, 표준새번역)

† 바다와 거기에 가득 찬 것들과 세계와 거기에 살고 있는 것들도, 뇌성 치듯 큰소리로 환호하여라. 강들도 손뼉을 치고, 산들도 함께 큰소리로 환호성을 올려라.(시 98:7-8, 표준새번역)

† 하나님이 데만에서부터 오시며 거룩한 자가 바란 산에서부터 오시도다. 그 영광이 하늘을 덮었고 그 찬송이 세계에 가득하도다.(합 3:3)

[표준새번역(개정)] 합 3:3
하나님이 데만에서 오신다. 거룩하신 분께서 바란 산에서 오신다. (셀라) 하늘은 그의 영광으로 뒤덮이고, 땅에는 찬양 소리가 가득하다.

해설 만유(萬有)의 찬양 소리가 온 땅을 가득히 채우고 있습니다. 만유(萬有)는 하나님의 영광을 찬양하기 위하여 창조되었고, 하나님의 영광을 찬양하기 위하여 존속하고 있습니다.

인간의 창조 목적

〈우주와 만물이 다 하나님을 찬양하고 있습니다. 그 모습이 '하나님의 보시기에 좋았더라'라고 〈창세기〉는 기록하고 있습니다. 하나님께서 기뻐하셨다는 이야기입니다.

한번 상상해 보십시오. 1,000억 개 이상의 별들이 모인 은하계와, 그 은하계가 1,000억 개 이상이나 되는 온 우주가, 거대한 오케스트라가 되어 하나님을 찬양하는 장면 말입니다. 1,000억 개 이상의 합창단이 모인, 온 우주의 연합 성가대가, 하나님을 찬양하는 장면 말입니다. 1,000억 개 이상의 오케스트라단이 모인, 온 우주의 연합 오케스트라단이 각자의 '독특한 소리와 빛'을 발하며, 각자의 '독특한 모양'으로, 하나님께 찬양의 연주를 하는 장면 말입니다.

그것을 어떻게 인간의 언어로 표현할 수가 있겠습니까? 그것을 어떻게 인간의 언어로 묘사할 수가 있겠습니까? 삼층천에 올라갔던 바울은 그 장면을 목격하고서, '사람이 가히 이르지 못할 말'이라고 기록하고 있습니다(고후 12장). 인간의 언어로는 표현할 수도 없고(inexpressible), 표현해서도 안 되는(not permitted) 엄청난 장면이라는 것입니다. 우리 하나님은 그렇게도 영광스러운 분이십니다. 그렇게도 존귀한 분이십니다.

하지만 그럼에도 불구하고, 한 가지 부족한 부분이 있습니다. 온 우주가 하나님을 찬양한다고 할지라도, 그것들은 자유의지를 가진 존재가 아니기에, 그것들의 찬양은 '한정된, 제한된' 찬양이라는 것입니다. 그래서 하나님께서는 천지 창조의 맨 마지막에 '자유의지'를 가진 존재를 창조하십니다(사실은 창세 전에 그렇게 예정하신 것입니다). 손수 직접 창조하십니다. 온전한 자유의지를 가진 존재로 창조하십니다. 당신의 형상(하나님의 형상)을 닮은 존재로 창조하십니다. 그 존재가 바로 아담(사람)입니다.

그러므로 아담은 천지 창조의 주인공입니다. 온전한 자유의지를 가지고 자발적으로 하나님을 찬양할 수 있는, 아주 특별한 존재입니다. 하나님보다 조금 못하게 창조된, 영화롭고 존귀한 존재입니다. 하나님의 은혜를 생각하고 그 은혜의 영광을 찬양하라고 지은, 아주 특별한 존재입니다.

> † 이 백성은 내가 나를 위하여 지었나니, 나의 찬송을 부르게 하려 함이니라.(사 43:21)

> † 주님께서 손수 만드신 저 큰 하늘과 주님께서 친히 달아 놓으신 저 달과 별들을 내가 봅니다. 사람이 무엇이기에 주님께서 이렇게까지 생각하여 주시며, 사람의 아들이 무엇이기에 주님께서 이렇게까지 돌보아 주십니까? 주님께서는 그를 '하나님보다 조금 못하게' 하시고, 그에게 존귀하고 영화로운 왕관을 씌워 주셨습니다.(시 8:3-5, 표준새번역)

> **해설** 사람은 하나님 다음으로(하나님보다 조금 못하게) 지음 받은, 아주 특별한 존재입니다.

> † 천사들은 모두 하느님을 섬기는 영적인 존재들로서, 결국은 '구

원의 유산을 받을 사람들'을 섬기라고 파견된 일꾼들이 아닙니까?(히 1:14, 공동번역)

해설 천사들까지도 구원받은 후사들을 섬기라고 하나님께서 보낸 일꾼에 불과합니다. 천사들은 우리를 섬기는 일꾼들입니다.

찬송은 하나님께서 인간을 창조한 중요한 목적입니다. 피조물의 대표인 너희가, 온 우주의 합창을 지휘하는 지휘자가 되어서, 앞장서서 하나님의 영광을 찬양하라는 것입니다. 아담은 곧 온 우주의 합창단의 단장으로 지음을 받은 셈입니다. 1,000억 개 이상의 별들이 모인 은하계가 1,000억 개 이상이나 되는, 온 우주의 연합 합창단의 단장으로 임명된 셈입니다.

그러면 하나님께서 그렇게 많은 별들을 창조하신 또 다른 이유는 무엇일까요? 첫째는, '너희들이 그것들을 보고 하나님의 영광을 깨달아 알라'는 메시지입니다. 깨달아 하나님을 경외하고 하나님께 영광 돌리는 삶을 살라는 것입니다. 둘째는, '너희 자신의 정체성을 깨달아 알라'는 메시지이기도 합니다. (하나님의 형상대로 지음을 받은)너희들이 하나님 앞에 그렇게 소중하고 특별한 존재들이니, 그 진리를 깨닫고 존귀에 합당한 삶을 살라는 것입니다.

✝ 하늘이 하나님의 영광을 선포하고 궁창이 그 손으로 하신 일을 나타내는도다. 날은 날에게 말하고 밤은 밤에게 지식을 전하니, 언어가 없고 들리는 소리도 없으나, 그 소리가 온 땅에 통하고 그 말씀이 세계 끝까지 이르도다.(시 19:1-4)

하늘이 하나님의 영광을 선포하고 있다는 사실은, 하늘이 우리의 영광을 선포하고 있다는 의미이기도 합니다. 우리는 하나님의 형상대로 지음을 받았고, 하나님보다 조금 못하게 창조된, 아주 특별한 존재이기 때문입니다. 그러므로 이 진리를 깨닫는 자는, 하나님의 은혜의 영광을 찬미하지 아니할 수가 없습니다. 우주는 하나님의 존재와 그의 영광을 선포하는 교과서입니다.

> † 주의 손가락으로 만드신 주의 하늘과 주의 베풀어 두신 달과 별들을 내가 보오니, 사람이 무엇이관대 주께서 저를 생각하시며 인자가 무엇이관대 주께서 저를 권고하시나이까. 저를 천사(하나님)보다 조금 못하게 하시고, 영화와 존귀로 관을 씌우셨나이다. (시 8:3-5)
>
> **[공동번역]시 8:3-5**
> 당신의 작품, 손수 만드신 저 하늘과 달아놓으신 달과 별들을 우러러보면, 사람이 무엇이기에 이토록 생각해 주시며, 사람이 무엇이기에 이토록 보살펴 주십니까? 그를 '하느님 다음가는 자리'에 앉히시고, 존귀와 영광의 관을 씌워주셨습니다.

사람은 하나님 다음으로 존귀하게 지음 받은, 아주 특별한 존재입니다. 이 진리를 깨닫는 자는, 하나님의 은혜의 영광을 찬미하지 아니할 수가 없습니다. 그리고 그 존귀에 합당한 삶을 살아야만 합니다.

그렇다면, 하나님께서 천지를 창조하신 궁극적 목적이 무엇입니까? 누구를 위해서, 누구에게 주시려고, 세상을 창조하셨나요? 바로 아담(사람)입니다. 당신의 형상인 아담을 위해서 천지를 창조하셨습니다. 아담은 '창조의 목적 부분'에 있습니다. 그 아담 안에 저와 여러분이 있습니다. 이 진리를 깨닫고 믿으셔야 합니다. 그래야 여러분의 신앙의 정체성이 확립됩니다.

여러분의 정체성을 확립하셔야 합니다. 하나님께서는 "저와 여러분을 위해서 1,000억 개 이상의 우주(소우주, 은하계, galaxy)를 만드셨다"는 사실입니다. 너희들이 하나님의 보시기에 그렇게 소중하다는 것입니다. 저와 여러분이 바로 그 주인공입니다. 창조의 목적입니다. 나의 정체성은 '창조의 목적 부분'에 있습니다.

> † 찬송하리로다 하나님 곧 우리 주 예수 그리스도의 아버지께서, 그리스도 안에서 하늘에 속한 모든 신령한 복으로 우리에게 복 주시되, 곧 창세 전에 그리스도 안에서 우리를 택하사, 우리로 사랑 안에서 그 앞에 거룩하고 흠이 없게 하시려고, 그 기쁘신 뜻대로 우리를 예정하사 예수 그리스도로 말미암아 자기의 아들들이 되게 하셨으니, 이는 그의 사랑하시는 자 안에서 우리에게 거저 주시는바, ①그의 은혜의 영광을 찬미하게 하려는 것이라. 모든 일을 그 마음의 원대로 역사하시는 자의 뜻을 따라, 우리가 예정을 입어 그 안에서 기업이 되었으니, 이는 그리스도 안에서 전부터 바라던 우리로, ②그의 영광의 찬송이 되게 하려 하심이라.(엡 1:3-12)
>
> **해설** 하나님께서 창세 전에 그리스도 안에서 우리를 예정하시고 선택하신 이유는, 우리로 하여금 하나님의 은혜의 영광을 찬미하게 하려 함에 있습니다. 그러므로 찬송은 인간의 창조의 목적이자, 하나님께서 우리를 예정하시고 선택하시고 구원하여 주신, 구원의 목적입니다. 그리스도 십자가의 목적입니다.

아담 이후 지구촌을 살다 간 인류의 숫자를 약 700억으로 추산합니다. 2013년 현재 지구촌의 인구가 약 70억이니, 아담 이후 모든 인류를 다 합해도 1,000억에는 아직 미치지 못합니다. 그런데 우리가 살고 있는 이 은하계에는 태양과 같은 별들이 최소한 1,000억 개 이상이 있습니다. 태양계가 1,000억 개 이상이란 이야기입니다. 또한 전체 우주에는 그런 은하계가 무려 1,000억 개 이상이 존재한다고 앞에서 이미 말씀드렸습니다.

그렇다면 이 세상에 태어난 모든 사람에게, 각자 한 개씩의 은하계가 분배되는 셈입니다(아담 이후 지구촌에 살다 간 모든 인류의 숫자를 1,000억이라 가정해도). 즉 한 사람마다 1,000억 개 이상의 별들(태양계)이 분배된다는 이야기입니다. 엄청난 사실입니다. 신묘막측한 일입니다. 복음의 비밀입니다.

그래서 모세도 신명기 4장에서 이 사실을 기록하고 있습니다. 하나님께서 그렇게 계획하시고 세상을 창조하셨다는 것입니다. 저와 여러분이 그렇게도 소중하다는 이야기입니다. 그래서 예수님은 "이 소자 중에 '한 사람'이라도 경히 여기지 말라"고 말씀하신 것입니다. '한 영혼'이 천하보다 소중하다는 것입니다. 한 영혼에게 하나의 은하계가 분배된 셈이기 때문입니다. 1,000억 개 이상의 별들, 즉 태양계가 분배된 셈이기 때문입니다.

이것은 예수님의 십자가와도 본질적으로 연결되는 부분입니다. 한 영혼의 구원은 우주의 구원인 셈이기 때문입니다. 한 은하계의 구원인 셈이기 때문입니다. 한 영혼이 그렇게도 소중합니다. 엄청난 사실입니다. 복음의 비밀입니다.

† 또 두렵건대 네가 하늘을 향하여 눈을 들어, 일월성신 하늘 위의 군중, 곧 너희 하나님 여호와께서 천하 만민을 위하여 분정(배정)하신 것을 보고, 미혹하여 그것에 경배하며 섬길까 하노라.(신 4:19)

해설 '분정하다'의 히브리어 **할라크**($p\zahr\hbar$)는 '배분하다, 나누다, 할당하다, 배정하다, 분할하다' 등의 의미입니다. 하늘의 일월성신을 우리를 위해 창조하시고 우리들에게 분정하신 것입니다.

창세 전에 그리스도 안에서 우리를 예정하시고 선택하신 하나님께서는, '우리를 위해서 우리에게 주시려고' 1,000억 개 이상의 은하계를 만드셨습니다. 하나님의 형상인 너희들이 그것들을 다스리고 통치하라는 것입니다. 하나님의 형상대로 지음 받은 우리가 그렇게도 소중하다는 메시지입니다. 존귀와 영광에 합당한 삶을 살라는 메시지입니다.

✝ 내가 그리스도와 함께 십자가에 못 박혔나니, 그런즉 이제는 내가 산 것이 아니요, 오직 내 안에 그리스도께서 사신 것이라. 이제 내가 육체 가운데 사는 것은, 나를 사랑하사 나를 위하여 자기 몸을 버리신, 하나님의 아들을 믿는 믿음 안에서 사는 것이라.(갈 2:20)

해설 창조주가 '나를 사랑하사 나를 위하여' 십자가에 못 박히실 정도로, 우리 한 사람 한 사람은 그렇게도 소중한 존재입니다. 성도인 '나'는 창조의 목적이자, 그리스도 십자가의 목적에 해당하는, 참으로 귀한 존재인 것입니다. 성도의 정체성입니다.

✝ 또 누구든지 내 이름으로 이런 어린아이 하나를 영접하면 곧 나를 영접함이니, 누구든지 나를 믿는 이 소자 중 하나를 실족케 하면, 차라리 연자 맷돌을 그 목에 달리우고 깊은 바다에 빠뜨리우는 것이 나으리라. 삼가 이 소자 중에 하나도 업신여기지 말라. 너희에게 말하노니 저희 천사들이 하늘에서 하늘에 계신 내 아버지의 얼굴을 항상 뵈옵느니라.(마 18:5-10)

해설 어린아이 하나에게도 하나의 은하계가 분배되어 있습니다. 1,000억 개 이상의 별들(stars)이 유업으로(heritage) 배당되어 있습니다. 한 영혼이 그렇게 소중합니다. 그 한 영혼, 한 영혼을 생각하시며, 하나님은 우주를 창조하셨기 때문입니다. 그 한 영혼을 위해서 창조주이신 예수님이 십자가를 지셨기 때문입니다.

한 영혼이 그렇게도 소중합니다. 따라서 한 영혼의 찬양은 우주(universe)의 찬양보다 더 귀한 것입니다. 하나님의 형상인 인간이 자유의지를 가지고 자발적으로 드리는 찬양이기에, 한 영혼의 찬양은 1,000억 개의 별들(star)이 드리는 찬양보다 더 값진 것입니다. 하나님은 그 제사를 받으시고자 인간을 창조하신 것입니다. 찬미의 제사를 받으시고자, 당신의 형상대로 인간을 창조하신 것입니다. 찬송은 하나님께서 인간을 창조하신 중요한 목적입니다. 피조물의 대표인 너희가, 온 우주의 합창을 지휘하는 지휘자가 되어서, 앞장서서 하나님의 영광을 찬양하라는 것입니다. 그 주인공이 곧 아담이었습니다. 그 아담 안에 저와 여러분이 있습니다.

그런데, 어떻게 되었습니까? 바로 그 아담이 하나님을 배반하고 '선악과 열매'를 따먹은 것입니다. 하나님의 형상이, 온 우주의 대표가 그렇게 한 것입니다. 온 우주의 합창단의 대표가 그렇게 한 것입니다. 하나님과 같아지려고, 자신이 하나님 대신 온 우주의 찬양을 받고 싶어서 그렇게 한 것입니다. 사탄이 그의 마음속에 넣어준 교만이 그렇게 한 것입니다. 무서운 이야기입니다. 치가 떨리는 사건입니다.

외경의 여러 부분에 이 장면이 묘사되어 있습니다. 해와 달이 빛을 잃고, 온 우주가 침묵합니다. 온 우주의 천사들이 하나님 보좌 주위로 속속 모여듭니다. 심각한 분위기입니다. 우주의 비상사태입니다. 단테의 〈신곡〉과 밀턴의 〈실낙원〉에 기록된 이야기가 마냥 허구만은 아닙니다. 그들이 성경에서 영감을 얻어서 쓴 작품들입니다.

✝ 너 아침의 아들 계명성이여, 어찌 그리 하늘에서 떨어졌으며, 너 열국을 엎은 자여, 어찌 그리 땅에 찍혔는고, 네가 네 마음에 이르기를 내가 하늘에 올라 하나님의 뭇별 위에 나의 보좌를 높이리라. 내가 북극 집회의 산 위에 좌정하리라. 가장 높은 구름에 올라

지극히 높은 자와 비기리라 하도다.(사 14:12-14)

에덴동산에서 하나님의 금하신 '선악과 열매'를 따먹고 죄를 범한 인간은, 영혼이 죽어서 하나님을 몰라보고 하나님의 은혜도 몰라보는 존재가 되었습니다. 선악과의 본질은 제 1권 복음의 능력 편에서 이미 자세하게 다뤘습니다. 중요한 부분입니다. 복음의 핵심입니다. 성경 전체가 엄밀히 말해서 선악과 이야기이기 때문입니다. 성경은 창세기의 '선악과 이야기'로 시작해서 계시록의 '생명과 이야기'로 끝이 나고 있습니다. 사도 바울이 기록한 로마서 7장은, 선악과의 본질을 잘 설명해 주는 본문입니다.

그 사건(선악과 사건) 이후 인류의 역사는 하나님께 등을 돌리고, 하나님을 찬양하던 그 입술로 헛된 우상을 찬양하는, 죽음의 역사로 변질되고 말았습니다. 인류의 비극입니다. 하지만 사랑의 하나님은, 그 저주의 역사, 흑암의 역사를 종식시키려고 예수님을 이 땅에 보내셨습니다. 우리의 입술에서 빼앗긴 그 거룩한 특권, 찬양의 특권을 회복시켜 주시려고, 예수님을 이 땅에 보내신 것입니다. 물론 그 이전에 이스라엘 민족을 선택하셔서 회복을 시도하셨습니다. 하지만 그들은 이방인보다 더 죄를 범하여, 하나님을 찬양해야 할 입술로 우상을 찬양하는 데 뛰어난 민족이 되고 말았습니다. 하나님의 계획이 어긋난 것입니다.

이스라엘의 창조 목적

하나님의 형상으로 창조된 인간이 선악과 열매를 따 먹고 영혼이 죽어서, 하나님을 찬양해야 할 입술로 우상을 찬양하는 어둠의 역사 가운데, 하나님은 계획을 바꾸어 한 민족을 선택하십니다. 이스라엘 민족입니다. 하나님을 모르는 이방은 우상을 찬양할지라도, 너희들은 하나님의 은혜를 깨닫고 하나님의 영광만을 찬양하라는 것입니다. 너희는 입술을 우상에게 빼앗기지 말라는 것입니다. 거룩한 백성으로 제사장 나라가 되어서, 세상에 선한 영향력을 행사하라는 것입니다. 땅끝까지 하나님의 영광을 찬양하는 목소리가 울려 퍼지도록, 너희들은 항상 하나님 앞에 찬미의 제사를 드리는 제사장 국가가 되라는 것입니다.

✝ 모든 영혼이 다 내게 속한지라. 아비의 영혼이 내게 속함같이 아들의 영혼도 내게 속하였나니, 범죄하는 그 영혼이 죽으리라.(겔 18:4)

[NKJV]겔 18:4

Behold, all souls are Mine; The soul of the father As well as the soul of the son is Mine; The **soul** who sins shall die.

해설 '죄의 삯은 사망입니다. 에덴동산에서 선악과 열매를 따 먹고 죄를 범한 인류는, 영혼이 죽은 존재가 되고 말았습니다. 영혼이 죽게 되니, 양심과 지각이 마비되어, '주인'을 몰라보고 '주인의 은혜'도 깨닫지 못하게 되었습니다. 그 결과 하나님을 찬양해야 할 입술로 헛된 우상을 찬양하는, 불쌍한 존재가 되고 말았습니다.

✝ 사람들은 하나님을 알면서도, 하나님을 하나님으로 영화롭게 해 드리거나 감사를 드리기는커녕, 오히려 생각이 허망해져서 그들의 지각없는 마음이 어두워졌습니다. 사람들은 스스로 지혜가 있다고 주장하지만, 실상은 어리석은 사람이 되었습니다. 그들은 썩지 않는 하나님의 영광을, 썩어 없어질 사람이나 새나 네발짐승이나 기어 다니는 동물의 형상으로 바꾸어 놓았습니다. 사람들은 하나님의 진리를 거짓으로 바꾸고, 창조주 대신에 피조물을 숭배(예배)하고 섬겼습니다. 하나님은 영원히 찬송을 받으실 분이십니다. 아멘.(롬 1:21-25, 표준새번역)

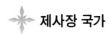

제사장 국가

✝ 세계가 다 내게 속하였나니 너희가 내 말을 잘 듣고 내 언약을 지키면, 너희는 열국 중에서 내 소유(보물, 보배)가 되겠고, 너희가 내게 대하여 제사장 나라가 되며, 거룩한 백성이 되리라.(출 19:5-6)

[킹제임스]출 19:5-6

그러므로 이제 너희가 참으로 내 목소리에 순종하고 내 언약을 지키면, 너희는 내게 모든 백성들보다 뛰어난 **특별한 보배**가 되리니 이는 온 땅이 내 것이기 때문이라. 또 너희는 내게 제사장 왕국이 되며 거룩한 민족이 되리라.

[NIV]출 19:5-6

Now if you obey me fully and keep my covenant, then out of all nations you will be my **treasured possession**. Although the whole earth is mine, you will be for me a kingdom of priests and a holy nation. These are the words you are to speak to the Israelites.

해설 '소유'의 히브리어 **쎄굴라**(סְגֻלָּה)는 '소유, 재산, 귀중한 재산, 특별한 보물, 특별한 소유(보화, 보물)'를 의미합니다. 영어 성경은 a peculiar treasure, a special treasure, special possession, treasured possession 등으로 번역했습니다.

우상을 찬미하는 이방 가운데서, 너희들은 하나님만을 섬기고 하나님만을 찬양하는 '제사장 나라'가 되라고 특별히 선택한 민족이 바로 이스라엘입니다. 하나님의 영광만을 찬양하는 '보물 같은 존재'로 선택받은 것입니다.

✝ 정녕히 내가 광야에 길과 사막에 강을 내리니, 장차 들짐승 곧 시랑과 타조도 나를 존경(찬송)할 것은 내가 광야에 물들을, 사막에 강들을 내어 내 백성, 나의 택한 자로 마시게 할 것임이라. 이 백성은 내가 나를 위하여 지었나니 나의 찬송을 부르게 하려 함이니라.(사 43:19-21)

해설 이스라엘을 창조(선택)한 목적은 하나님을 찬송하게 하는 데 있었습니다. 그것이 이스라엘 나라의 존립 목적이었습니다. 그러나 그들은 하나님을 찬송하는 대신 헛된 우상을 찬양하는 데 열심인 민족이 되고 말았습니다.

✝ "띠가 사람의 허리에 동여지듯이, 내가 이스라엘의 온 백성과 유다의 온 백성을 나에게 단단히 동여매어서, 그들이 내 백성이 되게 하고, 내 이름을 빛내게 하고, 나를 찬양하게 하고, 나에게 영광을 돌릴 수 있게 하였으나, 그들은 듣지 않았다." 나 주의 말이다.(렘 13:11, 표준새번역)

해설 이스라엘 백성을 선택하신 목적은, 그들로 하나님의 백성이 되어서 1)하나님의 이름을 빛내게 하고, 2)하나님을 찬양하게 하고, 3)하나님께 영광을 돌리게 하는 데 있었습니다. 그러나 그들은 1)하나님의 이름을 더럽히고, 2)(하나님 대신)우상을 찬양하고, 3)하나님을 욕되게 하고 말았습니다. 그래서 그들은 결국 포로가 되어 사로잡혀 가고, 멸망을 당하였습니다.

하나님께서 우리 대한민국을 제사장 국가로 선택하신 목적도 이와 동일합니다. 1)하나님의 백성이 되어서 세계와 열방 가운데, 2)하나님의 이름을 빛내고, 3)하나님을 찬양하고, 4)하나님께 영광을 돌리게 하려는 것입니다.

다윗 왕은 이 사명을 깨닫고 항상 하나님 앞에 찬양의 제사를 올려 드렸습니다. 성막과 법궤 앞에 찬양대를 배치하여, 주야로 찬미의 제사를 올려드렸습니다. 다윗 왕 시절에는 성전에서 찬양만을 전담하는 레위 인의 숫자가 4,000명, 찬양대의 지휘자만도 288명이나 되었습니다. 찬양대의 책임자인 레위 인 족장들은 골방(성전의 별관)에 거하면서, 주야로 그 일에만 전념하고 다른 일은 하지 않았습니다. 또한 찬양대를 왕의 직속기구로 두어 특별 관리했습니다. 청와대 직속 기구로 편성한 것입니다.

† 레위 사람은 삼십 세 이상으로 계수하였으니 모든 남자의 명수가 삼만팔천인데, 그중에 이만사천은 여호와의 전 사무를 보살피는 자요, 육천은 유사와 재판관이요, 사천은 문지기요, 사천은 다윗의 찬송하기 위하여 지은 악기로 여호와를 찬송하는 자라.(대상 23:3-5)

† 다윗이 군대 장관들로 더불어 아삽과 헤만과 여두둔의 자손 중에서 구별하여 섬기게 하되, 수금과 비파와 제금을 잡아 신령한 노래를 하게 하였으니, 그 직무대로 일하는 자의 수효가 이러하니라… 이들이 다 그 아비의 수하에 속하여, 제금과 비파와 수금을 잡아 여호와 하나님의 전에서 노래하여 섬겼으며, 아삽과 여두둔과 헤만은 왕의 수하에 속하였으니, 저희와 모든 형제 곧 여호와 찬송하기를 배워 익숙한 자의 수효가 이백팔십팔 인이라.(대상 25:1, 6-7)

† 또 찬송하는 자가 있으니 곧 '레위 족장'이라. 저희가 골방에 거하여 주야로 자기 직분에 골몰하므로, 다른 일은 하지 아니하였더라.(대상 9:33)

[공동번역]대상 9:33
이상이 레위 지파 각 가문의 어른들 가운데 합창하는 임무를 띤 사람이다. 그들은 주야로 자기 맡은 일을 할 수 있도록, 당번이 아닐 때에도 언제나 별관에 있었다.

✝ 다윗이 아삽과 그 형제를 '여호와의 언약궤 앞'에 머물러, 항상 그 궤 앞에서 섬기게 하되 날마다 그 일대로(감사 찬송) 하게 하였고, 오벧에돔과 그 형제 육십팔 인과 여두둔의 아들 오벧에돔과 호사로 문지기를 삼았고, 제사장 사독과 그 형제 제사장들로, 기브온 산당에서 '여호와의 성막 앞'에 모시게 하여, 항상 조석으로 번제단 위에 여호와께 번제를 드리되, 여호와의 율법에 기록하여 이스라엘에게 명하신 대로 다 준행하게 하였고, 또 저희와 함께 헤만과 여두둔과 그 남아 택함을 받고 녹명된 자를 세워, 여호와의 자비하심이 영원함을 인하여 감사(감사 찬송)하게 하였고, 또 저희와 함께 헤만과 여두둔을 세워, 나팔과 제금들과 하나님을 찬송하는 악기로 소리를 크게 내게 하였고, 또 여두둔의 아들로 문을 지키게 하였더라.(대상 16:37-42)

해설 레위 인으로 구성된 찬양대가, 법궤와 성막 앞에서 주야로 감사 찬송을 드리는 장면입니다. 제사 중의 제사는 찬미의 제사입니다. 성전에서 매일 잡아 드리는 황소의 제물보다도, 하나님은 (레위 인 찬양대가 드리는) 그 찬미의 제사를 더 기쁘게 받으셨습니다.

✝ 여호야다가 여호와의 전의 직원을 세워 제사장 레위 사람의 수하에 맡기니, 이들은 다윗이 전에 그 반차를 나누어서, 여호와의 전에서 모세의 율법에 기록한 대로 여호와께 번제를 드리며, 자기의 정한 규례대로 즐거이 부르고 노래하게 하였던 자더라.(대하 23:18)

해설 성전 예배에서 찬양을 중요시하는 다윗의 예배규정은, 요아스(여호야다), 히스기야, 요시야 왕 등 후대의 경건한 왕들에 의해서도 그대로 지켜졌습니다. 감사 찬송은 예배의 핵심이며 하나님이 열납하시는 최고의 제사이기 때문입니다.

여호사밧 왕도 하나님 앞에 찬미의 제사를 드리는 데 열심이었습니다. 그는 에돔의 연합군이 유다를 침공했을 때, 하나님만을 의지하고 하나님을 찬송함으로 국가의 큰 위기를 넘긴, 찬송의 사람이었습니다. 그는 찬송의 비밀을 깨달아 아는, 찬송의 사람이었습니다. ※13장에서 다시 다룹니다.

히스기야 왕도 하나님 앞에 찬미의 제사를 드리는 데 열심이었습니다. 그는 레위 인들과 제사장들을 성전 곳곳에 배치하여, 항상 여호와께 감사 찬송을 드리도록 조치하였습니다. 주의 말씀을 사랑하여, 시편과 잠언의 일부를 편집하였을 뿐만 아니라, 그 말씀(시편)을 노래하는 찬송의 사람이었습니다. 이스라엘 모든 선한 왕들의 공통점은, 한결같이 하나님의 말씀을 사랑하고, 하나님께 찬양의 제사를 드리는 데 열심이었습니다. 찬양은 하나님이 이스라엘을 선택한 목적이기 때문입니다. ※13장에서 다시 다룹니다.

그러나 이러한 현상은 끝까지 지속되질 못했습니다. 하나님을 찬양해야 할 입술로 그들(이스라엘)은 우상을 찬양하는 데 열심이었습니다. 자기들의 입술을 우상에게 빼앗기고 만 것입니다. 하나님을 찬양하던 입술을 빼앗기니, 그들은 결국 나라까지 빼앗기고 말았습니다. 믿음의 법칙입니다. 영적인 원리입니다. 찬양의 비밀입니다. 입술의 열매가 그렇게 중요합니다. 입술을 빼앗기니 결국은 나라까지 빼앗긴 것입니다. ※입술의 열매에 관하여는 제1권 복음의 능력 편에서 이미 설명했습니다.

✦ 입술의 열매

† 입술의 열매를 짓는(창조하는) 나 여호와가 말하노라. 먼 데 있는 자에게든지 가까운 데 있는 자에게든지, 평강이 있을지어다.(사 57:19)

✝ 사람은 입의 열매로 인하여 복록에 족하며, 그 손의 행하는 대로 자기가 받느니라.(잠 12:14)
사람은 입의 열매로 인하여 복록을 누리거니와, 마음이 궤사한 자는 강포를 당하느니라.(잠 13:2)
사람은 입에서 나오는 열매로 하여 배가 부르게 되나니, 곧 그 입술에서 나는 것으로 하여 만족케 되느니라.(잠 18:20)
죽고 사는 것이 혀의 권세에 달렸나니, 혀를 쓰기 좋아하는 자는 그 열매를 먹으리라.(잠 18:21)

✝ 나를 원망하는 이 악한 회중을 내가 어느 때까지 참으랴. 이스라엘 자손이 나를 향하여 원망하는바 그 원망하는 말을 내가 들었노라. 그들에게 이르기를 여호와의 말씀에 나의 삶을 가리켜 맹세하노라. 너희 말이 내 귀에 들린 대로 내가 너희에게 행하리니, 너희 시체가 이 광야에 엎드러질 것이라. 너희 이십 세 이상으로 계수함을 받은 자, 곧 '나를 원망한 자'의 전부가, 여분네의 아들 갈렙과 눈의 아들 여호수아 외에는, 내가 맹세하여 너희로 거하게 하리라 한 땅에 결단코 들어가지 못하리라.(민 14:27-30)

이 사실을 깨달은 이스라엘 백성은, 포로지인 바벨론 강가에서, 다시 하나님께 영광의 찬송을 드립니다. '그발강 가' 그 척박한 환경에서, 하나님의 은혜를 깨닫고 목놓아 감사 찬송을 드립니다. 시편 137편이 바로 그 내용입니다. 참으로 눈물겨운 장면입니다. 감사의 고백입니다. 감사할 조건이 아무것도 없는 그 척박한 현실에서, 그들은 지나간 역사 속에서 자신들에게 베풀어 주셨던 하나님의 은혜를 생각하며, 목놓아 찬송을 부릅니다. 고난 중의 찬양입니다. 보석 같은 눈물입니다. 찬양의 눈물입니다.

✝ 우리가 바벨론의 여러 강변 거기 앉아서 시온을 기억하며 울었도다. 그 중의 버드나무에 우리가 우리의 수금을 걸었나니, 이는

우리를 사로잡은 자가 거기서 우리에게 노래를 청하며, 우리를 황폐케 한 자가 기쁨을 청하고, 자기들을 위하여 시온 노래 중 하나를 노래하라 함이로다. 우리가 이방에 있어서 어찌 여호와의 노래를 부를꼬. 예루살렘아 내가 너를 잊을진대 내 오른손이 그 재주를 잊을지로다. 내가 예루살렘을 기억지 아니하거나, 내가 너를 나의 제일 즐거워하는 것보다 지나치게 아니할진대, 내 혀가 내 입천장에 붙을지로다.(시편 137편)

하나님은 그 눈물을 보시고 그 제사를 받으셨습니다. 이스라엘이 고난 중에 드리는 찬미의 제사를 받으신 것입니다. 그리고 이스라엘을 70년 포로 생활에서 해방시키셨습니다. 그들이 나라를 되찾기 전에, 먼저 (우상에게)빼앗겼던 입술을 되찾은 것입니다. (하나님을)찬양하는 입술을 되찾은 것입니다. 그것이 순서입니다. 영적인 원리입니다. 믿음의 법칙입니다.

† 여호와께서 시온의 포로를 돌리실 때에 우리가 꿈꾸는 것 같았도다. 그때에 우리 입에는 웃음이 가득하고, 우리 혀에는 찬양이 찼었도다. 열방 중에서 말하기를 여호와께서 저희를 위하여 대사를 행하셨다 하였도다. 여호와를 위하여 대사를 행하셨으니 우리는 기쁘도다. 여호와여 우리의 포로를 남방 시내들같이 돌리소서. 눈물을 흘리며 씨를 뿌리는 자는 기쁨으로 거두리로다. 울며 씨를 뿌리러 나가는 자는 정녕 기쁨으로 그 단을 가지고 돌아오리로다.(시편 126편)

그들이 눈물 속에서 드린 찬양의 기도를 받으신 하나님께서는, 바사 왕 고레스의 마음을 감동시켜서 이스라엘을 포로에서 해방시킵니다. 여기에는 물론 다니엘의 지대한 공로가 있었습니다. 다니엘의 사자굴 사건입니다. ※제6권 다니엘의 기도에서 자세히 설명할 것입니다.

포로에서 돌아온 이스라엘 백성은 무너진 제단을 수축하고, 하나님 앞에 감사 찬송과 감사 기도를 다시 올립니다. 초라하지만 성전도 건축하고 다시 예배를 드립니다. 이제 우상 숭배는 졸업했습니다. 70년 포로 생활이라는 '비싼 수업료'를 지불한 결과입니다.

특별히, 다니엘과 그의 세 친구의 역할은 결정적이었습니다. 그들은 말씀과 기도와 찬양으로 잘 무장된, 십자가의 정예 병사들이었습니다. 풀무 불 속에서도 하나님을 찬양하고, 사자굴 속에서도 하나님을 찬양하는, 신앙의 특공대들이었습니다.

그들을 통해 나타난 사건들을 지켜보면서, 포로로 잡혀온 이스라엘 백성들은, 엄청난 충격을 받았을 것입니다. 하나님의 위대하심을 자신들의 눈으로 똑똑히 보았기 때문입니다. 우상 숭배의 무익함을 확실히 깨닫게 되었기 때문입니다. 이제 이스라엘 역사에서 우상 숭배는 영원히 사라지게 되었습니다.

† 너희는 목도하고 이르기를, 여호와께서는 이스라엘 지경 밖에서 크시다 하리라.(말 1:5)
만군의 여호와가 이르노라. 해 뜨는 곳에서부터 해 지는 곳까지의 이방 민족 중에서 내 이름이 크게 될 것이라. 각처에서 내 이름을 위하여 분향하며 깨끗한 제물을 드리리니, 이는 내 이름이 이방 민족 중에서 크게 될 것임이니라.(말 1:11)

† 이에 느부갓네살 왕이 엎드려 다니엘에게 절하고, 명하여 예물과 향품을 그에게 드리게 하니라. 왕이 대답하여 다니엘에게 이르되, 너희 하나님은 참으로 모든 신의 신이시요 모든 왕의 주재시로다. 네가 능히 이 은밀한 것을 나타내었으니 네 하나님은 또 은밀한 것을 나타내시는 자시로다. 왕이 이에 다니엘을 높여 귀한 선물을 많이 주며, 세워 바벨론 모든 박사의 어른을 삼았으며(단 2:46-48)

✝ 느부갓네살이 말하여 가로되, 사드락과 메삭과 아벳느고의 하나님을 찬송할지로다. 그가 그 사자를 보내사 자기를 의뢰하고 그 몸을 버려서 왕의 명을 거역하고, 그 하나님 밖에는 다른 신을 섬기지 아니하며 그에게 절하지 아니한 종들을 구원하셨도다. 그러므로 내가 이제 조서를 내리노니, 각 백성과 각 나라와 각 방언하는 자가 무릇 사드락과 메삭과 아벳느고의 하나님께 설만히 말하거든, 그 몸을 쪼개고 그 집으로 거름터를 삼을지니, 이는 이같이 사람을 구원할 다른 신이 없음이라 하고, 왕이 드디어 사드락과 메삭과 아벳느고를 바벨론 도에서 더욱 높이니라.(단 3:28-30)

✝ 이에 다리오 왕이 온 땅에 있는 모든 백성과 나라들과 각 방언하는 자들에게 조서를 내려 가로되, 원컨대 많은 평강이 너희에게 있을지어다. 내가 이제 조서를 내리노라. 내 나라 관할 아래 있는 사람들은 다 다니엘의 하나님 앞에서 떨며 두려워할지니, 그는 사시는 하나님이시요 영원히 변치 않으실 자시며, 그 나라는 망하지 아니할 것이요 그 권세는 무궁할 것이며, 그는 구원도 하시며 건져내기도 하시며, 하늘에서든지 땅에서든지 이적과 기사를 행하시는 자로서, 다니엘을 구원하여 사자의 입에서 벗어나게 하셨음이라 하였더라.(단 6:25-27)

해설 이방의 왕들이 다니엘의 하나님 앞에서 무릎을 꿇었습니다. 고국에서 멸시와 천대를 받았던 하나님의 영광이 극도로 높아진 것입니다. 다니엘과 그의 세 친구의 공로입니다.

그러나 포로에서 돌아온 이스라엘의 현실은 쉽지가 않았습니다. 에스라의 '종교개혁'이 있었지만 잠깐뿐이었고, 마카비 시대의 짧은 '회복의 기간'이 있었지만, 하나님을 찬양하는 높은 수준까지는 이르지 못했습니다. 그러던 중 '헬라 문명'이라는 강력한 태풍을 만나자, 또다시 이스라엘의 역사는 표류합니다. 헬라 문화가 그들의 삶을 점령하고, 그들의 영혼까지 잠식해 버립니다. 그들의 입술에서 찬양이 떠나갔습니다.

하나님의 영광을 찬양해야 할 그들의 입술로 헬라 문명을 찬양합니다. 찬양이 그치니 하나님도 떠나가십니다. 다시 어둠의 역사가 지속됩니다. 〈신 구약의 중간사〉입니다.

이 어둠의 시대, 절망의 시대에, 예수님이 큰 빛으로 이 땅을 찾아오십니다. '에덴의 영광'을 회복시키기 위해서, '새로운 창조'를 위해서 오십니다. 하나님의 은혜의 영광을 찬미할, 천국의 백성들을 예비하기 위해서 이 땅에 오십니다. 창조주가 오신 것입니다. 천지를 창조하시고, 1,000억 개 이상의 은하계(galaxy)를 주관하시는, 하나님의 본체가 오신 것입니다. 인류가 빼앗긴, 이스라엘이 빼앗긴, 그 찬양의 권세를 회복시켜 주시려고 오신 것입니다.

오셔서 십자가로 그 모든 것들을 회복시키셨습니다. 그리고 이방인 우리들까지도 하나님의 은혜를 찬미할 수 있는 귀한 특권을 주셨습니다. 기가 막힌 사실입니다.

우리를 천국 백성 삼아 이 엄청난 특권을 허락하신 하나님의 은혜를 찬양합니다. 예수님을 찬양합니다. 할렐루야!

> † 전에 고통하던 자에게는 흑암이 없으리로다. 옛적에는 여호와께서 스불론 땅과 납달리 땅으로 멸시를 당케 하셨더니, 후에는 해변길과 요단 저편 이방의 갈릴리를 영화롭게 하셨느니라. 흑암에 행하던 백성이 큰 빛을 보고, 사망의 그늘진 땅에 거하던 자에게 빛이 비취도다.(사 9:1-2)
>
> **해설** 인류 역사의 어두움을 종식시키려고 예수님이 이 땅에 오십니다. 흑암의 땅, 절망의 땅, 사망의 그늘진 땅에, 큰 빛으로, 소망으로, 영원한 생명으로 찾아오십니다. 창조주가 육신을 입고 구세주로 오신 것입니다. 새 하늘, 새 땅, 새 창조를 위해서 오신 것입니다.

인간의 구원 목적

다시 인류의 역사를 살펴봅니다. 온 우주와 만물이 하나님을 찬양하는데, 하나님을 찬양하지 아니하는 존재가 딱 하나 있습니다. 다름 아닌 인간입니다. 하나님의 형상대로 존귀하게 지음 받은 인간이, 에덴동산에서 하나님의 금하신 선악과 열매를 따 먹고, 영혼이 죽어버려서 생긴 결과입니다. '주인'을 몰라보고, '주인의 은혜'도 깨닫지 못하는, 참으로 불쌍한 존재가 되어버린 것입니다.

온 우주 만물을 대표해서 하나님께 영광의 찬송을 드렸던 아담이, 1,000억 개 이상의 은하계를, 온 우주의 합창단을 지휘했던 아담이, 하나님 다음으로 존귀하게 지음 받은 아담이, 그렇게까지 추락을 한 것입니다. 하나님의 황태자가 우주의 고아로 전락한 것입니다. 참으로 안타까운 일입니다.

외경의 여러 부분에 이 장면이 묘사되어 있습니다. 해와 달이 빛을 잃었습니다. 온 우주가 긴장 속에 침묵합니다. 참으로 애통해 합니다. 천사들이 하나님의 보좌 주변으로 속속 모여듭니다. 심각한 분위기입니다. 우주의 비상사태입니다. 존 밀턴의 〈실낙원〉은, 그가 여기에서 영감을 얻고 쓴 작품입니다.

그 이후 인류의 역사는 하나님께 등을 돌리고, 하나님을 찬양하던 그 입술로 헛된 우상을 찬양하는, 죽음의 역사로 점철되고 맙니다.

✝ 모든 영혼이 다 내게 속한지라. 아비의 영혼이 내게 속함같이 아들의 영혼도 내게 속하였나니, 범죄하는 그 영혼이 죽으리라.(겔 18:4)

[NKJV]겔 18:4
Behold, all souls are Mine; The soul of the father As well as the soul of the son is Mine; The **soul** who sins shall die.

✝ 저희는 기탄없이 너희와 함께 먹으니, 너희 애찬의 암초요, 자기 몸만 기르는 목자요, 바람에 불려가는 물 없는 구름이요, 죽고 또 죽어 뿌리까지 뽑힌 열매 없는 가을 나무요(유 1:12)

✝ 하늘이여 들으라 땅이여 귀를 기울이라. 여호와께서 말씀하시기를, 내가 자식을 양육하였거늘 그들이 나를 거역하였도다. 소는 그 임자를 알고 나귀는 주인의 구유를 알건마는, 이스라엘은 알지 못하고 나의 백성은 깨닫지 못하는도다 하셨도다. 슬프다 범죄한 나라요 허물진 백성이요 행악의 종자요 행위가 부패한 자식이로다. 그들이 여호와를 버리며 이스라엘의 거룩한 자를 만홀히 여겨 멀리하고 물러갔도다.(사 1:2-4)

[표준새번역]사 1:2-4
하늘아, 들어라! 땅아, 귀를 기울여라! 주님께서 말씀하신다. "내가 자식이라고 기르고 키웠는데, 그들이 나를 거역하였다. 소도 제 임자를 알고, 나귀도 주인이 저를 어떻게 먹여 키우는지 알건마는, 이스라엘은 알지 못하고, 나의 백성은 깨닫지 못하는구나." 슬프다! 죄 지은 민족, 허물이 많은 백성, 흉악한 종자, 타락한 자식들! 너희가 주님을 버렸구나. 이스라엘의 거룩하신 분을 업신여겨서, 등을 돌리고 말았구나.

[NLT]사 1:3
Even the animals-the donkey and the ox-know their owner and appreciate his care, but not my people Israel. No matter what I do for them, they still do not understand.

해설 미물인 소도 알아보는 주인(임자)을 이스라엘은 알지 못하고, 나귀도 깨닫는 주인의 은혜(주인의 구유)를 택한 백성인 이스라엘은 도무지 깨닫지 못합니다. 선악과의 계명을 범하고서 영혼(soul)이 죽어 버린 인류의 현주소입니다.

이렇게 철저하게 죽었던 우리가, 예수 십자가 피의 공로로 다시 살아났습니다. 그 은혜의 복음을 듣고서, 죽었던 영혼이 살아나고 잠들었던 양심이 깨어나서, 우리는 '주인'을 알아보고 '주인의 은혜'도 깨닫는 자가 되었습니다. 복음의 능력입니다. 복음은 모든 믿는 자에게 구원을 주시는 하나님의 능력입니다. 성도인 우리 모두는 이 복음의 빚을 진 자들입니다. 반드시 갚아야만 할 빚입니다. 그래서 사도 바울은 그 빚을 갚기 위해 땅끝까지 달려갔습니다.

✝ 너희의 허물과 죄로 죽었던 너희를 살리셨도다. 그때에 너희가 그 가운데서 행하여 이 세상 풍속을 좇고 공중의 권세 잡은 자를 따랐으니, 곧 지금 불순종의 아들들 가운데서 역사하는 영이라. 전에는 우리도 다 그 가운데서 우리 육체의 욕심을 따라 지내며, 육체와 마음의 원하는 것을 하여 다른 이들과 같이 본질상 진노의 자녀이었더니, 긍휼에 풍성하신 하나님이 우리를 사랑하신 그 큰 사랑을 인하여, 허물로 죽은 우리를 그리스도 예수 안에서 살리셨고, (너희가 은혜로 구원을 얻은 것이라).(엡 2:1-5)

✝ 내가 진실로 진실로 너희에게 이르노니, 내 말을 듣고 또 나 보내신 이를 믿는 자는, 영생을 얻었고 심판에 이르지 아니하나니, 사망에서 생명으로 옮겼느니라. 진실로 진실로 너희에게 이르노니, 죽은 자들이 하나님의 아들의 음성을 들을 때가 오나니 곧 이때라. 듣는 자는 살아나리라.(요 5:24-25)

✝ 또 내게 이르시되 너는 이 모든 뼈에게 대언하여 이르기를, 너희 마른 뼈들아 여호와의 말씀을 들을지어다. 이에 내가 명을 좇아 대언하니 대언할 때에 소리가 나고 움직이더니 이 뼈, 저 뼈가 들어맞아서 뼈들이 서로 연락하더라. 내가 또 보니 그 뼈에 힘줄이

생기고 살이 오르며 그 위에 가죽이 덮이나 그 속에 생기는 없더
라. 또 내게 이르시되 인자야 너는 생기를 향하여 대언하라 생기
에게 대언하여 이르기를, 주 여호와의 말씀에 생기야 사방에서부
터 와서 이 사망을 당한 자에게 불어서 살게 하라 하셨다 하라. 이
에 내가 그 명대로 대언하였더니 생기가 그들에게 들어가매, 그들
이 곧 살아 일어나서 서는데 극히 큰 군대더라.(겔 37:4-10)

해설 마른 뼈들에 생기가 들어가자, 그들이 살아나서 극히 큰 군대가
되었습니다. 복음의 능력입니다. 마른 뼈와 같은 우리의 심령에 여호와
의 말씀이 임하면, 우리는 십자가의 정병으로 거듭날 수가 있습니다. 복
음은 모든 믿는 자에게 구원을 주시는 하나님의 능력입니다.

† 여호와의 율법은 완전하여 영혼을 소성케 하고, 여호와의 증거
는 확실하여 우둔한 자로 지혜롭게 하며, 여호와의 교훈은 정직하
여 마음을 기쁘게 하고, 여호와의 계명은 순결하여 눈을 밝게 하
도다.(시 19:7-8)

[NIV]시 19:7-8
The law of the LORD is perfect, **reviving the soul**. The statutes of
the LORD are trustworthy, making wise the simple. The precepts
of the LORD are right, giving joy to the heart. The commands of
the LORD are radiant, giving light to the eyes.

† 내가 복음을 부끄러워하지 아니하노니, 이 복음은 모든 믿는 자
에게 구원을 주시는 하나님의 능력이 됨이라. 복음에는 하나님의
의가 나타나서 믿음으로 믿음에 이르게 하나니, 기록된 바 오직 의
인은 믿음(복음)으로 말미암아 살리라 함과 같으니라.(롬 1:16-17)

복음을 듣고 복음을 믿음으로 구원받은 우리들은, 복음의 빚을 진
자들입니다. 우리는 반드시 그 빚을 갚아야만 합니다. 사도 바울은 그
빚을 갚기 위해 땅끝까지 달려갔습니다. 로마까지, 그 당시의 땅끝인
서바나까지, 그 빚을 갚기 위해 달려갔습니다.

또한 그 빚을 갚기 위해서 일찍이 땅끝 조선까지 달려왔던 '수많은 선교사들'이 있습니다. 그들이 뿌린 복음의 씨앗이 열매가 되어서, 오늘날 한국 교회가 이렇게 부흥 성장하고, 조국 대한민국은 이렇게 부강한 나라가 되었습니다.

우리는 그들 모두에게 빚을 진 자들입니다. 조국 대한민국은 그들 모두에게 큰 빚을 진 민족입니다.

> † 헬라인이나 야만이나 지혜 있는 자나 어리석은 자에게 다 내가 '빚진 자'라. 그러므로 나는 할 수 있는 대로, 로마에 있는 너희에게도 복음 전하기를 원하노라.(롬 1:14-15)

> † 그런즉 저희가 믿지 아니하는 이를 어찌 부르리요. 듣지도 못한 이를 어찌 믿으리요. 전파하는 자가 없이 어찌 들으리요. 보내심을 받지 아니하였으면 어찌 전파하리요. 기록된 바 아름답도다 '좋은 소식을 전하는 자들'의 발이여 함과 같으니라.(롬 10:14-15)

그러므로 이제는 우리가 달려갈 차례입니다. 한국 교회가 달려갈 차례입니다. 조국 대한민국이 달려갈 차례입니다. 이미 달려가고 있습니다. 더 많이 달려가야 합니다. 더 힘있게 달려가야 합니다. 복음의 강국, 선교의 대국, 열방의 빛이 되어서, 땅끝까지 달려가야만 합니다. 복음으로 열방과 족속을 먹여 살리는, 이 거룩한 특권을 잘 감당해야만 합니다. 세사장의 큰 사명을 잘 감당해야만 합니다.

대한민국이 자랑스럽습니다. 우리를 이 시대에 조국 대한민국에서 태어나 살게 하신 하나님께, 진심으로 감사와 영광을 올려드립니다. 하나님을 찬양합니다. 할렐루야!

✝ 이 백성은 내가 나를 위하여 지었나니, 나의 찬송을 부르게 하려 함이니라.(사 43:21)

✝ 그러므로 너희가 '동방'에서 여호와를 영화롭게 하며, 바다 모든 섬에서 이스라엘 하나님 여호와의 이름을 영화롭게 할 것이라. '땅 끝'에서부터 노래하는 소리가 우리에게 들리기를, 의로우신 자에게 영광을 돌리세 하도다.(사 24:15-16)

해설 땅끝에서, 동방에서 여호와의 이름을 영화롭게 하는 나라가 바로 우리의 조국 대한민국입니다. 하나님을 찬송하라고 선택 받은 위대한 민족입니다. 복음의 제사장 나라입니다. 항상 찬미의 제사를 올려드리는, 거룩한 제사장 국가입니다. 성전의 출입문은 동편에 있었듯이, 대한민국은 동방의 해가 뜨는 나라입니다. 지구촌 70억의 횃불입니다. 따라서 세계 선교, 세계 복음화가 통일 조국의 국시가 되어야만 할 것입니다. 할렐루야!

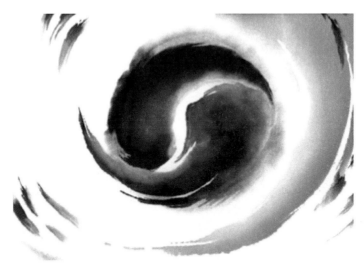

[우주의 상징 태극기] 태극기의 모습이 우주(은하계)의 모습과 정확하게 일치합니다. 우주(은하계)가 힘있게 소용돌이치는 가운데 하나님의 영광을 찬양하는 모습입니다. 하나님의 영광을 찬양하라고 만세 전에 예정하신 민족이 바로 조국 대한민국입니다.

[은하계의 모습] 하나님을 찬양하는 은하계의 모습이 태극기의 모습과 거의 일치합니다.

영혼이 살아나고, 잠들었던 심령이 깨어나서, 이제는 우리가 하나님의 영광을 찬양하는 제사장의 자리에까지 이르게 되었습니다. 찬미의 제사를 올려드리는 '왕 같은 제사장'이 된 것입니다. 우리의 입술에서 빼앗겼던 그 거룩한 특권, '찬양의 특권'을 되찾게 된 것입니다. 1,000억 개의 별들의 합창을 지휘하는, 우주의 찬송 지휘자가 된 것입니다. 몸된 교회의 지체로서 전체 우주의 연합 합창단을 지휘하는 지휘자가 된 것입니다. 놀라운 사실입니다. 복음의 비밀입니다. 우리에게 이 엄청난 특권을 허락하신 하나님의 은혜를, 다시 한 번 찬양합니다. 할렐루야!

† 내 혼을 살게 하소서, 그리하시면 주를 찬송하리이다.(시 119:175)
주의 의로운 규례를 인하여, 내가 하루 일곱 번씩 주를 찬양하나이다.(시 119:164)
주께서 율례를 내게 가르치시므로, 내 입술이 찬송을 발할지니이다.(시 119:171)
주의 모든 계명이 의로우므로, 내 혀가 주의 말씀을 노래할지니이다.(시119:172)

✝ 오직 너희는 택하신 족속이요 '왕 같은 제사장들'이요 거룩한 나라요 그의 소유된 백성이니, 이는 너희를 어두운 데서 불러내어 그의 기이한 빛에 들어가게 하신 자의, 아름다운 덕을 선전(찬양)하게 하려 하심이라.(벧전 2:9)

✝ 너희도 산 돌같이 신령한 집으로 세워지고, 예수 그리스도로 말미암아 하나님이 기쁘게 받으실 신령한 제사를 드릴 '거룩한 제사장'이 될지니라.(벧전 2:5)

제사장의 사명은 백성을 대표해서 하나님께 제사를 드리는 일입니다. 우리는 평범한 제사장이 아니요, '왕 같은 제사장'으로 부르심을 받은 자들입니다. 왕은 최고의 제물을 드리는 자입니다. 그렇다면 우리가 드릴 수 있는 최고의 제물은 과연 무엇일까요? 뿔 달리고 굽이 있는 황소입니까? 천천의 수양입니까? 아닙니다. 삼림의 짐승들과 천산의 생축들까지도 다 하나님의 것입니다. 우주 만물이 다 하나님의 것입니다.

✝ 내가 너의 제물을 인하여는 너를 책망치 아니하리니 네 번제가 항상 내 앞에 있음이로다. 내가 네 집에서 수소나 네 우리에서 수염소를 취치 아니하리니, 이는 삼림의 짐승들과 천산의 생축이 다 내 것이며 산의 새들도 나의 아는 것이며 들의 짐승도 내 것임이로다. 내가 가령 주려도 네게 이르지 않을 것은 세계와 거기 충만한 것이 내 것임이로다. 내가 수소의 고기를 먹으며 염소의 피를 마시겠느냐.(시 50:8-13)

그렇다면, 우리가 하나님께 드릴 수 있는 최고의 제물은 과연 무엇일까요? 하늘 아래서 그 무엇이 하나님께 드릴 최고의 제물이 되겠습니까? 우리 '입술의 고백'입니다. '찬미의 제사'입니다. 우리의 입술로 드리는 찬양은, 뿔과 굽이 있는 '황소의 제물'보다도 하나님께서 더 기쁘시게 받으시는, 최고의 제물입니다. 최고의 제사입니다. 마음의 중심이 담긴, 믿음의 고백이요 사랑의 고백이기 때문입니다.

✝ 사람이 하느님에게 바칠 제물은 '감사하는 마음'이요, 사람이 지킬 것은 지존하신 분에게 서원한 것을 갚는 일이다.(시 50:14, 공동번역) '감사하는 마음'을 제물로 바치는 사람이 나에게 영광을 돌리는 사람이니, 올바른 길을 걷는 사람에게 내가 나의 구원을 보여 주겠다.(시 50:20, 표준새번역)

✝ 내가 노래로 하나님의 이름을 찬송하며, 감사함으로 하나님을 광대하시다 하리니, 이것이 소 곧 뿔과 굽이 있는 황소를 드림보다 여호와를 더욱 기쁘시게 함이 될 것이라.(시 69:30-31)

[공동번역]시 69:30-31
나 찬미가로 하느님의 이름을 기리리라. 나 **감사의 찬송**으로 하느님을 높이리라. 소를 바치는 것보다, 뿔 달리고 굽 달린 황소를 바치는 것보다 야훼께서는 더 기뻐하시리라.

[GWT]시 69:30-31
I want to praise the name of God with a song. I want to praise its greatness with a song of thanksgiving. This will please the LORD more than sacrificing an ox or a bull with horns and hoofs.

✝ 이러므로 우리가 예수로 말미암아 항상 '찬미의 제사'를 하나님께 드리자, 이는 그 이름을 증거하는 입술의 열매니라. 오직 선을 행함과 서로 나눠주기를 잊지 말라. 이 같은 제사는 하나님이 기뻐하시느니라.(히 13:15-16)

[킹제임스]히 13:15-16
그러므로 우리가 그 분을 통해서 **찬양의 제물**을 하나님께 계속해서 드리자. 이것이 그의 이름에 감사하는 우리 입술의 열매니라. 또한 선을 행함과 함께 나누는 것을 잊지 말자. 하나님께서는 그러한 제물들을 기뻐하시느니라.

[NLT]히 13:15-16
With Jesus' help, let us continually offer **our sacrifice of praise** to God by proclaiming the glory of his name. Don't forget to do

good and to share what you have with those in need, for such sacrifices are very pleasing to God.

하나님께서 죄 범한 인류를 구원하신 궁극적인 목적도, 하나님의 은혜의 영광을 찬미하게 함에 있습니다. 에덴동산에서 인류가 범죄함으로 빼앗겨 버린 찬양의 권세를 회복시키기 위해, 그의 아들을 이 땅에 보내서서 십자가를 지게 하신 것입니다. 그러므로 우리는 예수님의 피 값으로 되찾은 이 소중한 권세를 잘 사용해야만 할 것입니다. 일평생 하나님 앞에 찬미의 제사를 올려드리는, 거룩한 제사장의 직분을 끝까지 잘 감당해야만 할 것입니다.

† 사랑하시는 아드님을 통하여 우리에게 거저 주신 이 영광스러운 은총에 대하여, 우리는 ①하느님을 찬양할 수밖에 없습니다. 모든 것을 뜻하신 대로 이루시는 하느님께서, 당신의 계획을 따라 우리를 미리 정하시고 택하셔서 그리스도를 믿게 하셨습니다. 그러므로 맨 먼저 그리스도께 희망을 둔 우리는, ②하느님의 영광을 찬양할 수밖에 없습니다. 여러분도 그리스도를 통하여 여러분에게 구원을 가져다주는, 복음 곧 진리의 말씀을 듣고 믿어서 하느님의 백성이 되었습니다. 이것을 확인하는 표로 하느님께서는 여러분에게 약속하셨던 성령을 주셨습니다. 성령께서는 우리가 받을 상속을 보증해 주시고, 하느님의 백성인 우리에게 완전한 자유를 누리게 하여주십니다. 그러므로 우리는 ③하느님의 영광을 찬양할 수밖에 없습니다.(엡 1:6-14, 공동번역)

해설 하나님께서 창세 전에 그리스도 안에서 우리를 예정하시고 선택하신 이유는, 우리로 하여금 하나님의 은혜의 영광을 찬미하게 하려 함에 있습니다. 찬송은 하나님께서 우리를 예정하시고 선택하여 구원해 주신, 구원의 목적입니다. 그리스도 십자가의 목적입니다.

복음 곧 진리의 말씀을 통하여 하나님의 은혜를 깨달은 성도는, 하나님의 영광을 찬양할 수밖에 없습니다. 신생아가 세상에 태어나면 맨 먼저 울음을 터뜨리듯이, 구원받은 성도는 반드시 그 입에서 찬양이 터져 나오게 되어 있습니다. (허물과 죄로)죽었던 영혼이 살아났다는 증거이기 때문입니다. 찬송은 구원의 증표요, 생명의 함성입니다. 예수님께서 십자가 지심으로 인류를 구원하신 궁극적 목적도 바로 여기에 있습니다. (허물과 죄로)죽었던 영혼을 살려서, 그 영혼이 하나님의 은혜의 영광을 찬미할 수밖에 없는, 새로운 피조물로 만드신 것입니다. 찬양은 인류의 창조 목적이자, 구원의 목적입니다.

† 너희의 허물과 죄로 죽었던 너희를 살리셨도다… 긍휼에 풍성하신 하나님이 우리를 사랑하신 그 큰 사랑을 인하여, 허물로 죽은 우리를 그리스도 예수 안에서 살리셨고(너희가 은혜로 구원을 얻은 것이라) 또 함께 일으키사 그리스도 예수 안에서 함께 하늘에 앉히시니, 이는 그리스도 예수 안에서 우리에게 자비하심으로써, 그 은혜의 지극히 풍성함을 오는 여러 세대에 나타내려 하심이니라.(엡 2:1-7)

† 그런즉 누구든지 그리스도 안에 있으면 '새로운 피조물'이라. 이전 것은 지나갔으니 보라 새 것이 되었도다.(고후 5:17)

[NKJV]고후 5:17
Therefore, if anyone is in Christ, he is **a new creation**; old things have passed away; behold, all things have become new.

해설 허물과 죄로 죽었던 우리를 살려서서 하나님의 영광을 찬양하는 존재로 만드셨습니다. 찬양은 창조의 목적이자 인류의 구원 목적입니다.

최고의 제사, 찬양

구약 때에는 소나 양을 끌고 성전으로 올라가서, 그것들을 잡아 하나님께 감사의 제물로 바쳤습니다. 가난하여 이에 힘이 미치지 못하면 비둘기를 제물로 바쳤습니다. 감사하고 싶은 마음은 간절하지만 가난하기에, 감사의 마음을 표현하는데 제약이 따른 셈입니다. 하지만 사랑의 하나님은 공평하시기에, 그들에게도 가장 좋은 제사를 드릴 수 있는, 최고의 제사를 드릴 수 있는 길을 마련해 주셨습니다. 가난하여 황소를 드리지는 못할지라도, 그것보다도 더 좋은 제물이 있다는 것입니다. 최고의 제물이 있다는 것입니다. 우리의 입술로 드리는 '찬미의 제사'가 바로 그것입니다. 뿔과 굽이 있는 황소보다도, 입술로 드리는 '찬미의 제사'를 하나님은 더 기뻐하신다는 것입니다.

✝ 내가 노래로 하나님의 이름을 찬송하며, 감사함(감사 찬송, 감사의 노래)으로 하나님을 광대하시다 하리니, 이것이 소 곧 뿔과 굽이 있는 황소를 드림보다 여호와를 더욱 기쁘시게 함이 될 것이라.(시 69:30-31)

[GWT]시 69:30-31
I want to praise the name of God with a song. I want to praise its greatness with a song of thanksgiving. This will please the LORD more than sacrificing an ox or a bull with horns and hoofs.

✝ 너는 말씀을 가지고 여호와께로 돌아와서 아뢰기를, 모든 불의

를 제하시고 선한 바를 받으소서. 우리가 입술로 수송아지를 대신하여 주께 드리리이다.(호 14:2)

[표준새번역]호 14:2
너희는 말씀을 받들고 주님께로 돌아와서 이렇게 아뢰어라. 우리가 지은 모든 죄를 용서하여 주십시오. 우리를 자비롭게 받아 주십시오. 수송아지를 드리는 대신에, 우리가 입술을 열어 주님을 찬양하겠습니다.

[KJV]호 14:2
Take with you words, and turn to the LORD: say unto him, Take away all iniquity, and receive [us] graciously: so will we render **the calves of our lips**.

[NLT]호 14:2
Bring your petitions, and return to the LORD. Say to him, "Forgive all our sins and graciously receive us, so that we may offer you **the sacrifice of praise**."

해설 수송아지보다 입술로 드리는 찬양의 제사가 훨씬 더 좋은 제사입니다. 마음의 중심을 드리는 제사이기 때문입니다.

그러면 하나님께서는 왜 찬미의 제사를 그렇게 기뻐하실까요? 찬송에는 우리의 믿음의 고백이 담겨 있기 때문입니다. 하나님을 향한 우리의 사랑의 고백이, 감사의 고백이 담겨 있기 때문입니다. 제사는 하나님 앞에 우리의 마음을 표현하는 수단입니다. 감사를 표현하는 수단입니다. 하나님은 무엇이 부족해서 우리에게 제사를 요구하시는 분이 절대로 아닙니다. '삼림의 짐승들'과 '천산의 생축들'까지도 다 그 분의 것입니다. '우주 만물'이 다 하나님의 것입니다. 제사를 통해서 우리 마음의 중심을 보시고자 하는 것입니다.

✝ 내가 너의 제물을 인하여는 너를 책망치 아니하리니 네 번제가 항상 내 앞에 있음이로다. 내가 네 집에서 수소나 네 우리에서 수염소를 취치 아니하리니, 이는 삼림의 짐승들과 천산의 생축이 다

내 것이며, 산의 새들도 나의 아는 것이며 들의 짐승도 내 것임이
로다. 내가 가령 주려도 네게 이르지 않을 것은 세계와 거기 충만
한 것이 내 것임이로다. 내가 수소의 고기를 먹으며 염소의 피를
마시겠느냐.(시 50:8-13)

† 감사로 하나님께 제사를 드리며, 지극히 높으신 자에게 네 서원
을 갚으며, 환난 날에 나를 부르라 내가 너를 건지리니 네가 나를
영화롭게 하리로다.(시 50:14-15)

[공동번역]시 50:14
사람이 하느님에게 바칠 제물은 **감사하는 마음**이요, 사람이 지킬 것은 지존하
신 분에게 서원한 것을 갚는 일이다.
　해설　제사는 하나님께 우리 마음의 중심을 드리는 행위입니다. 사람이
하느님께 바칠 제물은 감사하는 마음입니다. 마음 자체가 곧 제물입니
다. 그래서 감사 찬송, 감사의 고백이 최고의 제사가 되는 것입니다. 마
음의 중심을 드리는 행위이기 때문입니다.

† 감사로 제사를 드리는 자가 나를 영화롭게 하나니, 그 행위를 옳
게 하는 자에게 내가 하나님의 구원을 보이리라.(시 50:23)

[표준새번역]시 50:23
감사하는 마음을 제물로 바치는 사람이 나에게 영광을 돌리는 사람이니, 올바
른 길을 걷는 사람에게 내가 나의 구원을 보여 주겠다.
[공동번역]시 50:23
감사하는 마음을 제물로 바치는 자, 나를 높이 받드는 자이니, 올바르게 사는
자에게 내가 하나님의 구원을 보여 주리라.
　해설　'감사'로 번역한 히브리어 **토다**(הֹדָה)는 '고백, 찬양, 감사, 감사제,
감사 제물, 감사 찬송'의 의미를 지니고 있습니다. 그래서 일부 성경은, 감
사를 찬송으로 번역하고 있습니다.

감사를 찬양으로 번역한 역본들

[킹제임스흠정]시 50:23

찬양을 드리는 자는 다 나를 영화롭게 하나니, 자기 행실을 바르게 하는 자에게 내가 하나님의 구원을 보이리로다.

[카톨릭성경]시 50:23

찬양 제물을 바치는 이가 나를 공경하는 사람이니, 올바른 길을 걷는 이에게 하느님의 구원을 보여 주리라.

[NKJV]시 50:23

Whoever offers praise glorifies Me; And to him who orders his conduct aright I will show the salvation of God.

[BBE]시 50:23

Whoever makes **an offering of praise** gives glory to me; and to him who is upright in his ways I will make clear the salvation of God.

[LXX영문구약]시 50:23

The sacrifice of praise will glorify me: and that is the way wherein I will shew to him the salvation of God.

해설 찬미의 제사가 최고의 제사라는 것입니다. 마음의 중심을 드리는 제사이기 때문입니다.

✝ 이러므로 우리가 예수로 말미암아 항상 '찬미의 제사'를 하나님께 드리자. 이는 그 이름을 증거하는 입술의 열매니라. 오직 선을 행함과 서로 나눠주기를 잊지 말라. 이 같은 제사는 하나님이 기뻐하시느니라. (히 13:15-16)

[킹제임스]히 13:15-16

그러므로 우리가 그 분을 통해서 **찬양의 제물**을 하나님께 계속해서 드리자. 이것이 그의 이름에 감사하는 우리 입술의 열매니라. 또한 선을 행함과 함께 나누는 것을 잊지 말자. 하나님께서는 그러한 제물들을 기뻐하시느니라.

해설 '그의 이름에 감사하는 입술의 열매'가 곧 찬양입니다. 하나님의 자녀가 하나님께 감사의 고백을 드리는 것보다, 하나님을 더 기쁘시게 할 무슨 방법이 있겠습니까? 하나님의 자녀가 하나님께 사랑의 고백을 드리는 것보다, 더 좋은 선물이 무엇이 있겠습니까?

✝ 나는 인애를 원하고 제사를 원치 아니하며, 번제보다 '하나님을 아는 것'을 원하노라. (호 6:6)

[공동번역]호 6:6

내가 빈기는 깃은 제물이 아니라 사링이디. 제물을 비치기 전에 이 **하느님의 마음**을 먼저 알아 다오.

† 그들이 오매 사무엘이 엘리압을 보고 마음에 이르기를, 여호와의 기름 부으실 자가 과연 그 앞에 있도다 하였더니, 여호와께서 사무엘에게 이르시되, 그 용모와 신장을 보지 말라. 내가 이미 그를 버렸노라. 나의 보는 것은 사람과 같지 아니하니, 사람은 외모를 보거니와 나 여호와는 중심을 보느니라. (삼상 16:6-7)

[NIV]삼상 16:7

But the LORD said to Samuel, "Do not consider his appearance or his height, for I have rejected him. The LORD does not look at the things man looks at. Man looks at the outward appearance, but the LORD looks at the heart."

해설 마음의 중심이 중요합니다. 사람은 외모를 보고 판단하지만, 여호와는 중심을 보고 계십니다. 중심을 보시는 하나님께서는 우리 마음의 중심을 보시기 위해 제사를 요구하는 것입니다.

그러므로 마음의 중심이 실리지 않는 제사는 곧 가인의 제사가 되고 맙니다. 알맹이가 빠진 껍데기 제사이기 때문입니다. 하나님이 그런 제사를 받으실 리가 없습니다. 성전 마당만 밟고 가는 것입니다.

하나님은 찬미의 제사를 기뻐하십니다. 특별히 감사 찬송을 기뻐하십니다. 하나님을 향한 우리의 마음의 고백이 담겨 있기 때문입니다. 믿음의 고백이, 사랑의 고백이 담겨 있기 때문입니다.

또한 찬양은 성도의 거룩한 특권이기도 합니다. 엄청난 특권입니다. 하나님이 기뻐 받으시는 예배의 핵심 내용이, 그 안에 다 들어 있기 때문입니다.

찬송은 최고의 제사입니다. 즉 최고의 예배입니다. 예배 가운데 가장 핵심이 되는 부분입니다. 따라서 우리는 하나님 앞에 쉬지 말고 감사 찬송을 올려 드려야 합니다.

　정리하면, 찬송은 믿음의 비밀입니다. 복음의 비밀입니다. 천국의 비밀입니다. 성도의 아름다운 입술의 열매입니다. 신앙의 가장 꼭대기 열매입니다. 우리의 결박을 푸는 강력한 열쇠입니다. 천국의 열쇠입니다.

　다윗은 이 비밀을 깨닫고 한평생 하나님께 찬미의 제사를 올려 드렸습니다. 바울은 이 열쇠를 사용하여 빌립보 감옥의 문을 활짝 열었습니다. 히브리서 기자도 이 비밀을 강조하고 있습니다.

　우리에게 이 비밀을 허락하신 하나님, 이 엄청난 특권을 허락하신 하나님께, 다시 한 번 존귀와 영광과 감사와 찬송을 올려 드립니다. 할렐루야! 아멘.

천국의 열쇠, 찬양

믿음의 열쇠는 크게 두 종류가 있습니다. 하나는 '기도의 열쇠'요, 또 하나는 '찬양의 열쇠'입니다. 먼저, 기도는 영혼의 호흡이자, 문제를 푸는 좋은 열쇠입니다. 특별히 금식기도는 흉악한 결박을 푸는 강력한 열쇠입니다. 또한 감사기도는 응답의 범위가 넓습니다. 구하지 아니한 부분까지도 응답이 주어집니다. 기도는 성도의 강력한 무기입니다.

그러나 보편적으로, 기도를 통한 응답은 제한적인 응답입니다. 기도 제목에 한정되는 경우가 많습니다. 자세한 것은 제 6권 다니엘의 기도 편에서 다룰 것입니다. 그런데 이것보다 훨씬 강력한 열쇠가 있습니다. 바로 찬양의 열쇠입니다. '찬양으로 올리는 기도'는, 우리의 모든 문제와 결박을 푸는, '강력한 열쇠'입니다. 응답의 폭이 넓은 '만능열쇠'입니다.

1
강력한 열쇠

바울과 실라가 복음을 전하다가 빌립보 감옥에 갇힙니다. 매를 맞고, 옷이 찢긴 채, 피투성이가 되어 옥에 갇힙니다. 감옥 중에서도 가장 깊숙한 곳에, 발이 착고에 채인 채로 갇힙니다. 귀신들린 여종을 고쳐주는 '좋은 일'을 하다가 그렇게 되었으니 억울한 노릇이지요. 복음을 전하는 '주의 일'을 하다가 그렇게 되었으니, 하나님을 향하여 조금은 원망할 듯도 합니다.

그러나 그들은 그 상황에서도 하나님을 찬미했습니다. 조금이라도 원망하거나 불평하지 않았습니다. 인간적인 수단과 방법을 동원하여, 감옥에서 빠져 나갈 궁리도 하지 않았습니다. 간수에게 애걸하거나 부탁하지도 않았습니다. 그 대신 그들은 하나님께 감사 기도와 감사 찬송을 올려 드렸습니다. 입술로 찬미의 제사를 올려 드렸습니다. 한밤중에, 지치고 곤한 육신 가운데서도, 감격에 겨워 부르는 기쁜 찬송을 올려 드렸습니다.

믿음의 비밀이지요. 하나님이 개입하십니다. 어떻게 개입하시나요? 강력한 지진을 보내서 감옥의 터전 자체를 아예 흔들어 버립니다. 옥문이 활짝 열리고, 모든 결박들이 풀어집니다. 그리고 세상의 권세가 그 앞에 무릎을 꿇습니다. 찬송의 비밀입니다. 엄청난 비밀입니다. 강력한 열쇠입니다. 이 비밀을 간직한 사도 바울이, 그 강력한 찬양의 열쇠를 사용하여, 빌립보 감옥의 문을 활짝 열어젖히고, 간수의 무릎을 꿇게 만든 것입니다.

† 우리가 기도하는 곳에 가다가 점하는 귀신들린 여종 하나를 만나니, 점으로 그 주인들을 크게 이하게 하는 자라. 바울과 우리를 좇아와서 소리 질러 가로되, 이 사람들은 지극히 높은 하나님의 종으로, 구원의 길을 너희에게 전하는 자라 하며 이같이 여러 날을 하는지라. 바울이 심히 괴로워하여 돌이켜 그 귀신에게 이르되, 예수 그리스도의 이름으로 내가 네게 명하노니 그에게서 나오라 하니, 귀신이 즉시 나오니라. 종의 주인들은 자기 이익의 소망이 끊어진 것을 보고, 바울과 실라를 잡아가지고 저자로 관원들에게 끌어갔다가, 상관들 앞에 데리고 가서 말하되, 이 사람들이 유대인인데 우리 성을 심히 요란케 하여, 로마 사람인 우리가 받지도 못하고 행치도 못할 풍속을 전한다 하거늘, 무리가 일제히 일어나 송사하니, 상관들이 옷을 찢어 벗기고, 매로 치라 하여 많이 친 후에 옥에 가두고, 간수에게 분부하여 든든히 지키라 하니, 그가 이러한 영을 받아 저희를 깊은 옥에 가두고 그 발을 착고에 든든히 채웠더니(행 16:16-24)

해설 점하는 귀신들린 여종을 고쳐주는 좋은 일을 했다가 그 주인들에게 송사를 당하여, 바울과 실라가 감옥에 갇힙니다. 매를 맞고 그 발이 착고에 채인 채, 가장 깊숙한 감옥에 갇힙니다.

† 밤중쯤 되어 바울과 실라가 기도하고 하나님을 찬미하매, 죄수들이 듣더라. 이에 홀연히 큰 지진이 일어나서 옥터가 움직이고, 문이 곧 다 열리며, 모든 사람의 매인 것이 다 벗어진지라.(행 16:25-26).

육신의 고통과 아픔 속에서도 그들은 하나님을 찬미했습니다. 하나님께 감사 기도와 감사 찬송을 올려 드렸습니다. 하나님은 그 제사를 받으셨습니다. 고통 중에 드리는 '감사 찬송의 제사'를 받으셨습니다. 그리고 그 환경에 개입하십니다. 즉각적으로, 강력하게 개입하십니다. 지진을 보내서 감옥의 터전 자체를 아예 흔들어 버립니다. 그 결과 옥문이 활짝 열리고, 모든 결박들이 풀어집니다. 믿음의 비밀입니다! 찬송의 능력입니다! 찬송은 모든 결박을 푸는 강력한 열쇠입니다.

† 간수가 자다가 깨어 옥문들이 열린 것을 보고, 죄수들이 도망한 줄 생각하고 검을 빼어 자결하려 하거늘, 바울이 크게 소리 질러 가로되 네 몸을 상하지 말라. 우리가 다 여기 있노라 하니, 간수가 등불을 달라고 하며 뛰어 들어가 무서워 떨며 바울과 실라 앞에 부복하고, 저희를 데리고 나가 가로되, 선생들아 내가 어떻게 하여야 구원을 얻으리이까 하거늘, 가로되 주 예수를 믿으라 그리하면 너와 네 집이 구원을 얻으리라 하고, 주의 말씀을 그 사람과 그 집에 있는 모든 사람에게 전하더라. 밤 그 시에 간수가 저희를 데려다가 그 맞은 자리를 씻기고, 자기와 그 권속이 다 세례를 받은 후, 저희를 데리고 자기 집에 올라가서 음식을 차려 주고, 저와 온 집이 하나님을 믿었으므로 크게 기뻐하니라. (행 16:27-34)

해설 간수가 죄수 앞에서 무서워 떨며, 물을 떠다가 죄수의 발을 씻기는 웃지 못할 장면이 펼쳐집니다. 세상 권세가 죄수인 바울 앞에 부복하는 장면입니다. 찬송의 능력입니다. 연약한 빌립보 교회가 든든하게 세워질 수 있는 발판이 마련된 셈입니다.

2
만능의 열쇠

찬양은 우리의 모든 문제와 결박을 푸는 강력한 열쇠입니다. 또한 응답의 폭이 넓은 만능열쇠입니다. 예를 들자면, 호텔 지배인이 소유한 마스터키와 같다고 하겠습니다.

대형호텔은 객실 숫자만도 1,000개가 넘는다고 합니다. 객실마다 제각각의 열쇠가 있습니다. 각기 다른 열쇠입니다. 고객은 각자 한 개의 열쇠만을 소지하고 있습니다. 그 열쇠로 다른 객실의 문은 열 수가 없습니다. 방의 열쇠가 있어야 객실을 출입할 수 있으니 중요한 열쇠이지만, 제한적인 열쇠라는 사실입니다. 기도의 열쇠가 그렇습니다.

그러나 호텔 지배인은 특별한 한 개의 열쇠만을 가지고 있는데, 그 한 개의 열쇠로 1,000개의 객실 문을 다 열 수가 있습니다. 마스터키라는 만능 열쇠입니다. 찬양의 열쇠가 그렇습니다. 특별히 감사 찬송은 그 위력이 정말 대단합니다. 바울이 빌립보 감옥에서 감사 찬송을 드리자, 자신의 결박뿐만 아니라, 주변 사람들의 결박까지 다 풀어졌습니다. 모든 닫힌 문들이 활짝 열렸습니다. 감사 찬송은 모든 결박을 푸는, 초강력 만능열쇠입니다. 참으로 귀한 열쇠입니다.

우리에게는 이 열쇠가 이미 주어져 있습니다. 우리 모두에게 주어진 이 소중한 열쇠를 잘 사용한다면, 우리는 어떠한 환경 속에서도 반드시 승리하는 역사가 있을 것입니다. 믿음의 비밀입니다.

✝ 그가 이러한 영을 받아 저희를 깊은 옥에 가두고 그 발을 착고에 든든히 채웠더니, 밤중쯤 되어 바울과 실라가 기도하고 하나님을 찬미하매 죄수들이 듣더라. 이에 홀연히 큰 지진이 나서 옥터가 움직이고, 문이 곧 다 열리며, 모든 사람의 매인 것이 다 벗어진지라. 간수가 자다가 깨어 옥문들이 열린 것을 보고 죄수들이 도망한 줄 생각하고 검을 빼어 자결하려 하거늘(행 16:24-27)

해설 다 열리며, 다 풀어지는 역사가 찬양을 통해 나타났습니다. 바울의 결박뿐만 아니라, 모든 죄수의 결박까지 다 풀어졌습니다. 바울이 갇혀 있는 방의 문만 열린 것이 아니라, 모든 감옥의 문들이 다 열리는 역사가 나타났습니다. 찬양은 우리의 모든 결박을 푸는 강력한 열쇠입니다. 모든 닫힌 문들을 활짝 열어젖히는 만능열쇠입니다.

✝ 또 여호와를 기뻐하라. 저가 네 마음의 소원을 이루어 주시리로다.(시 37:4)

✝ 날마다 우리의 주님을 찬송하여라. 하나님께서 우리의 짐을 대신 짊어지신다. 하나님은 우리의 구원이시다.(시 68:19, 표준새번역)

[NLT]시 68:19
Praise the Lord; praise God our savior! For each day he carries us in his arms.

해설 우리가 주님을 찬송하면, 주님은 그것을 너무 기뻐하셔서, 우리의 마음의 소원을 이루어 주시고, 우리의 모든 짐을 대신 짊어지십니다. 주님께서 우리의 짐을 지시면, 문제는 이미 문제가 아닙니다. 그는 섬들을 티끌처럼 가볍게 들어 올리시는 분이시기 때문입니다. 찬송은 여호와의 권능을 통하여 우리의 모든 결박을 푸는 강력한 수단입니다. 믿음의 법칙입니다.

[달에서 본 지구] 달 착륙선 아폴로 8호가 달 표면에서 찍은 지구의 모습입니다. 우리가 살고 있는 지구가 하나의 파란 구슬처럼 우주 공간에 떠있습니다. 그 안에 지구촌 70억 인구의 삶의 터전이 있습니다.

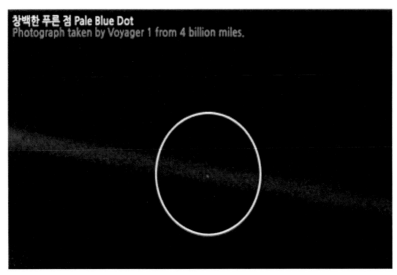

[명왕성에서 본 지구] 외행성 탐사선 보이저 1호가 1990년 2월 14일 명왕성 부근에서 촬영한 지구의 사진입니다. 40억 마일(약 64억㎞) 밖에서 본 지구는 희미한 빛을 내는 작은 점에 불과합니다. 그 안에 70억 인구가 살고 있습니다. 저와 여러분이 그 속에 살고 있습니다. 우리의 모든 문제가, 수고하고 무거운 짐들이 다 그 안에 있습니다.

✝ 보라 그에게는 열방은 통의 한 방울 물과 같고, 저울의 적은 티끌 같으며, 섬들은 떠오르는 먼지 같으니(섬들을 티끌같이 드시나니)(사 40:15)

✝ 항상 기뻐하라. 쉬지 말고 기도하라. 범사에 감사하라. 이는 그리스도 예수 안에서 너희를 향하신 하나님의 뜻이니라.(살전 5:16-18)

[공동번역]살전 5:16-18
항상 기뻐하십시오. 늘 기도하십시오. 어떤 처지에서든지 감사하십시오. 이것이 그리스도 예수를 통해서 여러분에게 보여주신 하느님의 뜻입니다.

[NIV]살전 5:16-18
Be joyful always; pray continually; give thanks in all circumstances, for this is God's will for you in Christ Jesus.

[NLT]살전 5:16-18
Always be joyful. Keep on praying. No matter what happens, always be thankful, for this is God's will for you who belong to Christ Jesus.

[BBE]살전 5:16-18
Have joy at all times. Keep on with your prayers. In everything **give praise:** for this is the purpose of God in Christ Jesus for you.

해설 중요한 믿음의 법칙입니다. 천국의 열쇠들을 나타내는 표현입니다. 일부 역본은 '범사에 감사하라'를 '범사에 찬송하라'로 번역했습니다. 감사와 찬송은 어원이 동일하기 때문입니다.

감사 기도, 감사 찬송은 강력한 믿음의 열쇠들입니다. 특별히 감사 찬송은 모든 결박을 푸는 만능열쇠입니다. ①환경을 초월한 하박국의 기쁨의 노래, ② 풀무불 속의 세 친구의 감사 찬송, ③사자굴 속의 다니엘의 감사 찬송, ④잿더미 위의 욥의 경배와 감사 찬송, ⑤빌립보 감옥의 바울의 감사 기도, 감사 찬송은 그 좋은 예입니다.

3
강력한 무기

찬양은 성도의 강력한 무기입니다. 하나님의 능력을 불러 오는 확실한 수단입니다. 찬양의 전신 갑주를 입은 성도들을 사탄이 쉽게 범접할 수가 없습니다. 사자굴도 풀무불도 찬양의 권세를 당할 수가 없습니다. 하나님의 능력이기 때문입니다.

1) 다니엘의 감사 찬송

사자굴을 눈앞에 둔 다니엘은 하나님께 감사 기도와 감사 찬송을 드렸습니다. 90세를 바라보는 인생의 황혼에, 죽음을 눈앞에 두고서 감사 찬송을 드린 것입니다. 신비한 일입니다.

† 이에 총리들과 방백들이 모여 왕에게 나아가서 그에게 말하되, 다리오 왕이여 만세수를 하옵소서. 나라의 모든 총리와 수령과 방백과 모사와 관원이 의논하고, 왕에게 한 율법을 세우며 한 금령을 정하실 것을 구하려 하였는데, 왕이여 그것은 곧 이제부터 삼십 일 동안에 누구든지, 왕 외에 어느 신에게나 사람에게 무엇을

구하면, 사자굴에 던져 넣기로 한 것이니이다. 그런즉 원컨대 금령을 세우시고 그 조서에 어인을 찍어서, 메대와 바사의 변개치 아니하는 규례를 따라 그것을 다시 고치지 못하게 하옵소서 하매, 이에 다리오 왕이 조서에 어인을 찍어 금령을 내니라. 다니엘이 이 조서에 어인이 찍힌 것을 알고도 자기 집에 돌아가서는, 그 방의 예루살렘으로 향하여 열린 창에서, 전에 행하던 대로 하루 세 번씩 무릎을 꿇고 기도하며, 그 하나님께 감사하였더라.(단 6:6-10)

해설 '감사'로 번역된 아람어 **예다**(אָדָה)는 '감사하다, 찬양하다'의 의미로, 히브리어 **야다**(יָדָה)와 의미가 동일합니다. 다니엘이 사자굴을 눈앞에 두고서도 감사 기도와 감사 찬송을 하나님께 올려 드린 것입니다.

무엇을 감사했을까요? 죽음을 눈앞에 둔 다니엘이, 무슨 감사할 조건이 있었을까요? 하나님의 은혜를 감사한 것입니다. 권불 10년이라고 했는데, 60여 년을 바벨론 제국의 총리(고위 공직자)로 지내게 하신 지난 세월의 은혜만도 감사한데, 또 자신을 '민족해방을 위한 제물로 삼아 주심을 감사한 것입니다(이 부분은 후반부에 다시 다룰 것입니다). 그 은혜, 그 사랑에 감격해서, 다니엘이 그 입술로 찬미의 제사를 드린 것입니다. 사자의 제물이 되기 전에, 다니엘이 먼저 자신을 하나님께 감사의 제물로 드린 것입니다. 믿음의 비밀입니다. 찬송의 비밀입니다.

그렇다면, 이미 최고의 제사를 받으신 하나님께서 또 무슨 제물이 필요하겠습니까? "끝났다. 그것으로 족하다". 그래서 하나님께서 천사를 보내, 사자들의 입을 봉해 버린 것입니다. 하나님은 그 제물(다니엘)을 받으시고, 이스라엘을 바벨론 포로에서 해방시키셨습니다. 이것이 다니엘 기도의 본질입니다. 찬송은 강력한 무기입니다. 하나님의 전신 갑주입니다.

이에 돌을 굴려다가 굴 아구를 막으매 왕이 어인과 귀인들의 인을 쳐서 봉하였으니, 이는 다니엘 처치한 것을 변개함이 없게 하려 함이었더라. 왕이 궁에 돌아가서는 밤이 맞도록 금식하고 그 앞에 기악을 그치고 침수를 폐하니라. 이튿날에 왕이 새벽에 일어나 급히 사자굴로 가서 다니엘의 든 굴에 가까이 이르러는, 슬피 소리 질러 다니엘에게 물어 가로되, 사시는 하나님의 종 다니엘아, 너의 항상 섬기는 네 하나님이 사자에게서 너를 구원하시기에 능하셨느냐. 다니엘이 왕에게 고하되, 왕이여 원컨대 왕은 만세수를 하옵소서. 나의 하나님이 이미 그 천사를 보내어 사자들의 입을 봉하셨으므로 사자들이 나를 상해치 아니하였사오니, 이는 나의 무죄함이 그 앞에 명백함이오며 또 왕이여, 나는 왕의 앞에도 해를 끼치지 아니하였나이다. 왕이 심히 기뻐서 명하여 다니엘을 굴에서 올리라 하매, 그들이 다니엘을 굴에서 올린즉, 그 몸이 조금도 상하지 아니하였으니, 이는 그가 자기 하나님을 의뢰함이었더라.(단 6:17-23)

2) 욥의 경배와 감사 찬송

애매히 고난을 당한 욥도 원망하고 불평하는 대신, 하나님께 경배하고 감사 찬송을 드렸습니다. 즉, 예배를 드렸습니다. 사탄 마귀는 이런 사람을 도저히 당할 수가 없습니다. 건드릴수록 자신들에게 오히려 손해이기 때문입니다. 고난 중의 찬양은 강력한 무기입니다. 사탄이 공격할 틈이 없는 하나님의 전신 갑주입니다.

† 욥이 일어나 겉옷을 찢고 머리털을 밀고 땅에 엎드려 경배하며 가로되, 내가 모태에서 적신이 나왔사온즉 또한 적신이 그리로 돌아갈지라. 주신 자도 여호와시요 취하신 자도 여호와시오니, 여호와의 이름이 찬송을 받으실지니이다 하고, 이 모든 일에 욥이 범죄하지 아니하고, 하나님을 향하여 어리석게 원망하지 아니하니라.(욥 1:20-22)

해설 욥은 극심한 고통 가운데서도 하나님께 경배와 찬송을 드렸습니다. 즉, 예배를 드린 것입니다. 고난 중의 찬양은 최고의 제사입니다. 하나님의 전신 갑주입니다. 강력한 무기입니다.

✝ 사단이 이에 여호와 앞에서 물러가서 욥을 쳐서 그 발바닥에서 정수리까지 악창(악성 종양)이 나게 한지라. 욥이 재 가운데 앉아서 기와 조각을 가져다가 몸을 긁고 있더니, 그 아내가 그에게 이르되 당신이 그래도 자기의 순전을 굳게 지키느뇨 하나님을 욕하고 죽으라. 그가 이르되 그대의 말이 어리석은 여자 중 하나의 말 같도다. 우리가 하나님께 복을 받았은즉 재앙도 받지 아니하겠느뇨 하고, 이 모든 일에 욥이 입술로 범죄치 아니하니라.(욥 2:7-10)

말이 중요합니다. 입술의 열매가 참으로 중요합니다. 욥은 처절한 고난 가운데서도 끝까지 입술의 문을 지켰습니다. 원망과 불평은 재앙입니다. 광야의 이스라엘 백성은 원망하다가, 가나안 땅에 들어가지 못하고 광야에서 멸망을 당했습니다.

반면에 고난 중의 찬양은 놀라운 기적을 불러옵니다. 하나님이 강권적으로 개입하시기 때문입니다. 그러므로 고난 중의 찬양은 성도의 특권입니다. 견고한 진을 파하는 강력한 무기입니다.

욥은 극심한 고난 중에도 하나님을 경배하고 하나님을 찬송함으로, 사단의 권세를 파하는 통쾌한 승리를 거둘 수가 있었습니다. 사단은 이런 사람을 당할 수가 없습니다. 찬송은 강력한 무기입니다.

✝ 여호와께서 모세와 아론에게 일러 가라사대, 나를 원망하는 이 악한 회중을 내가 어느 때까지 참으랴. 이스라엘 자손이 나를 향하여 원망하는바 그 원망하는 말을 내가 들었노라. 그들에게 이르기를 여호와의 말씀에 나의 삶을 가리켜 맹세하노라. 너희 말이 내 귀에 들린 대로 내가 너희에게 행하리니, 너희 시체가 이 광야

에 엎드러질 것이라. 너희 이십 세 이상으로 계수함을 받은 자, 곧 나를 원망한 자의 전부가, 여분네의 아들 갈렙과 눈의 아들 여호수아 외에는, 내가 맹세하여 너희로 거하게 하리라 한 땅에 결단코 들어가지 못하리라.(민 14:26-30)

3) 여호사밧 왕의 찬송

여호사밧 왕이 에돔의 연합군을 무찌르는 장면도 찬송의 위력을 실감하게 하는 대목입니다. 그는 국가적 위기를 맞이하여 온전히 하나님을 의지하고 하나님을 찬송함으로, 에돔의 연합군을 통쾌하게 무찌르고 나라의 큰 위기를 슬기롭게 넘겼습니다. 3국이 연합한 군대의 힘보다도 찬송의 능력이 훨씬 더 강력함을 보여 준 것입니다. 찬송은 하나님의 능력이기 때문입니다.

✝ 이에 백성들이 일찍이 일어나서 드고아 들로 나가니라. 나갈 때에 여호사밧이 서서 가로되 유다와 예루살렘 거민들아 내 말을 들을지어다. 너희는 너희 하나님 여호와를 신뢰하라. 그리하면 견고히 서리라. 그 선지자를 신뢰하라 그리하면 형통하리라 하고, 백성으로 더불어 의논하고 노래하는 자를 택하여 거룩한 예복을 입히고 군대 앞에서 행하며 여호와를 찬송하여 이르기를, 여호와께 감사하세 그 자비하심이 영원하도다 하게 하였더니(대하 20:20-21)

해설 찬양대를 편성하여, 거룩한 예복을 입히고, 군대 앞에서 행하게 합니다. 전쟁을 시작하기 전에, 아예 감사 찬송을 드립니다. 여호와와 그의 능력을 절대적으로 신뢰한 것입니다.

✝ 그 노래와 찬송이 시작될 때에, 여호와께서 복병을 두어, 유다를 치러 온 암몬 자손과 모압과 세일 산 사람을 치게 하시므로 저희가 패하였으니, 곧 암몬과 모압 자손이 일어나 세일 산 거민을 쳐서 진멸하고, 세일 거민을 멸한 후에는 저희가 피차에 살육하였

더라. 유다 사람이 들 망대에 이르러 그 무리를 본즉, 땅에 엎드러진 시체뿐이요 하나도 피한 자가 없는지라.(대하 20:22-24)

해설 찬송을 받으신 하나님께서는, 직접 나서서 이 전쟁에 개입하십니다. 강력하게 개입하십니다. 적들은 자기들끼리 싸우다가 자멸합니다. 전멸당합니다. 찬송의 위력입니다. 찬송은 군대의 힘을 능가하는 강력한 무기입니다.

4) 풀무불 속의 찬송

느부갓네살 왕의 명령을 거역하다가 풀무불 속에 던져진 '다니엘의 세 친구들'이 풀무불 가운데서 생존할 수 있었던 비결도, 그들이 찬양의 전신 갑주를 입었기 때문입니다. 다니엘서의 헬라어 사본에 따르면, 그들은 풀무불 속에서도 하나님을 높이고 하나님의 영광을 크게 찬양하였습니다. 영광을 받으신 하나님께서는, 천사를 보내서서 그들을 지키시고, 머리카락 하나도 상하지 않도록 그들을 보호하셨습니다. 찬양의 능력이 풀무불의 권세를 이긴 것입니다. 찬송은 풀무불의 권세를 능가하는 강력한 무기입니다. ※ 12장에서 다시 설명합니다.

응답의 목적, 찬송

찬송은 또한 하나님께서 우리를 건지시고 일으켜 세우시는, 구원의 목적입니다. 즉, 하나님께서 우리의 기도에 응답하시는 중요한 목적입니다. 하나님의 영광을 찬송하라는 것입니다. 또한 찬송은, 우리가 하나님께 기도하는 기도의 궁극적인 목적입니다. 우리가 죽지 않고 살아야 하나님의 영광을 찬송할 수가 있기 때문입니다. 찬송은 우리가 살아서 숨쉬는 생존의 목적입니다.

1
구원의 목적(기도 응답의 목적)

하나님이 고난 가운데서 우리를 건지시고, 일으켜 세우시는 중요한 목적은, 우리의 입술을 통하여 찬미의 제사를 받으심에 있습니다. 찬양을 통하여 하나님께서 영광을 받으시는 것입니다. 찬송은 하나님께서 우리를 고난 가운데서 건지시고 구원하시는, 궁극적인 목적입니다. 찬송은 기도 응답의 궁극적 목적입니다.

✝ 내 영혼을 감옥에서 끌어내 주셔서, 주의 이름을 찬양하게 해주십시오. 주께서 내게 넘치는 은혜를 베푸시니, 의인이 나를 감싸 줄 것입니다.(시 142:7, 표준새번역)

[공동번역]시 142:7
이 감옥에서 나를 살려 내 주소서. 당신 이름 불러 **감사노래** 부르리이다. 나에게 입혀 주신 당신 은덕으로, 이 몸이 의인들에게 둘러 싸이리이다.

✝ 주께서 나의 슬픔을 변하여 춤이 되게 하시며, 나의 베옷을 벗기고 기쁨으로 띠 띠우셨나이다. 이는 잠잠치 아니하고 내 영광(영혼)으로 주를 찬송케 하심이니, 여호와 나의 하나님이여 내가 주께 영영히 감사(찬송)하리이다.(시 30:11-12)

✝ 주여, 어느 때까지 관망하시리이까. 내 영혼을 저 멸망자에게서 구원하시며, 내 유일한 것(목숨)을 사자들에게서 건지소서. 내가 대회 중에서 주께 감사하며, 많은 백성 중에서 주를 찬송하리이다.(시 35:17-18)

✝ 여호와께서 빈궁한 자의 기도를 돌아보시며 저희 기도를 멸시치 아니하셨도다⋯이는 갇힌 자의 탄식을 들으시며 죽이기로 정한 자를 해방하사, 여호와의 이름을 시온에서, 그 영예를 예루살렘에서 선포(찬양)케 하려 하심이라.(시 102:17-21)

✝ 우리를 구원하여 주시는 하나님, 주님의 영광스러운 이름을 생각해서라도 우리를 도와주십시오. 주님의 명성을 생각해서라도 우리를 건져 주시고, 우리의 죄를 용서하여 주십시오. 갇힌 사람들의 신음소리를 주님께서 들어 주십시오. 죽게 된 사람들을 주님의 능하신 팔로 살려 주십시오. 주님, 우리 이웃 나라들이 주님을 모독한 그 모독을, 그들의 품에다가 일곱 배로 갚아 주십시오. 그때에 주님의 백성, 주님께서 기르시는 양떼인 우리가, 주님께 영원히 감사를 드리렵니다. 대대로 주님께 찬양을 드리렵니다.(시 79:9-13, 표준새번역)

2
생존의 목적(기도 응답의 필요성)

우리를 죽음에서 건져 주시고, 생명과 호흡을 주시는 궁극적인 목적도, 우리의 입술에서 찬미의 제사를 받으심에 있습니다. 우리가 죽지 않고 살아야 여호와의 행사를 선포(찬양)할 수가 있기 때문입니다. 찬송은 우리가 죽지 않고 살아 남아야 할 궁극적인 목적입니다. 찬송은 생존의 목적입니다.

✝ 호흡이 있는 자마다 여호와를 찬송할지어다. 할렐루야.(시 150: 6) 내 혼을 살게 하소서, 그리하시면 주를 찬송하리이다. 주의 규례가 나를 돕게 하소서.(시 119:175)

✝ 주여 어느 때까지 관망하시리이까. 내 영혼을 저 멸망자에게서 구원하시며, 내 유일한 것(목숨)을 사자들에게서 건지소서. 내가 대회 중에서 주께 감사하며, 많은 백성 중에서 주를 찬송하리이다.(시 35:17)

✝ 주님, 내가 주님께 부르짖었고, 주님께 은혜를 간구하였습니다. 내가 죽은들 주님께 무슨 유익이 되겠습니까? 내가 죽어 구덩이에 던져지는 것이 주님께 무슨 유익이 되겠습니까? 한 줌의 티끌이

주님을 찬양할 수 있습니까? 한 줌의 흙이 주님의 진리를 전파할 수 있습니까? 주님, 귀를 기울이시고 들어 주십시오. 나에게 은혜를 베풀어 주십시오. 주님, 주님께서 나를 돕는 분이 되어 주십시오. 주님께서는 내 통곡을 기쁨의 춤으로 바꾸어 주셨습니다. 나에게서 슬픔의 상복을 벗기시고, 기쁨의 나들이옷을 갈아입히셨기에 내 영혼이 잠잠할 수 없어서, 주님을 찬양하렵니다. 주, 나의 하나님, 내가 영원토록 주님께 감사를 드립니다.(시 30:8-12, 표준새번역)

해설 "내가 살아야 하나님의 은혜의 영광을 찬미할 수가 있으니, 그 일을 위해서라도 나를 살려달라"는 다윗의 간구입니다. 하나님은 그 기도를 들으시고 다윗을 건져 살려주셨고, 다윗은 일평생 그 약속을 성실하게 지켰습니다. 한평생 하나님의 영광만을 찬송한 것입니다. 찬송은 생존의 목적입니다. 기도 응답의 궁극적 목적입니다.

✝ 돌아와 주십시오, 주님. 내 생명을 건져 주십시오. 주님의 자비로우심으로 나를 구원하여 주십시오. 죽어서는, 아무도 주님을 찬양하지 못합니다. 스올(무덤, 죽음)에서, 누가 주님께 감사(찬양)할 수 있겠습니까?(시 6:4-5, 표준새번역)

✝ 죽은 자가 여호와를 찬양하지 못하나니, 적막한데 내려가는 아무도 (여호와를 찬양하지)못하리로다. (살아 있는)우리는 이제부터 영원까지 여호와를 송축하리로다. 할렐루야.(시 115:17-18)

✝ 스올(무덤, 죽음, 음부)에서는 아무도 주님께 감사드릴 수 없습니다. 죽은 사람은 아무도 주님을 찬양할 수 없습니다. 죽은 사람은 아무도 주님의 신실하심을 의지할 수 없습니다. 제가 오늘 주님을 찬양하듯, 오직 살아 있는 사람만이 주님을 찬양할 수 있습니다. 주님, 주님께서 저를 낫게 하셨습니다. 우리가 수금을 뜯으며, 주님을 찬양하겠습니다. 사는 날 동안, 우리가 주님의 성전에서 주님을 찬양하겠습니다.(사 38:18-20, 표준새번역)

해설 히스기야 왕이 불치의 병에 걸려서, '유언을 하고 주변을 정리하라'는 이사야 선지자의 통고를 받습니다. 그때에 그가 성전을 바라보며 기도한 내용입니다. '살려주시면 남은 평생, 주님의 성전에서 주님만을 찬양하겠다'는, 간절한 기도입니다.

하나님은 그 기도를 들으시고, 그의 생명을 15년 연장시켜 주셨습니다. 즉, 하나님을 계속해서 찬양하라고, 다시 살려 주신 것입니다. 찬송은 기도 응답의 조건이자 당위성입니다. 생존의 목적입니다.

3
구원의 열매(기도 응답의 결과)

구원받은 성도의 삶의 열매도 결국은 찬송입니다. 감사 찬송입니다. 진토에서, 수렁에서, 깊은 음부에서 구원받은 성도가 그 은혜에 감사하고 감격해서 부르는 노래가 바로 감사 찬송인 것입니다. 참으로 귀한 열매요 아름다운 열매입니다. 찬송은 구원 받은 성도의 거룩한 열매입니다.

† 주 나의 하나님이여, 내가 전심으로 주를 찬송하고, 영영토록 주의 이름에 영화를 돌리오리니, 이는 내게 향하신 주의 인자가 크사, 내 영혼을 깊은 음부에서 건지셨음이니이다. (시 86:12-13)

[NLT]시 86:12
With all my heart I will praise you, O Lord my God. I will give glory to your name forever,

† 내가 여호와를 항상 송축함이여, 그를 송축함이 내 입에 계속하리로다. 내 영혼이 여호와로 자랑하리니 곤고한 자가 이를 듣고 기뻐하리로다. 나와 함께 여호와를 광대하시다 하며 함께 그 이름을 높이세. 내가 여호와께 구하매 내게 응답하시고 내 모든 두려움에서 나를 건지셨도다. (시 34:1-4)

✝ 여호와여, 나는 진실로 주의 종이요 주의 여종의 아들 곧 주의 종이라. 주께서 나의 결박을 푸셨나이다. 내가 주께 감사제(찬미의 제사)를 드리고, 여호와의 이름을 부르리이다. 내가 여호와의 모든 백성 앞에서 나의 서원을 여호와께 갚을지라. 예루살렘아, 네 가운데서, 여호와의 전 정에서 내가 갚으리로다. 할렐루야.(시 116:16-19)

[GWT]시 116:17
I will bring 'a song of thanksgiving' to you as a sacrifice. I will call on the name of the LORD.

[BBE]시 116:17
I will give 'an offering of praise' to you, and make my prayer in the name of the Lord.

해설 기도 응답의 결과는 감사의 제사입니다. 감사의 제사는 곧 찬미의 제사를 의미합니다.

✝ 주께서 나를 내 원수들에게서 구조하시니, 주께서 실로 나를 대적하는 자의 위에 나를 드시고, 나를 강포한 자에게서 건지시나이다. 여호와여 이러므로 내가 열방 중에서 주께 감사하며, 주의 이름을 찬송하리이다.(시 18:48-49)

✝ 주님께서는 내 통곡을 기쁨의 춤으로 바꾸어 주셨습니다. 나에게서 슬픔의 상복을 벗기시고, 기쁨의 나들이옷을 갈아입히셨기에, 내 영혼이 잠잠할 수 없어서, 주님을 찬양하렵니다. 주, 나의 하나님, 내가 영원토록 주님께 감사를 드리렵니다.(시 30:11-12, 표준새번역)

해설 다윗은, 기도 응답의 결과에 잠잠할 수가 없어서 주님을 찬양합니다. 감사하는 마음을 토해 내야만 자신이 살 수 있기 때문입니다. 찬송은 기도 응답의 필연적인 결과(열매)입니다.

✝ 스올(무덤, 죽음, 음부)에서는 아무도 주님께 감사드릴 수 없습니다. 죽은 사람은 아무도 주님을 찬양할 수 없습니다. 죽은 사람은 아무도 주님의 신실하심을 의지할 수 없습니다. 제가 오늘 주님을 찬양하듯, 오직 살아 있는 사람만이 주님을 찬양할 수 있습니다. 주

님, 주님께서 저를 낮게 하셨습니다. 우리가 수금을 뜯으며, 주님을 찬양하겠습니다. 사는 날 동안, 우리가 주님의 성전에서 주님을 찬양하겠습니다.(사 38:18-20, 표준새번역)

해설 질병에서 고침 받고, 생명의 연장을 받은 히스기야 왕이, 남은 평생 하나님만을 찬양하며 살겠노라는 감사 기도의 내용입니다. 히스기야는 그 약속대로 일평생 하나님만을 찬송하였습니다. 기도 응답의 결과(열매)가 곧 찬송인 것입니다.

† 내 혼을 살게 하소서, 그리하시면 주를 찬송하리이다.(시 119:175) 호흡이 있는 자마다 여호와를 찬송할지어다. 할렐루야.(시 150: 6)

해설 시편의 결론입니다. 찬양하는 입술은 복 있는 입술입니다.

찬송의 본질

찬송은 복음을 듣고 하나님의 은혜를 깨닫는 데에서 오는 복음의 열매입니다. 주의 말씀을 주야로 묵상하는 자가 말씀 가운데서 하나님의 은혜와 사랑을 깊이 깨닫고, 그 감격을 주체하지 못해서 터뜨리는 영혼의 함성입니다. 생명의 메아리입니다. 사랑의 고백입니다. 복음의 가장 꼭대기 열매입니다. 또한 찬송은 말씀 자체를 노래하는 것이기도 합니다.

1
복음의 열매

복음의 씨앗이 떨어지면 반드시 자라서 열매를 맺게 되는데, 그 열매 가운데 중요한 부분이 찬송입니다. 찬송은 곧, 구원받은 성도의 입술의 열매입니다. 구원의 증표입니다.

† 너희를 위하여 하늘에 쌓아 둔 소망을 인함이니, 곧 너희가 전에 '복음 진리의 말씀'을 들은 것이라. 이 복음이 이미 너희에게 이르매 너희가 듣고, 참으로 '하나님의 은혜'를 깨달은 날부터 너희 중에서와 같이 또한 온 천하에서도 열매를 맺어 자라는도다. 이와 같이 우리와 함께 종 된 사랑하는 에바브라에게 너희가 배웠나니 (골 1:5-7)

[표준새번역]골 1:5-7
이 믿음과 사랑은 여러분을 위하여 하늘에 쌓아 두신 소망에 근거합니다. 이 소망은 여러분이 진리의 말씀 곧 복음을 받아들일 때에 이미 들은 것입니다. 이 복음은 온 세상에 전해진 것과 같이, 여러분에게 전해졌습니다. 여러분이 **하나님의 은혜**를 듣고서 참되게 깨달은 그날로부터, 여러분 가운데서와 같이 온 세상에서 열매를 맺으며 자라고 있습니다. 여러분은 **하나님의 은혜**를 우리와 함께 종이 된 사랑하는 에바브라에게서 배웠습니다.

복음은 하나님의 은혜, 믿음은 하나님의 은혜를 깨닫는 것, 믿음의 결국은 구원, 구원의 증표는 감사 찬송, 감사 기도입니다. 열매가 중요합니다. 열매가 곧 상급이요, 장차 받을 천국의 기업이기 때문입니다. [제 1권 복음의 능력]에서 이미 다룬 내용입니다.

> † '복 있는 사람'은 악인의 꾀를 좇지 아니하며, 죄인의 길에 서지 아니하며, 오만한 자의 자리에 앉지 아니하고, 오직 '여호와의 율법'을 즐거워하여 그 율법을 주야로 묵상하는 자로다. 저는 시냇가에 심은 나무가 시절을 좇아 과실을 맺으며, 그 잎사귀가 마르지 아니함 같으니, 그 행사가 다 형통하리로다.(시 1:1-3)

여호와의 율법을 즐거움으로 삼아, 밤낮으로 그것을 되새김질하는 사람이, 진정 복 있는(복 받은, 복 받을)사람입니다. 그에게는 열매가 주어지는데, 하늘에서는 상급과 기업이요 땅에서는 형통과 번영의 축복입니다.

레위기 11장에서는 되새김질하지 못하는 짐승을 부정한 것으로 규정했습니다. 그것들은 제물로 사용할 수가 없습니다. 영적으로도 동일합니다. 말씀을 묵상하지 아니한 자는 부정한 자입니다. 그들에게서는 열매를 기대할 수가 없습니다.

> † 짐승 중 무릇 굽이 갈라져 쪽발이 되고 새김질하는 것은 너희가 먹되, 돼지는 굽이 갈라져 쪽발이로되 새김질을 못하므로 부정하니(레 11:3, 6)
> 무릇 굽이 갈라진 짐승 중에, 쪽발이 아닌 것이나 새김질 아니하는 것의 주검은 다 네게 부정하니, 만지는 자는 부정할 것이요(레 11:26)

열매는 마음의 열매, 입술의 열매, 행위의 열매 등으로 나누어 볼 수 있으며, 입술의 열매는 곧 찬송(감사 찬송)입니다. 말씀을 묵상함으로 얻어지는 복음의 최종 열매입니다. 그래서 말씀을 가까이 하고, 말씀을 주야로 묵상하는 자가 복 있는 자인 것입니다.

찬송의 출발점은 말씀입니다. 찬송은 복음의 씨앗이 떨어진 곳에서 얻어지는, 복음의 최종 열매입니다.

† 주의 의로운 규례를 인하여, 내가 하루 일곱 번씩 주를 찬양하나이다.(시 119:164)

† 주의 율례를 내게 가르치시므로, 내 입술이 찬송을 발할지니이다.(시 119:171)

[표준새번역]시 119:171
주님께서 주님의 율례들을 나에게 가르치시니, 내 입술에서는 찬양이 쏟아져 나옵니다.
[NKJV]시 119:171
My lips shall **utter** praise, For You teach me Your statutes.
[NIV]시 119:171
May my lips **overflow** with praise, for you teach me your decrees.
해설 '발하다'의 히브리어 **나바**(נבע)는 '넘쳐 흐르다, 솟구쳐 흐르다, 분출하다, 토하다, 쏟다, 발하다, 끓다' 등의 뜻이며, 영어 성경은 utter, overflow, burst forth, pour out 등으로 번역하고 있습니다.

(홍수에 강물이 범람하듯이)찬양이 넘쳐 흘러야 합니다.
(경기장, 체육관, 빌딩 등이 군중을 토해 내듯이)찬양을 토해 내야 합니다.
(봉한 포도주가 터지듯이)가슴에서 찬양이 터져 나와야 합니다.

믿음은 곧 하나님의 은혜를 깨닫는 것입니다. 하나님의 은혜는 곧 복음을 말합니다. 따라서 말씀이 충만하면 은혜가 충만하게 되는데,

은혜가 충만한 것을 우리는 성령 충만이라 합니다. 말씀 충만은 성령 충만의 확실한 통로인 것입니다.

성령 충만의 열매는 곧 찬송입니다. 성령 충만함에서 나오는 입술의 열매입니다. 찬송은 성령 충만함의 확실한 증표입니다. 그러므로 찬송은, 복음을 듣고 하나님의 은혜를 깨달음에서 오는 복음의 최종 열매인 것입니다.

† 그리스도의(하나님의) 말씀이 여러분 가운데 풍성히 살아 있게 하십시오. 온갖 지혜로 서로 가르치고 권고하십시오. 감사한 마음으로, 시와 찬미와 신령한 노래로, 여러분의 하나님께 마음을 다하여 찬양하십시오. 그리고 말이든 행동이든 무엇을 하든지, 모든 것을 주 예수의 이름으로 하고, 그 분에게서 힘을 얻어서, 하나님 아버지께 감사를 드리십시오.(골 3:16-17, 표준새번역)

[공동번역]골 3:16-17
그리스도의 말씀이 풍부한 생명력으로 여러분 안에 살아 있기를 빕니다. 여러분은 모든 지혜를 다하여 서로 가르치고 충고하십시오. 그리고 성시와 찬송가와 영가를 부르며, 감사에 넘치는 진정한 마음으로 하느님을 찬양하십시오. 여러분은 무슨 말이나 무슨 일이나 모두 주 예수의 이름으로 하고, 그 분을 통해서 하느님 아버지께 감사를 드리십시오.

해설 「말씀 충만→ 성령 충만→ 감사 충만→ 찬양의 제사」
중요한 믿음의 공식입니다.

2
주의 말씀을 노래

또한 찬송은 '주의 말씀 자체'를 노래하는 것이기도 합니다. 말씀은 곧 하나님이기 때문입니다. 다윗은 주의 말씀을 노래한 대표적 인물입니다. 자신이 지은 시를, 새 노래로 하나님께 올려드렸습니다. 히스기야 왕도 주의 말씀을 노래했습니다. 그는 주의 말씀을 사랑하여 시편과 잠언의 일부를 편집하였습니다.

예수님께서도 주의 말씀을 노래했습니다. 최후의 만찬을 마치고 감람산으로 올라가시면서, 12 제자와 함께 부른 찬송이, 바로 시편의 할렐루야 시편(113편- 118편)으로 전해지고 있습니다. 바울을 통하여 복음을 들은 이방인들도, 기뻐서 하나님의 말씀을 찬양했습니다.

1) 다윗 왕

다윗은 주의 말씀을 노래한 대표적 인물입니다. 그는 자신이 직접 지은 시를 가지고, 새 노래로 하나님께 찬송을 올려 드렸습니다.

† 주께서 율례를 내게 가르치시므로, 내 입술이 찬송을 발할지니이다. 주의 모든 계명이 의로우므로, 내 혀가 주의 말씀을 노래할지니이다.(시 119:171-2)

† 하나님을 의지하며 나는 하나님의 말씀만 찬양합니다. 하나님을 의지하며 나는 주님의 말씀만을 찬양합니다.(시 56:10, 표준새번역)

새 노래

새 노래로 그를 노래하며, 즐거운 소리로 공교히 연주할지어다.(시 33:3)

새 노래 곧 우리 하나님께 올릴 찬송을 내 입에 두셨으니, 많은 사람이 보고 두려워하여 여호와를 의지하리로다.(시 40:3)

새 노래로 여호와께 노래하라. 온 땅이여 여호와께 노래할지어다.(시 96:1)

새 노래로 여호와께 찬송하라. 대저 기이한 일을 행하사 그 오른손과 거룩한 팔로 자기를 위하여 구원을 베푸셨도다.(시 98:1)

하나님이여, 내가 주께 새 노래로 노래하며 열 줄 비파로 주를 찬양하리이다.(시 144:9)

할렐루야. 새 노래로 여호와께 노래하며, 성도의 회중에서 찬양할지어다.(시 149:1)

2) 히스기야 왕

히스기야도 주의 말씀을 노래했습니다. 그는 주의 말씀을 사랑하여 시편을 편집한 믿음의 왕이었습니다.

† 히스기야가 명하여 번제를 단에 드릴 새, 번제 드리기를 시작하는 동시에 여호와의 시(시편)로 노래하고, 나팔을 불며 이스라엘 왕 다윗의 악기를 울리고, 온 회중이 경배하며 노래하는 자들은 노래

하고, 나팔 부는 자들은 나팔을 불어 번제를 마치기까지 이르니라. 제사 드리기를 마치매 왕과 그 함께 있는 자가 다 엎드려 경배하니라. 히스기야 왕이 귀인들로 더불어 레위 사람을 명하여, 다윗과 선견자 아삽의 시(시편)로 여호와를 찬송하게 하매, 저희가 즐거움으로 찬송하고 몸을 굽혀 경배하니라.(대하 29:27-30)

3) 예수님

예수님께서도 주의 말씀을 노래했습니다. 최후의 만찬을 마치고 감람산으로 올라가시면서, 12 제자와 함께 부른 찬송이, 바로 시편의 할렐루야 시편(113편- 118편)으로 전해지고 있습니다. 예수님께서도 평소에 주의 말씀(시편)을 노래했다는 증거입니다.

✝ 저희가 먹을 때에 예수께서 떡을 가지사 축복하시고 떼어 제자들을 주시며 가라사대, 받아 먹으라 이것이 내 몸이니라 하시고, 또 잔을 가지사 사례하시고 저희에게 주시며 가라사대, 너희가 다 이것을 마시라 이것은 죄 사함을 얻게 하려고 많은 사람을 위하여 흘리는바 나의 피 곧 언약의 피니라. 그러나 너희에게 이르노니, 내가 포도나무에서 난 것을 이제부터 내 아버지의 나라에서 새 것으로 너희와 함께 마시는 날까지 마시지 아니하리라 하시니라. 이에 저희가 찬미하고 감람산으로 나아가니라.(마 26:26-30)

해설 십자가를 눈앞에 두고 마지막 기도를 하기 위하여, 겟세마네 동산을 찾아가시는 예수님의 모습입니다. 이때 제자들과 함께 부른 찬송이, 시편의 할렐루야 시편(113편- 118편)으로 전해지고 있습니다. 예수님께서도 그렇게 주의 말씀을 노래하신 것입니다.

4) 이방인들

사도 바울을 통하여 하나님의 은혜의 복음을 전해 들은 이방인들도, 기뻐서 하나님의 말씀을 찬양했습니다.

† 그 다음 안식일에는 온 성이 거의 다 하나님 말씀을 듣고자 하여 모이니, 유대인들이 그 무리를 보고 시기가 가득하여 바울의 말한 것을 변박하고 비방하거늘, 바울과 바나바가 담대히 말하여 가로되, 하나님의 말씀을 마땅히 먼저 너희에게 전할 것이로되, 너희가 버리고 영생 얻음에 합당치 않은 자로 자처하기로, 우리가 이방인에게로 향하노라. 주께서 이같이 우리를 명하시되, 내가 너를 이방의 빛을 삼아 너로 땅끝까지 구원하게 하리라 하셨느니라 하니, 이방인들이 듣고 기뻐하여 하나님의 말씀을 찬송하며, 영생을 주시기로 작정된 자는 다 믿더라. 주의 말씀이 그 지방에 두루 퍼지니라.(행 13:44-49)

해설 사도 바울을 통해서 하나님의 은혜의 복음을 전해 들은 이방인들은, 하나님의 은혜의 영광을 찬송했습니다. 동시에 하나님의 은혜의 복음을 찬송했습니다. 그 복음을 통하여 자신들이 구원을 받았기 때문입니다. 찬송 중의 찬송은 주의 말씀을 노래하는 것입니다. 기도도 마찬가지입니다. 말씀의 기초가 참으로 중요합니다.

제
9
장

찬송의 방법

은하계(galaxy)의 찬양

은하계는 1,000억 개 이상의 별들이 모인 거대한 오케스트라(orches-tra)입니다. '갖가지 모양'으로, '갖가지 빛깔'로, '갖가지 음색'으로 아름다운 화음을 연출하는, 거대한 오케스트라입니다. 사람의 언어로는 묘사할 수도 없고, 표현조차 불가능한, 심히도 웅장하고 아름다운 오케

[은하계의 찬양] 수천억 개의 별들(태양)이 운집한 은하계가 힘차게 소용돌이치는 가운데 하나님의 영광을 찬양하고 있습니다.

스트라입니다. 허블 망원경으로 찍은 은하계의 모습을 살펴보면, 인공위성에서 촬영한 태풍(typhoon)이나 허리케인(hurricane)의 모습과 아주 흡사합니다. 북미 지역에서 자주 발생하는 토네이도(tornado)의 모습과도 유사합니다.

태풍이 지나갈 때 그 소리와 그 광경을 한번 생각해 보십시오. 엄청난 에너지와 엄청난 위력 아닙니까? 그렇다면, 지구촌 한구석에서 한 개의 태풍이 지나가도 그 정도의 위력이 있는데, 하물며 1,000억 개 이상의 별들(태양)이 그 엄청난 속도로 회전하며 공전하며 소용돌이치는 은하계의 모습은 과연 어떠할까요? 그 웅장함, 그 아름다움, 그 아름다운 음악의 소리를 우리가 상상인들 할 수가 있겠습니까? 인간의 언어로는 도저히 표현할 수가 없는, 심히도 웅장하고 심히도 아름다운 소리일 것입니다. 은하계가 그렇게 하나님의 영광을 찬양하고 있습니다.

[태풍의 찬양] 바다에서 발생한 태풍이, 그 엄청난 에너지와 위력으로 소용돌이치며 진행하는 가운데, 하나님의 영광을 찬양하고 있습니다.

✦ 우주(universe)의 찬양

그런데 전체 우주에는 그런 은하계가 몇 개쯤 있다고 했나요? 최소한 1,000억 개 이상입니다(학자에 따라서는 5,000억 개 이상으로 추산하기도 합니다). 한 개의 은하계마다 태양과 같은 별들이 평균 1,000억 개 이상이 있는데, 하나님이 창조하신 전체 우주에는, 그런 은하계가 무려 1,000억 개 이상이 존재하고 있습니다. 그것들 각자가 그 엄청난 속도와 에너지를 가지고 자전하며 공전하며 회전하는 가운데, 하나님의 영광을 찬양하고 있습니다. 기뻐 뛰며 춤을 추는 가운데 하나님의 영광을 찬양하고 있습니다.

✦ 성도의 찬양

그런데 그것들보다 더 아름다운 악기가 있습니다. 온 우주보다, 1,000억 개 이상의 은하계보다 더 가치가 있는 악기가 있습니다. 바로 하나님의 형상대로 지음 받은 우리의 몸입니다. 성도의 몸은 우주보다 더 가치가 있는 가장 훌륭한 악기입니다. 1,000억 개 이상의 은하계보다 더 가치가 있는 소중한 악기입니다. 머리끝부터 발끝까지, 몸 전체가 거룩한 악기입니다. 하나님의 영광을 위해 사용하라고 창조하신, 극히 소중한 악기인 것입니다.

우리는 이 거룩한 악기를 사용하여, 일평생 하나님 앞에 '아름다운 연주'를 올려 드려야만 할 것입니다. 끊임없이 찬양의 제사를 올려드려야만 할 것입니다. 마음으로, 입술로, 몸 전체로, 거룩한 찬미의 제사를 올려 드려야만 할 것입니다.

✝ 그러므로 형제들아 내가 하나님의 모든 자비하심으로 너희를 권하노니, 너희 몸을 하나님이 기뻐하시는 거룩한 산 제사(제물)로 드리라, 이는 너희의 드릴 영적(합당한, 진정한) 예배니라. 너희는 이 세대를 본받지 말고, 오직 마음을 새롭게 함으로 변화를 받아, 하나님의 선하시고 기뻐하시고 온전하신 뜻이 무엇인지 분별하도록 하라.(롬 12:1-2)

해설 하나님이 기쁘게 받으시는 거룩한 산 제사는, 바로 우리의 몸과 마음을 하나님 앞에 거룩한 산 제물로 바치는 것입니다. 그것이 하나님 보시기에 합당한 예배요 진정한 예배요 신령한 예배인 것입니다. 찬미의 제사는 대표적으로 신령과 진정으로 드리는 예배입니다. 하나님은 오늘도 그렇게 예배하는 자들을 찾고 계십니다.

✝ 아버지께 참으로 예배하는 자들은 신령과 진정으로 예배할 때가 오나니 곧 이때라, 아버지께서는 이렇게 자기에게 예배하는 자들을 찾으시느니라. 하나님은 영이시니 예배하는 자가 신령과 진정으로 예배할지니라.(요 4:23-24)

✝ 이러므로 우리가 예수로 말미암아 항상 '찬미의 제사'를 드리자. 이는 그 이름을 증거하는 입술의 열매니라. 이 같은 제사는 하나님이 기뻐하시느니라.(히 13:15-16).

해설 찬미의 제사는 대표적으로 신령과 진정으로 드리는 예배입니다. 예수 그리스도가 하나님의 아들이심을 증거하는 입술의 열매입니다.

1
악기를 동원하여 찬양

1) 다윗의 찬양

다윗은 악기를 동원하여 하나님을 찬양했던 대표적 인물입니다. 자신이 직접 제조한 악기를 가지고, 자신이 직접 그것을 연주하면서 하나님을 찬양하곤 하였습니다. 또 레위 인과 제사장들을 세워, 성막과 언약궤 앞에서 항상 악기를 연주하며 하나님을 찬양하도록 조치하였습니다.

† 너희 의인들아, 여호와를 즐거워하라. 찬송은 정직한 자의 마땅히 할 바로다. 수금으로 여호와께 감사하고 열 줄 비파로 찬송할지어다. 새 노래로 그를 노래하며 즐거운 소리로 공교히 연주할지어다.(시 33:1-3)

† 나팔 소리로 찬양하며 비파와 수금으로 찬양할지어다. 소고 치며 춤추어 찬양하며, 현악과 퉁소로 찬양할지어다. 큰 소리 나는 제금으로 찬양하며 높은 소리 나는 제금으로 찬양할지어다.(시 150:3-5)

† 온 땅이여, 여호와께 즐거이 소리할지어다. 소리를 발하여 즐거

이 노래하며 찬송할지어다. 수금으로 여호와를 찬양하라, 수금과 음성으로 찬양할지어다. 나팔과 호각으로 왕 여호와 앞에 즐거이 소리할지어다.(시 98:4-6)

✝ 하나님의 궤를 새 수레에 싣고 아비나답의 집에서 나오는데 웃사와 아히오는 수레를 몰며, 다윗과 이스라엘 온 무리는 하나님 앞에서 힘을 다하여 뛰놀며 노래하며, 수금과 비파와 소고와 제금과 나팔로 주악하니라.(대상 13:7-8)

[NLT]대상 13:8
David and all Israel were celebrating before God with all their might, singing and playing 'all kinds of musical instruments'-lyres, harps, tambourines, cymbals, and trumpets.

✝ 다윗과 궤를 멘 레위 사람과 노래하는 자와 그 두목 그나냐와 모든 노래하는 자도, 다 세마포 겉옷을 입었으며 다윗은 또 베 에봇을 입었고, 이스라엘 무리는 크게 부르며, 각과 나팔을 불며 제금을 치며 비파와 수금을 힘있게 타며, 여호와의 언약궤를 메어 올렸더라.(대상 15:27-28)

해설 법궤를 예루살렘 성으로 모셔 오는 장면입니다. 악기를 힘차게 울리며, 큰 소리로 하나님을 찬양했습니다.

✝ 또 레위 사람을 세워 여호와의 궤 앞에서 섬기며 이스라엘 하나님 여호와를 칭송하며 감사하며 찬양하게 하였으니, 비파와 수금을 타고 아삽은 제금을 힘있게 치고, 제사장 브나야와 야하시엘은 항상 하나님의 언약궤 앞에서 나팔을 부니라.(대상 16:4-6)

해설 성막과 법궤 앞에 찬양대를 배치하여, 악기를 연주하며 조석으로 하나님을 찬양하도록 규정하였습니다.

2) 사무엘의 찬양

사무엘상 10장에는 사무엘의 제자들이 산당의 예배처소에서 악기를 연주하며 찬양하면서 내려오는 장면이 나옵니다. 그들은 춤을 추면서 신령한 노래를 부르며 큰소리로 예언을 하였습니다. 사무엘이 그렇게 지도했다는 이야기입니다. 사무엘은 악기를 동원하여 하나님을 찬양한 찬송의 사람이었습니다.

> †그 후에 네가 하나님의 산에 이르리니 그곳에는 블레셋 사람의 영문이 있느니라. 네가 그리로 가서 그 성읍으로 들어갈 때에, 선지자의 무리가 산당(예배 처소)에서부터 비파와 소고와 저와 수금을 앞세우고 예언하며 내려오는 것을 만날 것이요, 네게는 여호와의 신이 크게 임하리니 너도 그들과 함께 예언을 하고 변하여 새 사람이 되리라.(삼상 10:5-6)
> **해설** 사무엘의 제자들이 산당의 예배 처소에서, 악기를 연주하며 춤을 추며 찬양하면서 내려오는 장면입니다. 그들은 성령이 충만하여, 신령한 노래를 부르며 큰 소리로 예언을 하였습니다.

3) 히스기야의 찬양

히스기야도 악기를 동원하여 여호와를 찬양하는 데 열심이었던 선한 왕이었습니다. 그는 성전에 찬양대를 두어서, 항상 악기를 연주하며 여호와를 찬양하도록 조치하였습니다. 중단되었던 다윗 왕의 규정을 부활시킨 것입니다.

> †왕이 레위 사람을 여호와의 전에 두어서, 다윗과 왕의 선견자 갓과 선지자 나단의 명한 대로 제금과 비파와 수금을 잡게 하니, 이는 여호와께서 그 선지자들로 이렇게 명하셨음이라. 레위 사람은 다윗의 악기를 잡고 제사장은 나팔을 잡고 서매, 히스기야가 명하여 번제를 단에 드릴 새, 번제 드리기를 시작하는 동시에 여호와의

시로 노래하고, 나팔을 불며 이스라엘 왕 다윗의 악기를 울리고, 온 회중이 경배하며 노래하는 자들은 노래하고, 나팔 부는 자들은 나팔을 불어 번제를 마치기까지 이르니라.(대하 29:25-28)

✝ 예루살렘에 모인 이스라엘 자손이 크게 즐거워하며 칠 일 동안 무교절을 지켰고, 레위 사람들과 제사장들은 날마다 여호와를 칭송하며, 큰 소리 나는 악기를 울려 여호와를 찬양하였으며(대하 30:21)

2
손뼉을 치면서 찬양

강들이 손뼉을 치면서 하나님의 영광을 찬양하고 있습니다. 바다의 물결이 손뼉을 치면서 하나님의 영광을 찬양하고 있습니다. 들판의 나무들이 손뼉을 치면서 하나님의 영광을 찬양하고 있습니다. 구원받은 성도들이 손뼉을 치며 즐거운 소리로 하나님의 영광을 찬양하고 있습니다. 만유가 손뼉을 치면서 환호하는 가운데 하나님의 영광을 찬양하고 있습니다.

† 너희 만민들아, 손바닥(손뼉)을 치고 즐거운 소리로 하나님께 외칠지어다. 지존하신 여호와는 엄위하시고 온 땅에 큰 임군이 되심이로다.(시 47:1-2)

† 바다와 거기에 가득 찬 것들과 세계와 거기에 살고 있는 것들도 뇌성 치듯 큰소리로 환호하여라. 강들도 손뼉을 치고, 산들도 함께 큰 소리로 환호성을 올려라.(시 98:7-8, 표준새번역)

† 산들과 작은 산들이 너희 앞에서 노래를 발하고, 들의 모든 나무가 손바닥(손뼉)을 칠 것이며,(사 55:12)

✝ 춤을 추며 그의 이름 찬양하여라. 북 치고 수금 타며 노래하여
라. 야훼께서 당신 백성 반기시고 짓눌린 자들에게 승리의 영광
주셨다. 신도들아, 승리 잔치 벌여라. 밤에도 손뼉치며 노래하여
라. 목청 높여 하느님을 찬양하여라.(시 149:3-5, 공동번역)

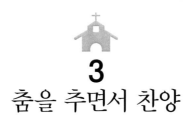

3
춤을 추면서 찬양

아론의 누이 선지자 미리암은 춤을 추며 하나님을 찬양했습니다. 선지자 사무엘도 춤을 추며 하나님을 찬양했습니다. 다윗은 춤추며 찬양했던 대표적 인물입니다. 그의 시편에서는 춤추며 기뻐 뛰며 찬양할 것을 명령하고 있습니다.

1) 미리암

이스라엘을 뒤따르던 애굽 군대가 홍해 바닷속에 진멸되는 장면을 목격한 이스라엘의 여인들이 미리암을 선두로 소고를 잡고, 하나님 앞에서 춤을 추며 찬양을 하였습니다.

✝ 바로의 말과 병거와 마병이 함께 바다에 들어가매, 여호와께서 바닷물로 그들 위에 돌이켜 흐르게 하셨으나, 이스라엘 자손은 바다 가운데서 육지로 행하니라. 아론의 누이 선지자 미리암이 손에 소고를 잡으매, 모든 여인도 그를 따라 나오며 소고를 잡고 춤추니, 미리암이 그들에게 화답(노래)하여 가로되, 너희는 여호와를

찬송하라. 그는 높고 영화로우심이요 말과 그 탄 자를 바다에 던지셨음이로다 하였더라.(출 15:19-21)

2) 다윗 왕

그는 한평생을 하나님 앞에서 어린아이처럼 기뻐 뛰며 춤을 추며 찬양했습니다. 그의 시편에서는 춤을 추며 찬양할 것을 명령하고 있습니다.

✝ 춤추며 그의 이름을 찬양하며 소고와 수금으로 그를 찬양할지어다. 여호와께서는 자기 백성을 기뻐하시며 겸손한 자를 구원으로 아름답게 하심이로다. 성도들은 영광 중에 즐거워하며 저희 침상에서 기쁨으로 노래할지어다.(시 149:3-5)

✝ 나팔 소리로 찬양하며 비파와 수금으로 찬양할지어다. 소고 치며 춤추어 찬양하며 현악과 퉁소로 찬양할지어다. 큰 소리 나는 제금으로 찬양하며 높은 소리 나는 제금으로 찬양할지어다. 호흡이 있는 자마다 여호와를 찬양할지어다. 할렐루야.(시 150:3-6)

✝ 그러나 착한 사람들은 즐겁고 흥겨워 하느님 앞에서 뛰놀며 기뻐하리라. 수금 타며 그 이름 노래하여라. 야훼 그 이름을 찬양하고 그의 앞에서 춤을 추어라.(시 68:3-4, 공동번역)

✝ 야훼의 궤를 멘 사람들이 여섯 걸음을 옮긴 다음 다윗은 살진 황소를 잡아 바쳤다. 그리고 다윗은 모시 에봇을 입고 야훼 앞에서 덩실거리며 춤을 추었다. 야훼의 궤가 다윗의 도성에 들어올 때, 다윗 왕이 야훼 앞에서 덩실덩실 춤추는 것을 사울의 딸 미갈이 창으로 내려다보고는, 속으로 비웃었다.(삼하 6:13-16, 공동번역)

해설 그가 왕위에 오른 후, 하나님의 궤를 오벧에돔의 집에서 다윗 성으로 옮길 때에, 그는 큰 축제를 벌였습니다. 그는 하나님 앞에서 왕복을 벗어버리고, 베 에봇을 입고 겸손한 자세로, 어린아이처럼 춤을 추었습니다. 너무 기뻐서 껑충껑충 뛰면서, 빙글빙글 돌면서, 혼신의 힘을 다해 춤을 추었습니다. 덩실덩실 춤을 추었습니다. (그의 아내, 사울의 딸)미갈은 비웃었지만, 하나님은 그런 다윗을 내 마음에 합한 자라고 평가하셨습니다.

✝ 다윗이 자기의 집안 식구들에게 복을 빌어 주려고 궁전으로 돌아가니, 사울의 딸 미갈이 다윗을 맞으러 나와서 이렇게 말하였다. "오늘 이스라엘의 임금님이, 건달패들이 맨살을 드러내고 춤을 추듯이, 신하들의 아내가 보는 앞에서 몸을 드러내며 춤을 추셨으니, 임금님의 체통이 어떻게 되었겠습니까?" 다윗이 미갈에게 대답하였다. "그렇소. 내가 주님 앞에서 그렇게 춤을 추었소. 주님께서는, 그대의 아버지와 그의 온 집안이 있는데도 그들을 마다하시고, 나를 뽑으셔서 주님의 백성 이스라엘을 다스리도록 통치자로 세워 주셨소. 그러니 나는 주님을 찬양할 수밖에 없소. 나는 언제나 주님 앞에서 기뻐하며 뛸 것이오. 내가 스스로를 보아도 천한 사람처럼 보이지만, 주님을 찬양하는 일 때문이라면 이보다 더 낮아지고 싶소."(삼하 6:20-22, 표준새번역)

해설 춤추어 뛰놀며 찬양하는 것은, 여호와 앞에서 자신을 낮추는 자세이기도 합니다. 어린아이와 같이 되질 않으면 불가능한 일입니다.

3) 사무엘

사무엘상 10장에는 사무엘의 제자들이 산당의 예배처소에서 악기를 연주하며 찬양하면서 내려오는 장면이 나옵니다. 그들은 하나님의 영이 충만한 상태에서 춤을 추며 신령한 노래를 부르며 큰 소리로 예언을 하였습니다. 사무엘이 그렇게 지도했다는 이야기입니다. 사무엘은 춤을 추면서 하나님을 찬양한 찬송의 사람이었습니다.

✝ 그런 다음에 그대는 하나님의 산으로 가십시오. 그곳에는 블레

셋 수비대가 있습니다. 그곳을 지나 성읍으로 들어갈 때에, 거문고를 뜯고 소고를 치고 피리를 불고 수금을 뜯으면서, 예배 처소에서 내려오는 예언자의 무리를 만날 것입니다. 그들은 모두 '춤을 추고 소리를 지르면서' 예언을 하고 있을 것입니다. 그러면 그대에게도 주님의 영이 강하게 내리어, 그들과 함께 '춤을 추고 소리를 지르면서' 예언을 할 것이며, 그대는 전혀 딴 사람으로 변할 것입니다.(삼상 10:5-6, 표준새번역)

해설 사무엘의 제자들이 산당의 예배처소에서, 악기를 연주하며 춤을 추며 찬양하면서 내려오는 장면입니다. 그들은 성령이 충만하여, 신령한 노래를 부르며 큰소리로 예언을 하였습니다.

† 다윗이 라마의 나욧에 있다는 소식이 곧 사울에게 들어갔다. 사울은 다윗을 잡아 오라고 부하들을 보냈다. 그들이 가서 보니, 예언자들 한 무리가 사무엘 앞에서 '춤추고 소리치며' 예언을 하고 있었다. 그 순간 그 부하들에게도 하나님의 영이 내리니, 그들도 '춤추고 소리치며' 예언을 하였다. 사람들이 사울에게 이 소식을 알리니, 사울이 다른 부하들을 보냈으나, 그들도 '춤추고 소리치면서' 예언을 하는 것이었다. 사울이 다시 세 번째로 부하들을 보내니, 그들도 마찬가지로 '춤추고 소리치면서' 예언을 하였다. 드디어 사울이 직접 라마로 갔다. 그는 세구에 있는 큰 우물에 이르러, 사무엘과 다윗이 어디에 있는지를 물었다. 사람들은, 그 두 사람이 라마의 나욧에 있다고 대답하였다. 사울이 거기에서 라마의 나욧으로 가는데, 그에게도 하나님의 영이 내려서, 그는 라마의 나욧에 이를 때까지 계속하여 '춤추고 소리치며', 열광 상태에서 예언을 하며 걸어갔다. 사무엘 앞에 이르러서는, 옷까지 벗어 버리고 '춤추고 소리치면서' 예언을 하고 나서, 그 날 하루 밤낮을 벗은 몸으로 쓰러져 있었다.(삼상 19:19-24, 표준새번역)

해설 라마 나욧에 있는 사무엘 선지학교의 제자들이 사무엘 앞에서 춤을 추며 큰 소리로 찬양을 하는 장면입니다. 사무엘이 그렇게 지도했다는 이야기입니다. 그렇다면 사무엘 자신도 하나님 앞에서 춤을 추며 찬양했다는 결론입니다. 결과는 강력한 하나님의 신의 임재였습니다. 다윗을 잡으러 온 사울 왕의 부하들뿐만 아니라, 사울 왕 자신까지도, 춤을

추며 찬양하는 자로 변신했습니다. 사무엘은 그렇게 춤을 추면서 하나님
을 찬양한 찬송의 사람이었습니다.

4
기뻐 뛰면서 찬양

예수님은 제자들에게 '너희가 어린아이들과 같이 되지 아니하면 결단코 천국에 들어갈 수가 없다'고 말씀하셨습니다. '악에는 어린아이가 되고, 지혜에는 장성한 자가 되라'고 말씀하셨습니다. 무슨 의미입니까? 어린아이처럼 하나님 앞에서 기뻐 뛰며 춤을 추며 찬양하라는 이야기입니다. 어린아이는 기쁘면 저절로 춤을 춥니다. 껑충껑충 뛰면서 춤을 춥니다. 교육이 필요가 없습니다. 누가 시키지 않아도 본능적으로 그렇게 합니다. 영혼이 깨끗하기 때문입니다.

성도와 하나님과의 관계가 그렇습니다. 성도는 구원받은 하나님의 자녀이기 때문입니다. 하나님의 자녀가 하나님 앞에서 기뻐 뛰며 춤을 추며 찬양하는 것은 너무나도 당연한 일입니다. 구원받은 성도가, 여호와 앞에서 기뻐 뛰지 못한다면 그것은 심각한 문제입니다. 다윗은 어린아이처럼 껑충껑충 뛰면서 하나님을 찬양했지만, 사울 왕은 하나님 앞에서 전혀 뛰질 못했습니다. 평소에 찬양했다는 기록도 없습니다. 그의 딸 미갈도 기뻐 뛰며 춤을 추는 다윗을 멸시하다가 저주를 받았습니다.

1) 다윗 왕

하나님의 사람 다윗은 기뻐 뛰며 춤을 추며 하나님을 찬양한 대표적 인물입니다. 그는 한평생을 하나님 앞에서 어린아이처럼 기뻐 뛰며 춤을 추며 찬양했습니다. 또한 그의 시편에서는 기뻐 뛰며 춤을 추며 찬양할 것을 명령하고 있습니다.

✝ 의인은 기뻐하여 하나님 앞에서 뛰놀며, 기뻐하고 즐거워할지어다. 하나님께 노래하며 그 이름을 찬양하라. 그 이름은 여호와시니 그 앞에서 뛰놀지어다.(시 68:3-4).

✝ 여호와의 궤를 멘 사람들이 여섯 걸음을 행하매 다윗이 소와 살진 것으로 제사를 드리고, 여호와 앞에서 힘을 다하여 춤을 추는 때에 베 에봇을 입었더라. 다윗과 온 이스라엘 족속이 즐거이 부르며 나팔을 불고 여호와의 궤를 메어 오니라. 여호와의 궤가 다윗 성으로 들어올 때에 사울의 딸 미갈이 창으로 내다보다가, 다윗 왕이 여호와 앞에서 뛰놀며 춤추는 것을 보고 심중에 저를 업신여기니라.(삼하 6:13-16)

해설 하나님의 궤를 오벧에돔의 집에서 다윗 성으로 옮길 때에, 그는 큰 축제를 벌였습니다. 그는 하나님 앞에서 왕복을 벗어버리고, 베 에봇을 입고, 겸손한 자세로 어린아이처럼 춤을 추었습니다. 너무 기뻐서 껑충껑충 뛰면서, 혼신의 힘을 다해 춤을 추었습니다. 덩실덩실 춤을 추었습니다.

✝ 다윗이 자기의 집안 식구들에게 복을 빌어 주려고 궁전으로 돌아가니, 사울의 딸 미갈이 다윗을 맞으러 나와서, 이렇게 말하였다. "오늘 이스라엘의 임금님이, 건달패들이 맨살을 드러내고 춤을 추듯이, 신하들의 아내가 보는 앞에서 몸을 드러내며 춤을 추셨으니, 임금님의 체통이 어떻게 되었겠습니까?" 다윗이 미갈에게 대답하였다. "그렇소. 내가 주님 앞에서 그렇게 춤을 추었소. 주님께서는, 그대의 아버지와 그의 온 집안이 있는데도, 그들을 마다하시고, 나를 뽑으셔서, 주님의 백성 이스라엘을 다스리도록, 통치자로

세워 주셨소. 그러니 나는 주님을 찬양할 수밖에 없소. 나는 언제나 주님 앞에서 기뻐하며 뛸 것이오. 내가 스스로를 보아도 천한 사람처럼 보이지만, 주님을 찬양하는 일 때문이라면, 이보다 더 낮아지고 싶소."(삼하 6:20-22, 표준새번역)

해설 춤추어 뛰놀며 찬양하는 것은, 여호와 앞에서 자신을 낮추는 자세이기도 합니다. 어린아이와 같이 되질 않으면 불가능한 일입니다.

2) 이스라엘 백성
- 타작마당의 소들까지도 함께 뛰었습니다

법궤를 운반하면서 다윗 왕이 선두에 서서, 여호와 앞에서 기뻐 뛰며 춤을 추며 하나님을 찬양하자, 뒤따르는 백성들도 하나님 앞에서 함께 뛰놀며 춤을 추면서, 마음껏 하나님을 찬양했습니다. 법궤를 싣고 가던 소들까지도 덩달아 뛰었습니다.

✝ 하나님의 궤를 새 수레에 싣고 아비나답의 집에서 나오는데 웃사와 아히오는 수레를 몰며, 다윗과 이스라엘 온 무리는 하나님 앞에서 힘을 다하여 뛰놀며 노래하며, 수금과 비파와 소고와 제금과 나팔로 주악하니라.(대상 13:7-8)

[현대인의성경]대상 13:8
그러자 다윗과 모든 백성은 여호와 앞에서 마음껏 뛰놀며, 수금과 비파와 소고와 제금과 나팔을 가지고 연주하고 노래하였다.

해설 '주악하다'로 번역한 히브리어 **싸아크**(פֶּחַשׁ)는 '기뻐하다, 뛰놀다, 즐거워하다, 즐기다, 노래하며 춤추다' 등의 의미가 있습니다. 법궤를 운반하는 다윗과 이스라엘 백성이 그렇게 여호와 앞에서 **싸아크** 한 것입니다. 영어 성경은 dancing, celebrating, playing 등으로 번역을 하였습니다.

✝ 저희가 나곤의 타작마당에 이르러서는 소들이 뛰므로 웃사가 손을 들어 하나님의 궤를 붙들었더니, 여호와 하나님이 웃사의 잘못함을 인하여 진노하사 저를 그곳에서 치시니, 저가 거기 하나님의 궤 곁에서 죽으니라. 여호와께서 웃사를 충돌하시므로 다윗이 분하여 그곳을 베레스 웃사라 칭하니, 그 이름이 오늘까지 이르니라.(삼하 6:6-8)

[표준새번역]삼하 6:6-8
그들이 나곤의 타작마당에 이르렀을 때에, 소들이 뛰어서 궤가 떨어지려고 하였으므로, 웃사가 손을 내밀어 하나님의 궤를 꼭 붙들었는데, 주 하나님이 웃사에게 진노하셔서 거기에서 그를 치시니, 그가 거기 하나님의 궤 곁에서 죽었다. 주님께서 그렇게 급격히 웃사를 벌하셨으므로, 다윗이 화를 내었다. 그래서 그 곳 이름을 오늘날까지 베레스 웃사라고 한다.

소들이 왜 뛰었는지, 하나님이 왜 웃사를 치셨는지 궁금한 부분입니다. 단순하게 소가 놀라서 뛰었다거나, 웃사가 (법궤 운반의 규정을 어기고)손으로 궤를 만져서 일어난 불상사로만 보기에는 뭔가 석연치 않은 부분이 있습니다. 궤를 운반해 오는 과정에, 아니면 지금까지 수십년을 보관하는 과정에, 전에도 수차례 법궤에 손을 대었습니다. 그렇다면, 이제까지는 부사했는데 왜 하필 좋은 날 기쁜 날에 이런 일이 생깁니까? 다윗이 정치적 목적으로 궤를 운반했기 때문에 여호와께서 진노하셨다고 해석하는 것도 설명이 부족합니다. 법궤 운반의 동기가 잘못된 정치적 논리였다 해도, 그렇다면 다윗 왕을 비롯한 지도자들을 치셔야지, 왜 좋은 일을 한(떨어지려는 법궤를 붙든) 웃사를 치십니까? 그렇다면, 법궤가 땅에 떨어지도록 그냥 방치하는 것이 옳다는 말입니까? 법궤 안에는 십계명의 두 돌판이 들어 있습니다. 그런데도 법궤가 땅에 떨어져서 부서지고, 십계명의 두 돌판이 깨어지도록 그냥 방치하는 것이 옳다는 말입니까? 뭔가 석연치 않은 부분이 있습니다. 찬송의 비밀이 숨겨진 것으로 추측되는 부분입니다.

3) 미문의 앉은뱅이

미문의 앉은뱅이가 일어나서 맨 처음 한 일은, 기뻐 뛰면서 하나님을 찬미하는 일이었습니다. 하나님이 (베드로를 통하여)앉은뱅이를 일으키신 궁극적인 목적이 바로 그것입니다. "이제는 성한 다리로 기뻐 뛰면서, 마음껏 하나님을 찬미하라"는 것입니다.

> † 제 9시 기도 시간에 베드로와 요한이 성전에 올라갈 새, 나면서 앉은뱅이 된 자를 사람들이 메고 오니 이는 성전에 들어가는 사람들에게 구걸하기 위하여 성전 문에 두는 자라. 그가 베드로와 요한이 성전에 들어가려 함을 보고 구걸하거늘, 베드로가 요한으로 더불어 주목하여 가로되 우리를 보라 하니 그가 저희에게 무엇을 얻을까 하여 바라보거늘, 베드로가 가로되 은과 금은 내게 없거니와 내게 있는 것으로 네게 주노니, 곧 나사렛 예수 그리스도의 이름으로 일어나서 걸으라 하고, 오른손을 잡아 일으키니 발과 발목이 곧 힘을 얻고, 뛰어 서서 걸으며 그들과 함께 성전으로 들어가면서 걷기도 하고 (껑충껑충)뛰기도 하면서 하나님을 찬미하니, 모든 백성이 그 걷는 것과 하나님을 찬미함을 보고, 그 본래 성전 미문에 앉아 구걸하던 사람인 줄 알고, 그의 당한 일을 인하여 심히 기이히 여기며 놀라니라.(행 3:1-10)

하나님이 앉은뱅이였던 우리를 일으키신 목적도 이와 동일합니다. "이제는 뛰어 걸으며 마음껏 하나님을 찬미하라"는 것입니다. 거룩한 성전은, 기뻐 뛰며 춤을 추면서 하나님을 찬미하는 장소입니다. 그것이 참된 거룩입니다. 참된 경건입니다. 최고의 제사입니다. 성도가 기뻐서 뛰면서 춤을 추고, 하나님을 찬양하는 거룩한 처소가 곧 성전인 것입니다. 예배는 곧 축제입니다. 거룩한 잔치 한마당입니다.

4) 복중의 세례 요한

예수님을 잉태한 마리아의 방문 소식을 듣고, 복중의 세례 요한은 기쁨으로 뛰어 놀았습니다. 세례 요한의 찬송이 그의 모친 엘리사벳의 입을 통해 터져 나왔습니다.

✝ 이때에 마리아가 일어나 빨리 산중에 가서 유대 한 동네에 이르러 사가랴의 집에 들어가 엘리사벳에게 문안하니, 엘리사벳이 마리아의 문안함을 들으매 아이가 복중에서 뛰노는지라. 엘리사벳이 성령의 충만함을 입어 큰 소리로 불러 가로되, 여자 중에 네가 복이 있으며 네 태중의 아이도 복이 있도다. 내 주의 모친이 내게 나아오니 이 어찌 된 일인고. 보라 네 문안하는 소리가 내 귀에 들릴 때에 아이가 내 복중에서 기쁨으로 뛰놀았도다.(눅 1:39-44)

해설 예수님을 잉태한 마리아의 방문 소식을 듣고, 복중의 세례 요한은 기쁨으로 뛰어 놀았습니다. 복중의 예수님을 복중의 그가 먼저 알아본 것입니다.

✝ 마리아가(또는 엘리사벳이) 가로되, 내 영혼이 주를 찬양하며 내 마음이 하나님 내 구주를 기뻐하였음은, 그 계집종의 비천함을 돌아보셨음이라. 보라, 이제 후로는 만세에 나를 복이 있다 일컬으리로다. 능하신 이가 큰 일을 내게 행하셨으니 그 이름이 거룩하시며, 긍휼하심이 두려워하는 자에게 대대로 이르는도다. 그의 팔로 힘을 보이사 마음의 생각이 교만한 자들을 흩으셨고, 권세 있는 자를 그 위에서 내리치셨으며, 비천한 자를 높이셨고 주리는 자를 좋은 것으로 배불리셨으며, 부자를 공수로 보내셨도다. 그 종 이

스라엘을 도우사 긍휼히 여기시고 기억하시되, 우리 조상에게 말씀하신 것과 같이 아브라함과 그 자손에게 영원히 하시리로다 하니라.(눅 1:46-55)

해설 다른 고대 사본들에는 마리아가 (세례 요한의 모친인)엘리사벳으로 기록되어 있습니다. 복중에서 기쁨으로 뛰노는 세례 요한의 찬송이, 그의 모친 엘리사벳의 입을 통하여, 터져 나온 것입니다.

5) 천지 만물

산들이 수양처럼 뛰놀며 하나님을 찬양하고 있습니다. 언덕들이 어린 양같이 뛰놀며 하나님을 찬양하고 있습니다. 들짐승들이 기뻐 뛰면서 하나님을 찬양하고 있습니다. 강들이 손뼉치고 뛰놀며 하나님을 찬양하고 있습니다. 바다 물결이 손뼉치고 뛰놀며 하나님을 찬양하고 있습니다. 천지와 만물이 기뻐 뛰며 하나님을 찬양하고 있습니다.

† 하늘은 기뻐하고 땅은 즐거워하며, 바다도 거기 가득한 것들도 다 함께 환성을 올려라. 들도, 거기 사는 것도 다 함께 기뻐 뛰어라. 숲의 나무들도 환성을 올려라. 야훼께서 세상을 다스리러 오셨다. 그 앞에서 즐겁게 외쳐라.(시 96:11-12, 공동번역)

† 온 땅이여 여호와께 즐거이 소리할지어다. 소리를 발하여 즐거이 노래하며 찬송할지어다. 바다와 거기 충만한 것과 그 중에 거하는 자는 다 외칠지어다. 여호와 앞에서 큰 물이 박수하며, 산악이 함께 즐거이 노래할지어다.(시 98:4-8)

[표준새번역]시 98:7-8
바다와 거기에 가득 찬 것들과 세계와 거기에 살고 있는 것들도, 뇌성 치듯 큰 소리로 환호하여라. 강들도 손뼉을 치고(뛰놀며), 산들도 함께 큰소리로 환호

성을 올려라.

✝ 산들은 수양같이 뛰놀며, 작은 산들은 어린 양같이 뛰었도다.
너희 산들아 수양같이 뛰놀며, 작은 산들아 어린 양같이 뛰놂은
어찜인고.(시 114:4,6)

6) 전체 우주

지구를 포함한 태양계가 기뻐 뛰며 춤을 추는 가운데, 하나님의 영
광을 찬양하고 있습니다. 그런 태양계가 1,000억 개 이상이 모인 은하
계가, 기뻐 뛰며 춤을 추는 가운데 하나님의 영광을 찬양하고 있습니
다. 그런 은하계가 1,000억 개 이상이나 되는 전체 우주가 기뻐 뛰며
춤을 추는 가운데 하나님의 영광을 찬양하고 있습니다.

태양계의 찬양

태양이, 지구의 130만 배나 되는 그 거대한 불덩어리가, 시속 90만㎞
가 넘는 속도로 우주 공간을 달려가는 가운데 하나님의 영광을 찬양
하고 있습니다. 신방에서 나오는 신랑과 같이, 장거리를 뛰어가는 마라
톤 선수와 같이, 즐거움으로 우주 공간을 달려가는데 하나님의 영광을
찬양하고 있습니다. '태양계의 식구들'이 각자의 독특한 모양과 목소리
로 하나님의 영광을 찬양하는 가운데, 태양과 함께 우주 공간을 달려
가고 있습니다. 지구를 포함한 태양계가 기뻐 뛰며 춤을 추는 가운데
그렇게 하나님의 영광을 찬양하고 있습니다.

✝ 하늘이 하나님의 영광을 선포하고 궁창이 그 손으로 하신 일을

나타내는도다. 하나님이 해를 위하여 하늘에 장막을 베푸셨도다. 해는 그 방에서 나오는 신랑과 같고, 그 길을 달리기 기뻐하는 장사 같아서, 하늘 이 끝에서 나와서 하늘 저 끝까지 운행함이여, 그 온기에서 피하여 숨은 자 없도다.(시 19:1-6)

은하계의 찬양

1,000억 개 이상의 별들이 운집한 은하계가, 그 엄청난 속도와 위력으로 운행하는 가운데, 하나님의 영광을 찬양하고 있습니다. 회전하며 공전하며 소용돌이치는 가운데 하나님의 영광을 찬양하고 있습니다. 기뻐 뛰며 춤을 추는 가운데, 하나님의 영광을 찬양하고 있습니다.

전체 우주의 찬양

전체 우주가 하나님의 영광을 찬양하고 있습니다. 기뻐 뛰며 춤을 추는 가운데, 창조주 하나님의 영광을 찬양하고 있습니다. 1000억 개 이상의 은하계가 존재하는 광활한 우주가, 그렇게 기뻐 뛰며 춤을 추는 가운데 하나님의 영광을 찬양하고 있습니다. 그것이 우주의 존재 목적이기 때문입니다.

7) 천군 천사

또한 하나님의 보좌를 둘러 선 천천만만의 천사들이 하나님의 영광을 찬양하고 있습니다. 천사들이 어우러져 다양한 형태의 원을 그리며 춤을 추는 원무(圓舞) 가운데, 하나님의 영광을 찬양하고 있습니다. 기뻐 뛰고 춤을 추면서 하나님의 영광을 찬양하고 있습니다.

✝ 내가 또 보고 들으매 보좌와 생물들과 장로들을 둘러 선 많은 천사의 음성이 있으니, 그 수가 만만이요 천천이라. 큰 음성으로 가로되, 죽임을 당하신 어린 양이, 능력과 부와 지혜와 힘과 존귀와 영광과 찬송을 받으시기에 합당하도다 하더라.(계 5:11-12)

[표준새번역]계 5:12

그들은 큰소리로 "죽임을 당하신 어린 양은 권세와 부와 지혜와 힘과 존귀와 영광과 찬양을 마땅히 받으실 만합니다" 하고 외치고(찬양하고) 있었습니다.

[NIV]계 5:12

In a loud voice they sang: "Worthy is the Lamb, who was slain, to receive power and wealth and wisdom and strength and honor and glory and praise!"

[NLT]계 5:12

And they sang in a mighty chorus: "The Lamb is worthy-the Lamb who was killed. He is worthy to receive power and riches and wisdom and strength and honor and glory and blessing."

✝ 이 일 후에 내가 보니 각 나라와 족속과 백성과 방언에서 아무라도 능히 셀 수 없는 큰 무리가 흰 옷을 입고 손에 종려 가지를 들고 보좌 앞과 어린 양 앞에 서서 큰 소리로 외쳐(찬송하여) 가로되, 구원하심이 보좌에 앉으신 우리 하나님과 어린 양에게 있도다 하니, 모든 천사가 보좌와 장로들과 네 생물의 주위에 섰다가 보좌 앞에 엎드려 얼굴을 대고 하나님께 경배하여 가로되, 아멘. 찬송과 영광과 지혜와 감사와 존귀와 능력과 힘이 우리 하나님께 세세토록 있을지로다 아멘 하더라.(계 7:9-12)

✝ 할렐루야. 하늘에서 주님을 찬양하여라. 높은 곳에서 주님을 찬양하여라. 주님의 모든 천사들아, 주님을 찬양하여라. 주님의 모든 군대야, 주님을 찬양하여라.(시 148:1-2, 표준새번역)

✝ 능력이 있어 여호와의 말씀을 이루며 그 말씀의 소리를 듣는 너희 천사여, 여호와를 송축하라. 여호와를 봉사하여 그 뜻을 행하

는 너희 모든 천군이여, 여호와를 송축하라.(시 103:20-21)

8) 하나님 자신

사람들은 흔히들 하나님은 거룩하시기에 '거룩한 성전에 앉아 계시는 분'으로만 생각하는 경향이 있습니다. 우리도 어릴 적에는 그렇게 배운 적이 있습니다. "우주 공간 어디에, 하늘 보좌에 앉아 계시는, 거룩 거룩하신 하나님…" 따라서 그렇게 거룩하신 하나님이 '기뻐하며 뛰논다' 는 것은 쉽게 납득이 가질 않는 장면입니다. 그것이 우리의 마음에 자리 잡은 보편적 정서입니다.

그러나 사실은 전혀 그렇지 않습니다. 말도 못하고 움직이지도 못한 채, 그들의 신전에 앉아서 자리만 차지하고 있는 것은 바로 저들이 신이라고 섬기는 우상들입니다. 우리 하나님은 살아 역사하시고, 천지에 충만하실 뿐만 아니라 자신의 감정을 표출하시는 분이십니다. 기뻐 뛰며 춤을 추는 하나님이십니다. 춤추시는 하나님! 놀라운 사실입니다.

> ✝ 하나님께서 성소에서 이렇게 말씀하셨습니다. "내가 크게 기뻐하면서 뛰어놀겠다. 내가 세겜을 나누고, 숙곳 골짜기를 측량하겠다. 길르앗도 나의 것이요, 므낫세도 나의 것이다. 에브라임은 내 머리에 쓰는 투구요, 유다는 나의 통치 지팡이이다."(시 60:6-7, 표준 새번역)

해설 '뛰놀다'의 히브리어 **알라즈**(עָלַז)는 '뛰놀다, 기뻐하다, 기뻐서 펄쩍 뛰다, 무척 기뻐하다, 즐거워하다, 개가를 부르다'라는 의미입니다.

하나님은 자녀인 우리를 보시고 너무 기뻐서, '덩실덩실 춤을 추시는' 하나님이십니다. 축제 때에 즐거워하듯, 나로 인하여 '기뻐 뛰며, 노래하며, 춤을 추는' 하나님이십니다. 기가 막힐 노릇입니다. 존귀하신 하나님, 창조주 하나님께서 우리를 인하여 기뻐 뛰고 노래하며 춤을 추시다니요? 그런데 그것이 사실입니다. 그것이 우리가 믿는 복음입니다. 그 분이 바로 우리의 아버지, 내 아버지이십니다.

† 그 날에 사람이 예루살렘에게 이르기를, 두려워하지 말라 시온아. 네 손을 늘어뜨리지 말라. 너의 하나님 여호와가 너의 가운데 계시니 그는 구원을 베푸실 전능자시라. 그가 너로 인하여 기쁨을 이기지 못하여 하시며, 너를 잠잠히 사랑하시며, 너로 인하여 즐거이 부르며, 기뻐하시리라 하리라.(습 3:16-17)

[표준새번역]습 3:17
주 너의 하나님이 너와 함께 계신다. 구원을 베푸실 전능하신 하나님이시다. 너를 보고서 기뻐하고 반기시고, 너를 사랑으로 새롭게 해주시고 너를 보고서 노래하며 기뻐하실 것이다. 축제 때에 즐거워하듯 하실 것이다.

[공동번역]습 3:17
너를 구해 내신 용사, 네 하느님 야훼께서 네 안에 계신다. 너를 보고 기뻐 반색하시리니 사랑도 새삼스러워라. 명절이라도 된 듯 기쁘게 더덩실 춤을 추시리라.

해설 하나님이 자녀인 우리를 보시고 너무 좋아서 기뻐 뛰며, 노래하며, 더덩실 춤을 추시겠다는 고백입니다. 자녀인 우리를 향한 하나님의 사랑의 고백입니다. '내가 너희를 그렇게까지 기뻐하고 사랑하노라'는 사랑의 선언문입니다.

그렇다면, 천지가 기뻐 뛰며 춤을 추고 찬송하며, 만물이 기뻐 뛰며 춤을 추고 찬송하고, 하나님 당신까지도 (나로 인하여)기뻐 뛰며, 노래하며, 춤을 추겠노라고 하시는데, 정작 당사자인 우리만 가만히 앉아서 잠잠하다는 말입니까? 거룩 거룩한 입술로, 앉아서 찬송만 하고 있다는 말입니까? 그것이 참된 경건입니까? 그것이 참된 거룩입니까? 그것이 참된 예배입니까? 예배의 본질을 잘 생각해야 합니다. 우리가 현재

드리는 예배의 형태를 심각하게 고민해 봐야 합니다. 무엇이 참된 거룩이고, 무엇이 참된 경건인지를 깊이 생각해 봐야 합니다.

구약의 제사와 마찬가지로, 모든 예배는 하나님을 기쁘시게 하기 위하여 드리는 행위입니다. 예배를 통하여 하나님께서 영광을 받으시는 것입니다. 조금이라도 인간이 영광 받는 자리가 아닙니다. 목회자나 설교자가 영광 받는 자리가 결단코 아닙니다. 주의 종들이 항상 명심해야 할, 중요한 사실입니다.

그렇다면, 왜 찬미의 제사를 가장 기뻐하시는지, 왜 다윗을 그렇게 기뻐하셨는지, 하나님의 심정을 조금은 이해할 수가 있지 않습니까? 그래서 이 비밀을 깨달은 다윗은 그의 한평생을 하나님 앞에 찬양의 제물로 드렸습니다. 하나님 앞에서 '어린아이'처럼, 춤추며 찬양하며, 기뻐서 뛰어놀았습니다. 그 모습을 보시고 하나님은, "내가 이새의 아들 다윗을 만나니 내 마음에 합한 자" 라고 말씀하셨습니다. '하나님의 마음을 정확하게 아는 자' 라는 뜻입니다. '하나님의 마음을 가장 기쁘시게 하는 자' 라는 뜻입니다.

하나님은 나로 인하여 '기뻐 뛰며, 노래하며, 춤을 추시는' 분이십니다. 그러므로 우리는 그 하나님을 춤추시게 해드릴 의무가 있습니다. 그리고 우리도 하나님 앞에서 기뻐 뛰며, 춤을 추며, 찬양을 해야만 합니다. 그것이 성도의 의무이자 거룩한 특권입니다. 그것이 참된 거룩이요 참된 경건이요 참된 예배입니다. 구원받은 성도의 증표인 것입니다.

우주의 찬송

✢✢✢

우주는 거대한 찬양의 홀입니다. 1,000억 개 이상의 별들이 모인 은하계가 하나님의 영광을 찬양하고 있습니다. 그 은하계가 1,000억 개 이상이나 되는 전체 우주가 하나님의 영광을 찬양하고 있습니다.

'하늘 보좌'에서는 스랍들과 그룹 천사들이 하나님의 영광을 찬양하고 있습니다. 천군 천사들이 하나님의 영광을 찬양하고 있습니다. '땅'에서는 만유(萬有)가 하나님의 영광을 찬양하고 있습니다. 1,000만 종류 이상의 개체들이 하나님의 영광을 찬양하고 있습니다. 무생물과 원소들까지도 하나님의 영광을 찬양하고 있습니다.

구원받은 성도들이 하나님의 영광을 찬양하고 있습니다. 그리스도의 몸된 교회가 하나님의 영광을 찬양하고 있습니다. 천지 만물이 기뻐 뛰며 춤을 추며 하나님의 영광을 찬양하고 있습니다. 우주는 하나님의 영광을 찬양하는 거대한 찬양의 홀(hall)입니다.

[전체 우주의 모습] 전체 우주는 하나님의 영광을 찬양하는 거대한 찬양의 홀(hall)입니다. 하나님을 찬양하는 거대한 오케스트라(orchestra)입니다.

1
천상의 찬송

[공동번역]다니엘 3장
58 주님의 천사들이여, 모두 주님을 찬미하여라. 주님께 지극한 영광과 영원한 찬양을 드려라.
61 주님의 권세들이여, 모두 주님을 찬미하여라. 주님께 지극한 영광과 영원한 찬양을 드려라.

1) 스랍 천사들의 찬양

하나님의 보좌 주변에서는 스랍들(Seraphim)이 하나님의 영광을 찬양하고 있습니다. 그들은 천상에서 하나님을 모시고 예배하는 최상위 계급의 천사들로서, (하나님에 대한 사랑으로)불타고 있는 존재를 뜻합니다. 스랍들은 1품 계급의 천사들로서, 그룹 천사들(Cherubim)과는 구별되는 존재로 인간의 죄를 성결케 하는 역할을 담당하기도 합니다.

✝ 웃시야 왕의 죽던 해에 내가 본즉 주께서 높이 들린 보좌에 앉으셨는데 그 옷자락은 성전에 가득하였고 스랍들은 모셔 섰는데 각기 여섯 날개가 있어 그 둘로는 그 얼굴을 가리었고 그 둘로는 그

발을 가리었고 그 둘로는 날며 서로 창화하여 가로되 거룩하다 거룩하다 거룩하다 만군의 여호와여, 그 영광이 온 땅에 충만하도다. 이같이 창화하는 자의 소리로 인하여, 문지방의 터가 요동하며 집에 연기가 충만한지라.(사 6:1-4)

[공동번역]사 6:1-4

우찌야 왕이 죽던 해에 나는 야훼께서 드높은 보좌에 앉아 계시는 것을 보았다. 그의 옷자락은 성소를 덮고 있었다. 날개가 여섯씩 달린 스랍들(천상에서 하느님을 모시는 천신 가운데 하나로서 '하느님에 대한 사랑으로 불타고 있는 자'를 뜻한다)이 그를 모시고 있었는데, 날개 둘로는 얼굴을 가리고 둘로는 발을 가리고 나머지 둘로 훨훨 날아다녔다. 그들이 서로 주고받으며 외쳤다. "거룩하시다, 거룩하시다, 거룩하시다. 만군의 야훼, 그의 영광이 온 땅에 가득하시다." 그 외침으로 문설주들이 흔들렸고 성전은 연기가 자욱하였다.

해설 스랍 천사들은 성경에서 유일하게 이곳에서만 언급됩니다. 그들은 그룹 천사들과는 구별되는 존재로, 보좌 주위에서 하나님을 수종 들고 그의 거룩함을 찬양하는 최고 계급의 천사들입니다. 성전 문지방의 터가 흔들릴 정도로, 그들은 크고 우렁차게 찬양을 하며 서로 화답하였습니다.

† 그때에 내가 말하되, 화로다 나여 망하게 되었도다. 나는 입술이 부정한 사람이요 입술이 부정한 백성 중에 거하면서 만군의 여호와이신 왕을 뵈었음이로다. 때에 그 스랍의 하나가 화저로 단에서 취한바 핀 숯을 손에 가지고 내게로 날아와서, 그것을 내 입에 대며 가로되, 보라 이것이 네 입에 닿았으니, 네 악이 제하여졌고 네 죄가 사하여졌느니라 하더라.(사 6:5-7)

해설 '불타는 자들'이란 뜻을 가진 스랍들은, 소멸하는 불이신 하나님의 보좌 주변에서 봉사하며 예배하는 최고 계급의 천사들로서, 죄를 정결케 하는 일을 담당하기도 한 것입니다.

2) 그룹 천사들의 찬양

하나님의 보좌를 떠받치는 그룹 천사들이, 하나님 앞에서 밤낮 쉬지 않고 끊임없이 하나님을 찬양하고 있습니다. 그들은 하나님의 임재와 보호하심을 나타내는 상위계급의 천사들로서(디오노시오의 9품 천사론을 따르면, 스랍은 1품 천사, 그룹은 2품 천사임), 항상 하나님과 동행하는 가운데 하나님의 영광을 찬양하고 있습니다. 또한 그들은 모든 피조물의 찬송에, 아멘으로 화답하는 역할을 하고 있습니다.

†보좌 앞은 마치 유리 바다와 같았으며, 수정을 깔아 놓은 듯하였습니다. 그리고 그 보좌 가운데와 그 둘레에는, 앞뒤에 눈이 가득 달린 네 생물이 있었습니다. 첫째 생물은 사자와 같이 생기고, 둘째 생물은 송아지와 같이 생기고, 셋째 생물은 얼굴이 사람과 같이 생기고, 넷째 생물은 날아가는 독수리와 같이 생겼습니다. 이 네 생물은 각각 날개가 여섯 개씩 달려 있었는데, 날개 둘레와 그 안쪽에는 눈이 가득 달려 있었습니다. 그리고 그들은 밤낮 쉬지 않고 "거룩하십니다, 거룩하십니다, 거룩하십니다, 전능하신 분, 주 하나님! 전에도 계셨으며, 지금도 계시며, 또 장차 오실 분이십니다!" 하고 외치고(찬양하고) 있었습니다. 영원무궁하도록 살아 계셔서 그 보좌에 앉아 계신 분께, 그 생물들이 영광과 존귀와 감사를 드리고 있을 때에,(계 4:6-11, 표준새번역)

[GWT]계 4:8
Each of the four living creatures had six wings and were covered with eyes, inside and out. Without stopping day or night they were singing, Holy, holy, holy is the Lord God Almighty, who was, who is, and who is coming.

†어린 양이 나아와서 보좌에 앉으신 이의 오른손에서 책을 취하시니라. 책을 취하시매 네 생물과 이십사 장로들이 어린 양 앞에 엎드려, 각각 거문고와 향이 가득한 금대접을 가졌으니, 이 향은 성도의 기도들이라. 새 노래를 노래하여 가로되, 책을 가지시고 그 인봉을 떼기에 합당하시도다. 일찍 죽임을 당하사 각 족속과 방언과 백성과 나라 가운데서 사람들을 피로 사서 하나님께 드리시고, 저희로 우리 하나님 앞에서 나라와 제사장을 삼으셨으니 저희가

땅에서 왕 노릇 하리로다 하더라.(계 5:7-10)

† 내가 또 들으니 하늘 위에와 땅 위에와 땅 아래와 바다 위에와 또 그 가운데 모든 만물이 가로되, 보좌에 앉으신 이와 어린 양에게, 찬송과 존귀와 영광과 능력을 세세토록 돌릴지어다 하니, 네 생물이 가로되 아멘 하고 장로들은 엎드려 경배하더라.(계 5:13-14)

해설 모든 피조물의 찬송에, 그룹들이 아멘으로 화답하는 모습입니다. 모든 피조물의 찬송을 그룹들이 아멘으로 받아서 어린 양께 올려드리고, 어린 양이 그것을 다시 하나님께 올려드리고 있습니다.

† 생물들(그룹들)이 행할 때에 내가 그 날개 소리를 들은즉, 많은 물 소리와도 같으며 전능자의 음성과도 같으며, 떠드는 소리 곧 군대의 소리와도 같더니, 그 생물이 설 때에 그 날개를 드리우더라.(겔 1:24)

해설 그룹들이 하나님의 보좌를 받들고 이동할 때에 나는 소리도, 하나님을 찬양하는 소리와 흡사합니다. 144,000인이 시온 산에서 부르는 새 노래의 소리나, 어린 양 혼인잔치의 찬양 소리와 동일합니다. 그룹들이 하나님의 보좌를 받들고 이동할 때에도 하나님의 영광을 찬양하고 있음을 보여주는 부분입니다. 그것들은 시간과 장소를 초월하여, 항상 하나님의 영광을 찬양하는 존재들입니다.

3) 천군 천사들의 찬양

또한 하나님의 보좌를 둘러 선 천천만만의 천사들이 하나님의 영광을 찬양하고 있습니다. 천사들이 어우러져 다양한 형태의 원을 그리며 춤을 추는 원무(圓舞) 가운데, 하나님의 영광을 찬양하고 있습니다. 기뻐 뛰고 춤을 추면서 하나님의 영광을 찬양하고 있습니다. 큰 소리로 힘있게 하나님의 영광을 찬양하고 있습니다.

† 내가 또 보고 들으매 보좌와 생물들과 장로들을 둘러 선 많은 천사의 음성이 있으니, 그 수가 만만이요 천천이라. 큰 음성으로 가로되, 죽임을 당하신 어린 양이, 능력과 부와 지혜와 힘과 존귀와 영광과 찬송을 받으시기에 합당하도다 하더라.(계 5:11-12)

[표준새번역]계 5:12
그들은 큰 소리로 "죽임을 당하신 어린 양은 권세와 부와 지혜와 힘과 존귀와 영광과 찬양을 마땅히 받으실 만합니다" 하고 외치고(찬송하고) 있었습니다.

[NLT]계 5:12
And they sang in a mighty chorus: "The Lamb is worthy-the Lamb who was killed. He is worthy to receive power and riches and wisdom and strength and honor and glory and blessing."

[GWT]계 5:12
In a loud voice they were singing, "The lamb who was slain deserves to receive power, wealth, wisdom, strength, honor, glory, and praise."

† 이 일 후에 내가 보니 각 나라와 족속과 백성과 방언에서 아무라도 능히 셀 수 없는 큰 무리가 흰 옷을 입고 손에 종려 가지를 들고 보좌 앞과 어린 양 앞에 서서 큰 소리로 외쳐(찬송하여) 가로되, 구원하심이 보좌에 앉으신 우리 하나님과 어린 양에게 있도다 하니, 모든 천사가 보좌와 장로들과 네 생물의 주위에 섰다가 보좌 앞에 엎드려 얼굴을 대고 하나님께 경배하여 가로되, 아멘. 찬송과 영광과 지혜와 감사와 존귀와 능력과 힘이 우리 하나님께 세세토록 있을지로다 아멘 하더라.(계 7:9-12)

해설 무수한 흰 옷 입은 무리들의 찬송에, 모든 천사가 아멘으로 화답을 하고 있습니다. 성도들의 찬양을 천사들이 아멘으로 받아서, 보좌 위의 어린 양과 하나님께로 올려드린 것입니다. 찬양은 하나님께서 기뻐 받으시는 가장 아름다운 향기입니다.

† 할렐루야. 하늘에서 주님을 찬양하여라. 높은 곳에서 주님을 찬양하여라. 주님의 모든 천사들아, 주님을 찬양하여라. 주님의 모든 군대야, 주님을 찬양하여라.(시 148:1-2, 표준새번역)

† 능력이 있어 여호와의 말씀을 이루며 그 말씀의 소리를 듣는 너
희 천사여, 여호와를 송축하라. 여호와를 봉사하여 그 뜻을 행하
는 너희 모든 천군이여, 여호와를 송축하라.(시 103:20-21)

4) 24 장로들의 찬양

(구약과 신약 시대의)모든 성도를 대표하는 24 장로들이, 하나님의 보좌
앞에서 끊임없이 경배와 찬양을 드리고 있습니다. 또한 그들은 네 생
물(그룹 천사들)과 함께, 모든 성도들의 찬양에 아멘으로 화답하는 역할
을 하고 있습니다.

† 네 생물(그룹들)이 영원무궁 하도록 살아 계셔서 그 보좌에 앉아
계신 분께, 그 생물들이 영광과 존귀와 감사를 드리고 있을 때에,
스물네 장로는 그 보좌에 앉아 계신 분 앞에 엎드려서, 영원무궁
하도록 살아 계신 분께 경배드리고, 자기들의 면류관을 벗어서,
보좌 앞에 내놓으면서, "우리의 주님이신 하나님, 주님은 영광과
존귀와 권능을 받으시기에 합당하신 분이십니다. 주님께서 만물
을 창조하셨으며, 만물은 주님의 뜻을 따라 생겨났고, 또 창조되
었기 때문입니다" 하고 외쳤습니다(찬양했습니다).(계 4:9-11, 표준새번역)

[NRSV]계 4:10

the twenty-four elders fall before the one who is seated on the
throne and worship the one who lives forever and ever; they cast
their crowns before the throne, singing,

† 어린 양이 나아와서 보좌에 앉으신 이의 오른손에서 책을 취하
시니라. 책을 취하시매 네 생물과 이십사 장로들이 어린 양 앞에
엎드려, 각각 거문고와 향이 가득한 금대접을 가졌으니, 이 향은
성도의 기도들이라. 새 노래를 노래하여 가로되, 책을 가지시고 그

인봉을 떼기에 합당하시도다. 일찍 죽임을 당하사 각 족속과 방언과 백성과 나라 가운데서 사람들을 피로 사서 하나님께 드리시고, 저희로 우리 하나님 앞에서 나라와 제사장을 삼으셨으니 저희가 땅에서 왕 노릇 하리로다 하더라.(계 5:7-10)

✝ 내가 또 들으니 하늘 위에와 땅 위에와 땅 아래와 바다 위에와 또 그 가운데 모든 만물이 (찬양하여)가로되, 보좌에 앉으신 이와 어린 양에게, 찬송과 존귀와 영광과 능력을 세세토록 돌릴지어다 하니, 네 생물이 가로되 아멘 하고 장로들은 엎드려 경배하더라.(계 5:13-14)

✝ 일곱째 천사가 나팔을 불매 하늘에 큰 음성들이 나서 가로되, 세상 나라가 우리 주와 그 그리스도의 나라가 되어 그가 세세토록 왕 노릇 하시리로다 하니, 하나님 앞에 자기 보좌에 앉은 이십사 장로들이 엎드려 얼굴을 대고 하나님께 경배하여 가로되, 감사하옵나니 옛적에도 계셨고 시방도 계신 주 하나님 곧 전능하신 이여, 친히 큰 권능을 잡으시고 왕 노릇 하시도다. 이방들이 분노하매 주의 진노가 임하여 죽은 자를 심판하시며, 종 선지자들과 성도들과 또 무론대소하고 주의 이름을 경외하는 자들에게 상 주시며, 또 땅을 망하게 하는 자들을 멸망시키실 때로소이다 하더라.(계 11:15-18)

✝ 이 일 후에 내가 들으니, 하늘에 허다한 무리의 큰 음성 같은 것이 있어 가로되, 할렐루야. 구원과 영광과 능력이 우리 하나님께 있도다. 그의 심판은 참되고 의로운지라. 음행으로 땅을 더럽게 한 큰 음녀를 심판하사, 자기 종들의 피를 그의 손에 갚으셨도다 하고, 두 번째 가로되 할렐루야 하더니 그 연기가 세세토록 올라가더라. 또 이십사 장로와 네 생물이 엎드려 보좌에 앉으신 하나님께 경배하여 가로되 아멘 할렐루야 하니, 보좌에서 음성이 나서 가로되, 하나님의 종들 곧 그를 경외하는 너희들아, 무론대소하고 다 우리 하나님께 찬송하라 하더라.(계 19:1-5)

해설 어린 양의 혼인잔치에서 허다한 무리들의 찬송에, 24 장로들이 아멘 할렐루야로 화답하는 장면입니다. 성도들을 대표한 그들은 하나님의 보좌 앞에서 끊임없이 경배와 찬양을 드리며, 모든 성도들의 찬양에 아멘으로 화답하는 역할을 하고 있습니다.

5) 144,000인의 찬양

　(하나님과 어린 양에게 드리는) 첫 열매로 구원을 받은 144,000인이, 하나님의 보좌 앞에서 새 노래를 부르고 있습니다. 그들은 세상에서 자신을 더럽히지 아니하고 정절을 지킨, 그리스도의 깨끗한 신부들입니다. 그들의 입술에는 거짓말이 없고, 흠잡을 데가 없는 자들입니다. 시온 산에서 어린 양으로 더불어 새 노래를 부르기에 합당한 자들입니다. 그들은 1,000년 왕국에서 그리스도로 더불어 왕 노릇을 할, 천국의 주인공들입니다.

　✝또 내가 보니 어린 양이 시온 산에 섰고 그와 함께 '십사만 사천'이 섰는데, 그 이마에 어린 양의 이름과 그 아버지의 이름을 쓴 것이 있도다. 내가 하늘에서 나는 소리를 들으니 많은 물소리도 같고 큰 뇌성도 같은데, 내게 들리는 소리는 거문고 타는 자들의 그 거문고 타는 것 같더라. 저희가 보좌와 네 생물과 장로들 앞에서 새 노래를 부르니, 땅에서 구속함을 얻은 '십사만 사천 인'밖에는 능히 이 노래를 배울 자가 없더라. 이 사람들은 여자로 더불어 더럽히지 아니하고 정절이 있는 자라. 어린 양이 어디로 인도하든지 따라가는 자며, 사람 가운데서 구속을 받아 처음 익은 열매로 하나님과 어린 양에게 속한 자들이니, 그 입에 거짓말이 없고 흠이 없는 자들이더라.(계 14:1-5)

　✝또 내가 보좌들을 보니 거기 앉은 자들이 있어 심판하는 권세를 받았더라. 또 내가 보니 예수의 증거와 하나님의 말씀을 인하여 '목 베임을 받은 자의 영혼들'과 또 짐승과 그의 우상에게 경배하지도 아니하고 이마와 손에 그의 표를 받지도 아니한 자들이 살아서 그리스도로 더불어 천 년 동안 왕 노릇 하니, (그 나머지 죽은 자들은 그 천 년이 차기까지 살지 못하더라) 이는 첫째 부활이라. 이 첫째 부활에 참예하는 자들은 복이 있고 거룩하도다. 둘째 사망이 그들을 다스리는 권세가 없고, 도리어 그들이 하나님과 그리스도의 제사장이 되어, 천 년 동안 그리스도로 더불어 왕 노릇 하리라.(계 20:4-6)

해설 '왕 같은 제사장'으로 구원받은 무리들입니다. 순교하거나 순교에 준하는 삶을 살면서 신앙의 절개를 지킨, 그리스도의 깨끗한 신부들입니다. 그들이 맨 먼저 살아나서, 그리스도로 더불어 1,000년 동안 왕 노릇을 하게 될 것입니다. 그들이 하나님의 보좌 앞에서 새 노래로 하나님의 영광을 찬양하고 있습니다.

✝또 내가 보니 불이 섞인 유리 바다 같은 것이 있고, 짐승과 그의 우상과 그의 이름의 수를 이기고 벗어난 자들이 유리 바닷가에 서서, 하나님의 거문고를 가지고 하나님의 종 모세의 노래, 어린 양의 노래를 불러 가로되, 주 하나님 곧 전능하신 이시여, 하시는 일이 크고 기이하시도다. 만국의 왕이시여 주의 길이 의롭고 참되시도다. 주여 누가 주의 이름을 두려워하지 아니하며 영화롭게(찬양)하지 아니하오리까. 오직 주만 거룩하시니이다. 주의 의로우신 일이 나타났으매 만국이 와서 주께 경배하리이다 하더라.(계 15:2-4)

해설 순교자들로 주축이 된 무리들이 유리 바닷가에 서서, 하나님께서 주신 거문고를 타면서 하나님의 영광을 찬양하고 있습니다. 그들은 이 땅에서 순교하거나 순교에 준하는 삶을 살면서 신앙의 절개를 지킨, 그리스도의 정결한 신부들입니다.

6) 흰 옷 입은 무리의 찬양

무수한 흰 옷 입은 무리들이 손에 종려 가지를 들고, 보좌와 어린 양 앞에서 찬양을 하고 있습니다. 그들은 큰 환난을 통과한 자들로서, 어린 양의 피로 자신을 거룩하게 한 자들입니다. 그들이 주야로 성전에서 하나님을 섬기며, 경배와 찬양을 드리고 있습니다.

✝이 일 후에 내가 보니 각 나라와 족속과 백성과 방언에서 '아무라도 능히 셀 수 없는 큰 무리'가 흰 옷을 입고 손에 종려 가지를 들고 보좌 앞과 어린 양 앞에 서서 큰 소리로 외쳐(찬송하여) 가로

되, 구원하심이 보좌에 앉으신 우리 하나님과 어린 양에게 있도다 하니, 모든 천사가 보좌와 장로들과 네 생물의 주위에 섰다가 보좌 앞에 엎드려 얼굴을 대고 하나님께 경배하여 가로되, 아멘. 찬송과 영광과 지혜와 감사와 존귀와 능력과 힘이 우리 하나님께 세세토록 있을지로다 아멘 하더라. 장로 중에 하나가 응답하여 내게 이르되, 이 '흰 옷 입은 자들'이 누구며 또 어디서 왔느뇨. 내가 가로되 내 주여 당신이 알리이다 하니, 그가 나더러 이르되 이는 큰 환난에서 나오는 자들인데 어린 양의 피에 그 옷을 씻어 희게 하였느니라. 그러므로 그들이 하나님의 보좌 앞에 있고 또 그의 성전에서 밤낮 하나님을 섬기매, 보좌에 앉으신 이가 그들 위에 장막을 치시리니, 저희가 다시 주리지도 아니하며 목마르지도 아니하고 해나 아무 뜨거운 기운에 상하지 아니할지니, 이는 보좌 가운데 계신 어린 양이 저희의 목자가 되사 생명수 샘으로 인도하시고, 하나님께서 저희 눈에서 모든 눈물을 씻어 주실 것임이러라. (계 7:9-17)

해설 '섬기다'의 헬라어 **라트류오**($\lambda\alpha\tau\rho\epsilon\acute{\upsilon}\omega$)는 '섬기다, 봉사하다, 예배하다'라는 뜻입니다. 그들(흰 옷 입은 무리들)이 성전에서 주야로 하나님을 섬기며 예배하며, 경배와 찬양을 드리고 있습니다.

2
하늘의 찬송

하늘의 무수한 별들이 하나님의 영광을 찬양하고 있습니다. 지구와 달을 포함한 행성(planet)과 위성, 수많은 소행성들을 거느린 태양계가 하나님의 영광을 찬양하고 있습니다. 그 태양계가 1,000억 개 이상이 모인 은하계가 하나님의 영광을 찬양하고 있습니다. 그러한 은하계가 1,000억 개 이상이나 되는 전체 우주가 하나님의 영광을 찬양하고 있습니다. 우주는 하나님의 영광을 찬양하는 거대한 찬양의 홀입니다. 하나님을 찬양하는 거대한 오케스트라입니다.

[공동번역]다니엘 3장
59 천체들이여, 주님을 찬미하여라. 주님께 지극한 영광과 영원한 찬양을 드려라.
62 해와 달이여, 주님을 찬미하여라. 주님께 지극한 영광과 영원한 찬양을 드려라.
63 하늘의 별들이여, 주님을 찬미하여라. 주님께 지극한 영광과 영원한 찬양을 드려라.

1) 태양계의 찬양

태양이 지구를 포함한 행성과 위성들, 수많은 소행성들을 거느리고 우주 공간을 달려가며 하나님의 영광을 찬양하고 있습니다. 그것들을 거느리고 자전하며 공전하며 회전하는 가운데 하나님의 영광을 찬양하고 있습니다.

지구의 찬양

태양계의 가족인 지구가 위성인 달을 거느리고 자전하며 (태양 주위를) 공전하며 (은하의 중심을)회전하면서 하나님의 영광을 찬양하고 있습니다. 또 지구상에 존재하는 1,000만 종류 이상의 개체들이 하나님의 영광을 찬양하고 있습니다. 지구상의 무생물과 원소들까지도 하나님의 영광을 찬양하고 있습니다. 또한 구원받은 하나님의 백성들이 지구촌 도처에서 하나님의 영광을 찬양하고 있습니다. 지구의 찬양입니다. 지구의 합창입니다.

[지구의 찬양] 지구가 위성인 달을 거느리고 자전하며 공전하는 가운데 하나님의 영광을 찬양하고 있습니다.

태양계의 찬양

태양이, 지구의 130만 배나 되는 그 거대한 불덩어리가, 우주 공간을 달려가면서 하나님의 영광을 찬양하고 있습니다. 하늘 이 끝에서 저 끝까지 힘차게 운행하는 가운데, 하나님의 영광을 선포하며 그의 영광을 찬양하고 있습니다. 시편 19편에서 다윗이 그 고백을 하고 있습니다.

> ✝ 하늘은 하나님의 영광을 선포하고, 궁창이 그 손으로 하신 일을 나타내는도다. 하나님이 해를 위하여 하늘에 장막을 베푸셨도다. 해는 그 방에서 나오는 신랑과 같고, 그 길을 달리기 기뻐하는 장사 같아서, 하늘 이 끝에서 나와서 하늘 저 끝까지 운행함이여, 그 온기에서 피하여 숨은 자 없도다.(시 19:1-6)

[태양계의 찬양] 거대한 불덩이인 태양이 그 가족들을 거느리고, 자전하며 공전하는 가운데 하나님의 영광을 찬양하고 있습니다.

또한 태양계의 가족들이 하나님의 영광을 찬양하고 있습니다. 8개의 행성들(수성, 금성, 지구, 화성, 목성, 토성, 천왕성, 해왕성)과 그들에게 속한 수백

개의 위성들(목성이나 토성은 그들이 거느린 위성들만도 각각 80개 이상임)이 각자의
독특한 모양과 소리로 하나님의 영광을 찬양하고 있습니다. 또한 태양
계에 분포한 수백만 개의 소행성들이 (2013년 1월 30일 기준, 35만 3,926개의 소
행성에 공식적으로 숫자가 부여되었음) 자체적으로 태양의 주위를 공전하는 가
운데 하나님의 영광을 찬양하고 있습니다.

[태양계의 가족들] 8개의 행성과 그에 딸린 위성들, 무수한 소행성들이 태양 주위를 공전하는 가운데
하나님의 영광을 찬양하고 있습니다.

2) 은하계의 찬양

1,000억 개 이상의 별들을, 1,000억 개 이상의 태양을 거느린 거대
한 은하계가, 힘차게 소용돌이치는 가운데, 하나님의 영광을 찬양하고
있습니다. 자전하며 회전하며 우주 공간의 어딘가를 향하여 날아가는
가운데 하나님의 영광을 찬양하고 있습니다.

은하계에 '태양과 같은 별들'이 1,000억 개 이상이라는 이야기는, 다

시 말해서 태양계와 같은 '별들의 합창단'이 1,000억 개 이상이라는 이야기입니다. 그 1,000억 개 이상의 합창단이, 각자의 독특한 모양과 목소리로 하나님의 영광을 찬양하고 있습니다. 은하계가 그렇게 하나님의 영광을 찬양하고 있습니다.

[우리 은하의 모습] 1,000억 개 이상의 별들이, 1,000억 개 이상의 태양계가, 소용돌이치는 가운데 하나님의 영광을 찬양하고 있습니다. 태양이 하나의 작은 점으로 표시됩니다.

3) 온 우주의 찬양

그런 은하계가 1,000억 개 이상이 존재하는 전체 우주가 하나님의 영광을 찬양하고 있습니다. 비유해서, 1,000억 개 이상의 별들이 운집한 은하계를 하나의 오케스트라로 봤을 때, 이 우주에는 1,000억 개 이상의 거대한 오케스트라단이 존재하는 셈입니다. 다시 말하면, 대원이 1,000억 명씩인 합창단이, 1,000억 개 이상이 존재하는 셈입니다. 그것들이 한결같이 하나님의 영광을 찬양하고 있습니다. 기가막힌 사실입니다.

우주는 1,000억 개 이상의 오케스트라단이 찬양을 연주하는, 거대한 찬양의 홀입니다. 1,000억 개 이상의 합창단이 모인 연합 합창단이 우리 하나님 앞에 찬양의 목소리를 발하는, 거대한 예배 처소입니다. 온 우주가 그렇게 하나님의 영광을 찬양하고 있습니다. 그것이 우주의 존재 목적이기 때문입니다. 할렐루야!

[은하단의 모습] 은하계 수십 개 이상이 운집한 은하단의 모습. 그것들 모두가 자전하고 공전하며 회전하는 가운데 하나님의 영광을 찬양하고 있습니다. 전체 우주는 하나님의 영광을 찬양하는 거대한 찬양의 홀인 셈입니다.

✝ 할렐루야. 하늘에서 여호와를 찬양하며 높은 데서 그를 찬양할
지어다. 그의 모든 천사여 찬양하며 모든 군대여 그를 찬양할지어
다. 해와 달아 그를 찬양하며 밝은 별들아 다 그를 찬양할지어다.
하늘의 하늘도 그를 찬양하며 하늘 위에 있는 물들도 그를 찬양할
지어다.(시 148:1-4)

✝ 그때에 새벽별들이 기뻐 노래하며, 하나님의 아들들(천사들)이 다
기뻐 소리를 질렀느니라.(욥 38:7)

해설 새벽별들이 떨쳐 나와 함께 노래를 부르고, 천사들이 기쁨으로 합
창을 부릅니다. 온 우주는 그렇게 하나님의 영광을 찬양하고 있습니다.

3
만물의 찬송

1) 만물의 찬양

땅에서는 하나님이 창조한 모든 생물들이 하나님의 영광을 찬양하고 있습니다. 지구상에 존재하는 1,000만 종류 이상의 개체들이 한결같이 하나님의 영광을 찬양하고 있습니다. 만물(萬物)은 하나님의 영광을 찬양하기 위하여 창조된 존재들입니다.

[공동번역]다니엘 3장

57 주님께서 만드신 만물이여, 주님을 찬미하여라. 주님께 지극한 영광과 영원한 찬양을 드려라.

76 땅에서 자란 모든 것들이여, 주님을 찬미하여라. 주님께 지극한 영광과 영원한 찬양을 드려라.

79 고래와 바다에 사는 모든 것들이여, 주님을 찬미하여라. 주님께 지극한 영광과 영원한 찬양을 드려라.

80 하늘의 새들이여, 모두 주님을 찬미하여라. 주님께 지극한 영광과 영원한 찬양을 드려라.

81 야수들과 가축들이여, 주님을 찬미하여라. 주님께 지극한 영광과 영원한 찬양을 드려라.

✝ 주님은 은혜롭고 자비로우시며, 노하기를 더디하시며, 인자하심이 크시다. 주님은 모든 만물을 은혜로 맞아 주시며, 지으신 모든 피조물에게 긍휼을 베푸신다. 주님, 주님께서 지으신 모든 피조물이 주님께 '감사 찬송'을 드리며, 주님의 성도들이 주님을 찬송합니다.(시 145:8-10, 공동번역)

해설 만물은 하나님의 은혜를 기억하고, 하나님께 항상 감사 찬송을 드리고 있습니다. 하나님은 감사 찬송을 받기 위해 만물을 창조하셨습니다.

✝ 내가 광야에 길을 내겠으며, 사막에 강을 내겠다. 들짐승들도 나를 공경할 것이다. 이리와 타조도 나를 찬양할 것이다. 내가 택한 내 백성에게 물을 마시게 하려고, 광야에 물을 대고 사막에 강을 내었기 때문이다.(사 43:19-20, 표준새번역)

해설 들짐승도 하나님의 은혜를 기억하고 하나님을 공경하며, 이리와 타조도 하나님의 은혜를 생각하며 하나님께 감사 찬송을 하게 될 것입니다. 만물은 하나님을 찬양하는 존재들입니다.

✝ 땅에서도 야훼를 찬양하여라. 큰 물고기도 깊은 바다도, 번개와 우박, 눈과 안개도, 당신 말씀대로 몰아치는 된바람도, 이 산 저 산 모든 언덕도, 과일나무와 모든 송백도, 들짐승, 집짐승, 길짐승, 날짐승, 야훼의 이름을 찬양하여라. 그 이름, 그 분 홀로 한없이 높으시고, 땅 하늘 위에 그 위엄 떨치신다.(시 148:7-13, 공동번역)

✝ 나는 또 하늘과 땅 위와 땅 아래와 바다에 있는 모든 피조물과 또 그들 가운데 있는 만물이, 이런 말로 외치는(찬양하는) 소리를 들었습니다. "보좌에 앉으신 분과 어린 양께서는 찬양과 존귀와 영광과 권능을 영원무궁하도록 받으십시오."(계 5:13, 표준새번역)

[GNT]계 5:13

And I heard **every creature** in heaven, on earth, in the world below, and in the sea - **all living beings** in the universe - and they were **singing**: "To him who sits on the throne and to the Lamb, be praise and honor, glory and might, forever and ever!"

2) 만유의 찬양

땅과 바다, 강들과 섬들이 하나님의 영광을 찬양하고 있습니다. 바람과 이슬, 번개와 구름, 서리와 우박, 더위와 추위, 빛과 어둠이 하나님의 영광을 찬양하고 있습니다. 무생물과 원소들까지도 하나님의 영광을 찬양하고 있습니다. 만유(萬有)는 하나님의 영광을 찬양하는 존재들입니다.

[공동번역]다니엘 3장

57 주님께서 만드신 만물이여, 주님을 찬미하여라. 주님께 지극한 영광과 영원한 찬양을 드려라.

64 비와 이슬이여, 모두 주님을 찬미하여라. 주님께 지극한 영광과 영원한 찬양을 드려라.

65 바람들이여, 모두 주님을 찬미하여라. 주님께 지극한 영광과 영원한 찬양을 드려라.

66 불과 열이여, 주님을 찬미하여라. 주님께 지극한 영광과 영원한 찬양을 드려라.

67 겨울의 추위와 여름의 더위여, 주님을 찬미하여라. 주님께 지극한 영광과 영원한 찬양을 드려라.

68 이슬과 우박이여, 주님을 찬미하여라. 주님께 지극한 영광과 영원한 찬양을 드려라.

69 서리와 추위여, 주님을 찬미하여라. 주님께 지극한 영광과 영원한 찬양을 드려라.

70 얼음과 눈이여, 주님을 찬미하여라. 주님께 지극한 영광과 영원한 찬양을 드려라.

71 밤과 낮들이여, 주님을 찬미하여라. 주님께 지극한 영광과 영원한 찬양을 드려라.

72 빛과 어둠이여, 주님을 찬미하여라. 주님께 지극한 영광과 영원한 찬양을 드려라.

73 번개와 구름이여, 주님을 찬미하여라. 주님께 지극한 영광과 영원한 찬양을 드려라.

74 땅이여, 주님을 찬미하여라. 주님께 지극한 영광과 영원한 찬양을 드려라.

75 산과 언덕들이여, 주님을 찬미하여라. 주님께 지극한 영광과 영원한 찬양을 드려라.

77 샘물들이여, 주님을 찬미하여라. 주님께 지극한 영광과 영원한 찬양을 드려라.

78 바다와 강들이여, 주님을 찬미하여라. 주님께 지극한 영광과 영원한 찬양을 드려라.

✝ 여호와는 은혜로우시며 자비하시며 노하기를 더디 하시며 인자하심이 크시도다. 여호와께서는 만유를 선대하시며, 그 지으신 모든 것에 긍휼을 베푸시는도다. 여호와여 주의 지으신 모든 것이 주께 감사(찬송)하며, 주의 성도가 주를 송축하리이다.(시 145:8-10)

✝ 너희 용들과 바다여 땅에서 여호와를 찬양하라. 불과 우박과 눈과 안개와 그 말씀을 좇는 광풍이며, 산들과 모든 작은 산과 과목과 모든 백향목이며, 짐승과 모든 가축과 기는 것과 나는 새며, 다 여호와의 이름을 찬양할지어다. 그 이름이 홀로 높으시며 그 영광이 천지에 뛰어나심이로다.(시 148:7-13)

✝ 새 노래로 야훼를 찬양하여라. 지구 위 구석구석에서 찬양소리 울려 퍼지게 하여라. 바다와 바다에 가득한 물고기들아, 소리를 질러라. 섬과 섬에 사는 사람들아, 환성을 올려라.(사 42:10, 공동번역)

✝ 하나님이 데만에서부터 오시며 거룩한 자가 바란 산에서부터 오시도다. 그 영광이 하늘을 덮었고 그 찬송이 세계에 가득하도다.(합 3:3)

[표준새번역]합 3:3
하나님이 데만에서 오신다. 거룩하신 분께서 바란 산에서 오신다.(셀라) 하늘은 그의 영광으로 뒤덮이고, 땅에는 찬양 소리가 가득하다.

해설 만유(萬有)의 찬양 소리가 온 땅을 가득히 채우고 있습니다. 만유는 하나님의 영광을 찬양하기 위하여 창조되었고, 하나님의 영광을 찬양하기 위하여 존속하고 있습니다.

4
인류의 찬송

[공동번역]다니엘 3장

82 사람의 아들들이여, 주님을 찬미하여라. 주님께 지극한 영광과 영원한 찬양을 드려라.

83 이스라엘아, 주님을 찬미하여라. 주님께 지극한 영광과 영원한 찬양을 드려라.

84 사제들이여, 주님을 찬미하여라. 주님께 지극한 영광과 영원한 찬양을 드려라.

85 주님의 종들이여, 주님을 찬미하여라. 주님께 지극한 영광과 영원한 찬양을 드려라.

86 의인들의 마음과 영혼이여, 주님을 찬미하여라. 주님께 지극한 영광과 영원한 찬양을 드려라.

87 성스러운 자들과 마음이 겸손한 사람들이여, 주님을 찬미하여라. 주님께 지극한 영광과 영원한 찬양을 드려라.

88 아나니야와 아자리야와 미사엘이여, 주님을 찬미하여라. 주님께 지극한 영광과 영원한 찬양을 드려라. 주님은 우리를 지옥에서 건져 주셨고 죽음의 손에서 빼내 주셨으며 불타는 가마 속에서 구해 주셨고 불길 속에서 구해 주셨다.

89 주님께 감사를 드려라. 주님은 선하시고 그 분의 사랑은 영원하시다.

90 주님을 경배하는 모든 이들이여, 모든 신들 위에 계시는 하느님을 찬미하여라. 그 분을 찬양하고 감사를 드려라. 그 분의 사랑은 영원하시다.

1) 창조의 목적

하나님께서 당신의 형상을 닮은 인간을 창조하신 중요한 목적은, 하나님의 은혜의 영광을 찬미하게 함에 있습니다. 온 우주 만물이 하나님의 영광을 찬송하듯이, 피조물의 대표인 너희들이 앞장서서 하나님의 영광을 찬송하라는 것입니다. 하나님의 형상이 자유의지를 가지고 드리는 자발적 찬양입니다.

> † 찬송하리로다 하나님 곧 우리 주 예수 그리스도의 아버지께서, 그리스도 안에서 하늘에 속한 모든 신령한 복으로 우리에게 복 주시되, 곧 창세 전에 그리스도 안에서 우리를 택하사, 우리로 사랑 안에서 그 앞에 거룩하고 흠이 없게 하시려고, 그 기쁘신 뜻대로 우리를 예정하사 예수 그리스도로 말미암아 자기의 아들들이 되게 하셨으니, 이는 그의 사랑하시는 자 안에서 우리에게 거저 주시는 바, '그의 은혜의 영광을 찬미하게' 하려는 것이라.(엡 1:3-6)

> **해설** 하나님께서 창세 전에 그리스도 안에서 우리를 예정하시고 선택하신 이유는, 우리로 하여금 하나님의 은혜의 영광을 찬미하게 하려 함에 있습니다. 찬송은 하나님께서 우리를 예정하시고 선택하시고 구원하여 주신, 창조의 목적이자 구원의 목적입니다.

2) 선악과 사건

그러나 인간은 선악과 사건으로 인하여 영혼(soul)이 죽어서, 피조물 가운데 하나님을 찬양하지 않는 유일한 존재가 되고 말았습니다. 창조주 대신 헛된 우상을 섬기며 그것들을 찬양하고, 하나님을 찬양하는 데는 인색한 존재가 되고 말았습니다. 주인을 몰라본 것입니다. 창조주를 몰라본 것입니다. 선악과 사건의 비극입니다. 인류의 비극입니다.

† 모든 영혼이 다 내게 속한지라. 아비의 영혼이 내게 속함같이 아들의 영혼도 내게 속하였나니, 범죄하는 그 영혼이 죽으리라.(겔 18:4)

[NKJV]겔 18:4

Behold, all souls are Mine; The soul of the father As well as the soul of the son is Mine; The **soul** who sins shall die.

해설 죄의 삯은 사망입니다. 에덴동산에서 하나님의 금하신 선악과 열매를 먹고 범죄한 인류는, 영혼이 죽은 존재가 되어, 주인을 몰라보고 주인의 은혜도 깨닫지 못하는 어리석은 존재가 되고 말았습니다. 그 결과 하나님을 찬양해야 할 입술로 헛된 우상을 찬양하는, 불쌍한 존재로 전락한 것입니다.

† 사람들은 하나님을 알면서도, 하나님을 하나님으로 영화롭게 해 드리거나 감사를 드리기는커녕, 오히려 생각이 허망해져서, 그들의 지각없는 마음이 어두워졌습니다. 사람들은 스스로 지혜가 있다고 주장하지만, 실상은 어리석은 사람이 되었습니다. 그들은 썩지 않는 하나님의 영광을, 썩어 없어질 사람이나 새나 네발짐승이나 기어다니는 동물의 형상으로 바꾸어 놓았습니다. 사람들은 하나님의 진리를 거짓으로 바꾸고, 창조주 대신에 피조물을 숭배하고 섬겼습니다. 하나님은 영원히 찬송을 받으실 분이십니다. 아멘.(롬 1:21-25, 표준새번역)

해설 하나님의 형상대로 지음 받아 피조물 가운데 가장 지혜로웠던 인간이, 선악과 범죄로 말미암아 영혼이 죽어서 가장 어리석은 존재가 되었습니다. 영혼이 죽게 되니, 양심과 지각이 마비되어, 주인을 몰라보고 주인의 은혜도 깨닫지를 못하게 된 것입니다. 그 결과 자신의 주인인 하나님을 찬양해야 할 입술로 헛된 우상을 찬양하는, 가장 불쌍한 존재로 전락하고야 말았습니다. 선악과의 비극입니다. 인류의 비극입니다.

3) 이스라엘의 선택

그래서 선택한 민족이 이스라엘입니다. 우상을 찬양하는 세상나라

가운데서, 너희들은 하나님만을 섬기고 하나님만을 찬양하는 거룩한 백성이 되라고 선택한 것입니다. 하나님만을 섬기고 하나님만을 찬양하는 '제사장 나라'로 선택을 받은 것입니다.

† 세계가 다 내게 속하였나니 너희가 내 말을 잘 듣고 내 언약을 지키면, 너희는 열국 중에서 내 소유가 되겠고, 너희가 내게 대하여 제사장 나라가 되며, 거룩한 백성이 되리라.(출 19:5-6)

[킹제임스흠정역]출 19:5
그러므로 이제 너희가 참으로 내 목소리에 순종하고 내 언약을 지키면, 너희는 내게 모든 백성들보다 뛰어난 **특별한 보물**이 되리니 이는 온 땅이 내 것이기 때문이라. 또 너희는 내게 제사장 왕국이 되며 거룩한 민족이 되리라.

[NKJV]출 19:5
Now therefore, if you will indeed obey My voice and keep My covenant, then you shall be a **special treasure** to Me above all people; for all the earth is Mine.

[NIV]출 19:5
Now if you obey me fully and keep my covenant, then out of all nations you will be my **treasured possession**. Although the whole earth is mine,

해설 타락한 이방 가운데서, 하나님만을 섬기고 하나님만을 찬양하는 제사장 나라가 되라고 선택한 것이 바로 이스라엘 민족입니다. 하나님의 영광을 찬양하는 아주 특별한, 보물 같은 존재(special treasured possession)로 선택받은 것입니다.

† 이 백성은 내가 나를 위하여 지었나니, 나의 찬송을 부르게 하려 함이니라.(사 43:21)

해설 이스라엘을 창조(선택)한 목적은 하나님을 찬송하게 하는 데 있었습니다. 그러나 그들은 범죄하여 하나님께 등을 돌리고, 하나님을 찬송하는 대신 우상을 찬송했습니다.

† 띠가 사람의 허리에 동여지듯이, 내가 이스라엘의 온 백성과 유

다의 온 백성을 나에게 단단히 동여매어서, 그들이 내 백성이 되게 하고, 내 이름을 빛내게 하고, 나를 찬양하게 하고, 나에게 영광을 돌릴 수 있게 하였으나, 그들은 듣지 않았다. 나 주의 말이다.(렘 13:11, 표준새번역)

하나님께서 이스라엘을 선택하신 목적은, 그들로 하나님의 백성이 되어서 1)하나님의 이름을 빛내게 하고, 2)하나님을 찬양하게 하고, 3)하나님께 영광을 돌리게 하는 데 있었습니다. 그러나 그들은 이러한 사명을 망각하고 이방인보다 더 타락하여 하나님께 등을 돌리고, 열심히 우상을 찬양했습니다. 그래서 그들은 결국 포로가 되어 사로잡혀 가고, 조국은 멸망을 당했습니다. 70년 '바벨론 포로 생활'이 끝나고 잠시 회복이 있었지만, '헬라 문명'이란 광풍을 만나서 그들은 또다시 표류하다가 결국은 로마제국에 멸망을 당하고 말았습니다. 400여 년의 암흑기로 접어든 것입니다.

4) 십자가 은총

이 어둠의 시대, 절망의 시대에 예수님께서 큰 빛으로 이 땅을 찾아오십니다. '에덴의 영광'을 회복시키기 위해서, '새로운 창조'를 위해서 오십니다. 하나님의 은혜의 영광을 찬미할, 천국의 백성들을 예비하기 위해 이 땅에 오십니다. 인류가 빼앗긴, 이스라엘이 빼앗긴, 그 찬양의 권세를 회복시켜 주시려고 오신 것입니다. 오셔서 십자가로 그 모든 것들을 회복시키셨습니다. (허물과 죄로)죽었던 영혼들을 다시 살리셔서, 하나님의 영광을 찬양할 수 있는 존재로 만드셨습니다. 그리고 이방인 우리들까지도 하나님의 영광를 찬미할 수 있는 귀한 특권을 주셨습니다.

우리를 천국 백성 삼아 이 엄청난 특권을 허락하신 하나님의 은혜를 찬양합니다. 예수님의 십자가를 찬양합니다. 할렐루야! 찬양은 구원의 목적이자 그리스도 십자가의 목적입니다.

> † 너희의 허물과 죄로 죽었던 너희를 살리셨도다…. 긍휼에 풍성하신 하나님이 우리를 사랑하신 그 큰 사랑을 인하여, 허물로 죽었던 우리를 그리스도 예수 안에서 살리셨고(너희가 은혜로 구원을 얻은 것이라)…. 그때에 너희는 그리스도 밖에 있었고 이스라엘 나라 밖의 사람이라. 약속의 언약들에 대하여 외인이요 세상에서 소망이 없고 하나님도 없는 자이더니, 이제는 전에 멀리 있던 너희가 그리스도 예수 안에서 그리스도의 피로 가까워졌느니라.(엡 2:1-13)

해설 허물과 죄로 (영혼이)죽었던 우리가 십자가의 공로로 다시 살아나서, 주인을 알아보고 하나님의 은혜를 찬미하는 자가 되었습니다.

> † 찬송하리로다 하나님 곧 우리 주 예수 그리스도의 아버지께서, 그리스도 안에서 하늘에 속한 모든 신령한 복으로 우리에게 복 주시되, 곧 창세 전에 그리스도 안에서 우리를 택하사, 우리로 사랑 안에서 그 앞에 거룩하고 흠이 없게 하시려고, 그 기쁘신 뜻대로 우리를 예정하사 예수 그리스도로 말미암아 자기의 아들들이 되게 하셨으니, 이는 그의 사랑하시는 자 안에서 우리에게 거저 주시는바, '그의 은혜의 영광을 찬미하게' 하려는 것이라. 모든 일을 그 마음의 원대로 역사하시는 자의 뜻을 따라, 우리가 예정을 입어 그 안에서 기업이 되었으니, 이는 그리스도 안에서 전부터 바라던 우리로, '그의 영광의 찬송이 되게' 하려 하심이라. 그 안에서 너희도 진리의 말씀 곧 너희의 구원의 복음을 듣고, 그 안에서 또한 믿어 약속의 성령으로 인치심을 받았으니, 이는 우리의 기업에 보증이 되사 그 얻으신 것을 구속하시고, '그의 영광을 찬미하게' 하려 하심이라.(엡 1:3-14)

해설 하나님께서 창세 전에 그리스도 안에서 우리를 예정하시고 선택하신 이유는, 우리로 하여금 하나님의 은혜의 영광을 찬미하게 하려 함에 있습니다. 찬송은 하나님께서 우리를 예정하시고 신택하시고 구원하여 주신, 구원의 목적입니다. 십자가의 은총입니다.

† 오직 너희는 택하신 족속이요 왕 같은 제사장들이요 거룩한 나라요 그의 소유된 백성이니, 이는 너희를 어두운 데서 불러내어 그의 기이한 빛에 들어가게 하신 자의, 아름다운 덕을 선전(찬양)하게 하려 하심이라.(벧전 2:9)

해설 우리는, 우리를 흑암 가운데서 불러내어, 그의 기이한 빛 가운데 들어가게 하신 하나님의 놀라운 능력(업적, 미덕)을 널리 찬양하도록 선택받은 하나님의 백성들입니다. 하나님의 영광을 찬양하는 찬미의 제사를 올려 드리는, 왕 같은 제사장들(a royal priesthood)입니다. 찬송은 구원의 목적이며 십자가 은혜의 결과물입니다.

5) 성도의 찬양

그러므로 구원받은 하나님의 백성들이 이제는 마음껏 하나님의 영광을 찬양할 수가 있게 되었습니다. 에덴동산에서 아담이 빼앗겼던 그 찬양의 권세를 회복한 것입니다. 그 거룩한 특권을 되찾은 것입니다. 십자가의 공로이며 구속의 은총입니다. 이 거룩한 특권을 소유한 하나님의 자녀들이, 세계 도처에서 지금 하나님의 영광을 찬양하고 있습니다. 피조물 가운데 앞장서서 하나님의 영광을 찬양하고 있습니다.

우주는 거대한 찬양의 홀입니다. 1,000억 개 이상의 갤럭시가 하나님을 찬양하며 연주하는, 거대한 오케스트라입니다. 성도는 그것들을 지휘하는 주인공들입니다. 교회의 지체된 성도는, 우주의 찬송을 지휘하는 주인공들인 것입니다. 그렇게도 존귀한 존재들인 것입니다. 예수님이 그 머리이십니다.

이 엄청난 특권을 우리에게 허락하신 하나님의 은혜를 찬양합니다. 예수님의 십자가를 찬양합니다. 할렐루야! 찬송은 우주의 창조 목적이자, 인류의 구원 목적입니다.

✝ 하나님이 데만에서부터 오시며 거룩한 자가 바란 산에서부터 오시도다. 그 영광이 하늘을 덮었고 그 찬송이 세계에 가득하도다.(합 3:3)
[표준새번역]합 3:3
하나님이 데만에서 오신다. 거룩하신 분께서 바란 산에서 오신다. (셀라) 하늘은 그의 영광으로 뒤덮이고, 땅에는 찬양 소리가 가득하다.
[NLT]합 3:3
I see God moving across the deserts from Edom, the Holy One coming from Mount Paran. His brilliant splendor fills the heavens, and the earth is filled with his praise.
해설 만유와 함께, 하나님의 영광을 찬양하는 성도의 찬양 소리가 온 땅에 가득합니다.

✝ 온 땅아, 주님을 찬양하여라. 세상의 모든 임금과 백성들, 세상의 모든 고관과 재판관들아, 총각과 처녀, 노인과 아이들아, 모두 주님의 이름을 찬양하여라. 그 이름만이 홀로 높고 높다. 그 위엄이 땅과 하늘에 가득하다. 주님이 그의 백성을 강하게 하셨으니, 찬양은 주님의 모든 성도들과, 주님을 가까이 모시는 백성들과, 이스라엘 백성이, 마땅히 드려야 할 일이다. 할렐루야.(시 148:7-14, 표준새번역)

✝ 온 땅이여, 하나님께 즐거운 소리를 발할지어다. 그 이름의 영광을 찬양하고 영화롭게 찬송할지어다. 하나님께 고하기를 주의 일이 어찌 그리 엄위하신지요. 주의 큰 권능으로 인하여 주의 원수가 주께 복종할 것이며, 온 땅이 주께 경배하고 주를 찬양하며 주의 이름을 찬양하리이다 할지어다…. 만민들아 우리 하나님을 송축하며 그 송축 소리로 들리게 할지어다.(시 66:1-8)

✝ 온 땅이여, 여호와께 즐거이 소리할지어다. 소리를 발하여 즐거이 노래하며 찬송할지어다. 수금으로 여호와를 찬양하라. 수금과 음성으로 찬양할지어다. 나팔과 호각으로 왕 여호와 앞에 즐거이 소리할지어다.(시 98:4-6)

✝ 내 혼을 살게 하소서. 그리하시면 주를 찬송하리이다.(시 119:175)

✝ 호흡이 있는 자마다 여호와를 찬송할지어다. 할렐루야.(시 150: 6)
[해설] 시편의 결론입니다. 찬양하는 입술은 복 있는 입술입니다.

5
우주의 찬송

1) 우주적 십자가 (만유의 회복)

예수님의 십자가는 인간뿐만이 아니라 하늘 아래 모든 피조물을 하나님과 화목시킨 우주적 십자가이기도 합니다. 피조물의 대표인 인간의 타락으로 인하여 하나님과의 관계가 불편해졌던 모든 피조물을, 원래의 모습으로 회복시킨 사건입니다. 모든 피조물이 마음껏 하나님의 영광을 찬양할 수 있도록, 소원했던 관계를 회복시킨 것입니다.

그래서 모든 피조물은 자신들을 썩어짐의 종살이에서 해방시킨 그리스도 십자가의 은총을 진심으로 감사하며 기뻐 찬양하고 있습니다. 또한, (피조물의 대표인)인간이 하나님의 통치에 온전히 굴복하고 하나님과 화목하기를 애타게 갈망하고 있습니다.

> † 아버지께서는 모든 충만으로 예수 안에 거하게 하시고, 그의 십자가의 피로 화평을 이루사 만물 곧 땅에 있는 것들이나 하늘에 있는 것들을 그로 말미암아 자기와 화목케 되기를 기뻐하심이라. 이 복음은 천하 만민에게 전파된 바요 나 바울은 이 복음의 일꾼이 되었노라.(골 1:19-23)

[표준새번역(개정)]골 1:23

그러므로 여러분은 믿음에 든든히 터를 잡아 굳건히 서 있어야 하며, 여러분이 들은 복음의 소망에서 떠나지 말아야 합니다. 이 복음은 하늘 아래 있는 모든 피조물에게 전파되었으며, 나 바울은 이 복음의 일꾼이 되었습니다.

[NKJV]골 1:23

if indeed you continue in the faith, grounded and steadfast, and are not moved away from the hope of the gospel which you heard, which was preached to every creature under heaven, of which I, Paul, became a minister.

해설 '만민'의 헬라어 **크티시스**(κτίσις)는 '창조된 것, 지음을 받은 것, (인간을 포함한 모든)피조물'을 의미합니다. 복음이 그렇게 모든 **크티시스** (피조물)에게 전파된 것입니다.

복음은 하나님의 형상인 인간에게뿐만 아니라, 하늘 아래 있는 모든 피조물에게도 선포가 되었습니다. 피조물의 대표인 인간의 범죄로 말미암아 썩어짐의 종살이를 하던 피조물에게 해방이 선포된 것입니다. 그리스도의 십자가로 말미암아 모든 피조물이 마음껏 하나님을 찬양할 수 있게 된 것입니다.

† 피조물은 '하나님의 자녀들'이 나타나기를 간절히 기다리고 있습니다. 피조물이 허무에 굴복했지만, 그것은 자의로 그렇게 한 것이 아니라, 굴복하게 하신 그 분이 그렇게 하신 것입니다. 그러나 소망은 남아 있습니다. 그것은 곧 피조물도 썩어짐의 종살이에서 해방되어서, 하나님의 자녀가 누릴 '영광된 자유'를 얻으리라는 것입니다. 모든 피조물이 이제까지 함께 신음하며, 함께 '해산의 고통'을 겪고 있다는 것을, 우리는 압니다. (롬 8:19-22, 표준새번역)

해설 '고대하다'로 번역된 헬라어 **아포카라도키아**(ἀποκαραδοκία) 는 '매우 간절한 기대, 계속 갈망하는 기대, 몹시 갈망하는 것'을 나타냅니다. 영어 성경은 eager expectation, earnest expectation, eager longing for, waiting eagerly 등으로 번역했습니다. 신생아의 출생을 기다리는, 해산의 고통에 비교되는 갈망입니다.

모든 피조물은 지금도 (피조물의 대표인)인간들이 하나님의 통치에 온전히 굴복하기를 갈망하고 있습니다. 하나님의 자녀들이 많이 나타나서 그들과 더불어 온전히 하나님의 영광을 찬양하기를 고대하고 있습니다.

2) 우주의 찬송

요한계시록의 '하늘 예배 장면'을 보면, 온 우주에 가득 찬 모든 피조물이 마음껏 하나님의 영광을 찬양하고 있습니다. 그것이 온 우주를 창조한 목적이며 그리스도 십자가의 목적인 것입니다. 온 우주가 존재하는 목적인 것입니다. 새 하늘, 새 땅에서 성도가 해야 할 일인 것입니다. 온 우주는 하나님의 영광을 찬양하는 거대한 찬양의 홀입니다. 거대한 예배 처소입니다.

✝ 어린 양이 나아와서 보좌에 앉으신 이의 오른손에서 책을 취하시니라. 책을 취하시매 네 생물과 이십사 장로들이 어린 양 앞에 엎드려 각각 거문고와 향이 가득한 금대접을 가졌으니 이 향은 성도의 기도들이라. 새 노래를 노래하여 가로되 책을 가지시고 그 인봉을 떼기에 합당하시도다. 일찍 죽임을 당하사 각 족속과 방언과 백성과 나라 가운데서 사람들을 피로 사서 하나님께 드리시고, 저희로 우리 하나님 앞에서 나라와 제사장을 삼으셨으니 저희가 땅에서 왕 노릇 하리로다 하더라. 내가 또 보고 들으매 보좌와 생물들과 장로들을 둘러 선 많은 천사의 음성이 있으니 그 수가 만만이요 천천이라. 큰 음성으로 가로되 죽임을 당하신 어린 양이 능력과 부와 지혜와 힘과 존귀와 영광과 찬송을 받으시기에 합당하도다 하더라. 내가 또 들으니 하늘 위에와 땅 위에와 땅 아래와 바다 위에와 또 그 가운데 모든 만물이 가로되 보좌에 앉으신 이와 어린 양에게 찬송과 존귀와 영광과 능력을 세세토록 돌릴지어다 하니, 네 생물이 가로되 아멘 하고 장로들은 엎드려 경배하더라.(계 5:7-14)

[표준새번역]계 5:13-14
나는 또 하늘과 땅 위와 땅 아래와 바다에 있는 모든 피조물과, 또 그들 가운

데 있는 만물이, 이런 말로 외치는(찬양하는) 소리를 들었습니다. "보좌에 앉으신 분과 어린 양께서는 찬양과 존귀와 영광과 권능을 영원무궁하도록 받으십시오." 그러자 네 생물은 "아멘!" 하고, 장로들은 엎드려서 경배하였습니다. [GNT]계 5:13

And I heard **every creature** in heaven, on earth, in the world below, and in the sea - **all living beings** in the universe - and they were **singing**: "To him who sits on the throne and to the Lamb, be praise and honor, glory and might, forever and ever!"

해설 온 우주와 만물이 하나님과 어린 양에게 찬양을 드리고 있습니다. 온 우주는 하나님의 영광을 찬양하는 거대한 찬양의 홀입니다. 거대한 예배 처소인 셈입니다.

노래하는 우주

우주에는 셀 수 없는 많은 항성(별)과 행성들이 있습니다. 그런데 그것들은 '자신만의 고유의 음'을 가지고 있어서, 회전할 때 아름다운 음을 냅니다. 그리고 이 음들은 서로 조화되어 아름다운 화음을 이루어 냅니다.

우주의 음악을 들었던 사람

아무나 들을 수 없는 이 아름다운 우주의 음악을 들은 사람이 있었습니다. 그 사람은 그리스의 철학자와 수학자였던 피타고라스(BC580? - BC500?)였습니다. 만물의 근원을 '수'(숫자)로 보았던 피타고라스는 천체의 운동에도, 거문고 줄의 길이에도 모두 수의 법칙이 적용된다고 생각했습니다. 그는 음악이 수의 비례와 관계가 있으며, 음의 높이도 수학적인 비율에 의하여 나누어진다고 주장한 사람이었습니다. 그래서 현의 길이를 2:3의 비율로 분할하여 '완전 5도의 음정'을 고안해내었습니다. 이것을 피타고라스 음계라고 하지요.

천문학자이기도 했던 피타고라스는 하늘의 별들이 움직일 때 음악소리를 낸다고 믿었습니다. 피타고라스는 그 당시 신비의 장막으로 불렸던 하늘, 우주를 음악으로 풀이한 재미있고 흥미로운 학자였습니다. 그가 쓴 〈천구의 음악〉(The Music Of The Spheres)이라는 이론에서 그는, 우주는 어떤 법칙으로 구성되어 있다고 주장했습니다. 그는 우주의 행성들을 하늘의 둥근 공 같다고 하여 '천구'라고 불렀는데, 각 천구의 내부에는 하나, 혹은 두서너 개의 천체가 붙어 있어 태양과 우주의 중심을 향해 천구와 함께 돈다고 생각했습니다.

피타고라스는 행성들의 회전하는 속도는 우주의 중심으로부터의 거리에 따라 달라진다고 믿었습니다. 그리고 천구들이 돌 때에 나는 소리는, 중심에서 가까운 구(느린 것)에서는 저음의 음악이 나오고, 중심에서 멀리 떨어진 구(빠른 것)에서는 고음이 나온다고 주장했습니다. 그리고 각 행성은 자기 고유의 음이 있어서, 운행할 때 우주에 아름다운 화음이 울린다고 말했습니다.

*실제로 『인공위성에서 수신한 행성들의 소리』를 들어 보면, 태양에서 가까운 금성에서는 뱃고동처럼 긴 소리가 나고, 태양에서 멀리 떨어져 빠르게 회전하는 목성에서는 (컴퓨터의 음악처럼) 짧고 날카로운 고음이 들립니다(『위성에서 수신한 행성의 소리』 참조).

그는 천구들이 돌 때에 서로 마찰이 생겨서 그것 때문에 절묘한 화음이 발생하는데, 그 음악은 아주 아름다운 화음과 조화를 이룬 음이며, 이로 인해 온 우주는 음악으로 가득 차 있다고 했습니다. 그는 벌써 그 옛날에 각 행성의 거리 비례와 그에 따른 음정까지 그림으로 고안하여 도표를 그릴 정도였습니다. 그리고 이 우주의 음악을, 서로 화음이 되는 '조화의 음악'이라고 불렀습니다.

우주의 노래를 들은 또 다른 사람

그런데 이 우주의 음악에 대하여 알았던 사람은 피타고라스 한 사람만이 아니었습니다. 독일의 수학자이며, 천문학자이고, '굴절 망원경'을 처음으로 발명한 케플러(Johannes Kepler, 1571~1630)도 피타고라스와 똑같은 주장을 하였습니다. 케플러는 행성운동의 법칙으로 유명한 천문학자로서, 〈신천문학〉, 〈세계의 조화〉등 천문학에 대한 많은 저서를 남겼으며, 그의 저서들은 아이작 뉴턴이 만유인력의 법칙을 확립하는데 기초를 제공하였습니다.

케플러는 피타고라스의 〈천구의 음악 이론〉을 이어받은 학자였습니다. 그도 피타고라스의 말대로 행성들에는 고유의 음악이 있다고 주장했습니다. 케플러는 "이 하늘의 음악은 귀로 들을 수 있는 음악이 아니며, 지성으로만 이해할 수 있다"라고 말했습니다. 케플러는 우주의 음악은 귀가 아니라 마음으로만 들을 수 있는 음악이라는 것을 알았던 것입니다. 그는 〈행성의 운동에 관한 3가지 법칙〉을 창설한 학자였는데, 세 번째 법칙인 '조화의 법칙'에서, 각 행성의 속도는 '음계의 어떤 음정'에 해당한다고 기술했습니다. 그는 심지어 각각의 행성이 태양 주위를 움직이면서 내는 음정을 악보로 그려내기도 하였습니다.

각 행성이 자기 궤도를 돌 때, 하프 현을 퉁기는 듯한 음악 소리가 난다고 주장했던 케플러는, 마음의 귀와 영감으로 우주의 음악을 들었던 사람임에 틀림이 없습니다. 그의 말대로 행성의 궤도가 하프 현이라면, 태양에서 가장 가까운 수성은 현이 짧고, 태양에서 먼 토성은 현이 깁니다. 그래서 현이 짧은 수성은 높은 소리를 내고, 토성은 현이 길어 낮은 음을 냅니다. 그래서 케플러는, '토성'은 베이스 음을 내고, '수성'은 높은 소프라노 음을 낸다고 믿었습니다.

〈우주의 음악〉 속에서, 각 행성이 도는 속도가 음표의 어느 것과 부합한다고 믿었던 케플러는, 화성의 음은 '도와 솔', 목성은 '미', 지구의 음은 '파와 '미'에 해당한다고 주장했습니다. 마음으로 우주의 음악을 들었던 그는, 행성들의 회전주기를 기조로 한 〈천구의 음악〉(Music of heavenly sphere)을 작곡하기도 했습니다.

*케플러는 수성부터 토성까지 여섯 개의 행성을, 네 가지 〈전통 음성 범위〉에 각각 할당한다. 수성은 소프라노, 금성과 지구는 알토, 화성은 테너, 목성과 토성은 베이스의 음역을 담당한다. 태양에 가장 가까운 수성은 고음(소프라노), 지구와 금성은 아주 좁은 거리에서 알토, 화성은 중간에서 자유롭게 뻗어나가는 테너, 태양에서 가장 멀리 떨어진 토성과 목성은 베이스이다.

(2014 연세대학원 신문 발췌).

우주의 소리

우주의 소리를 전달해 주는 것은 플라즈마

미 항공우주국(NASA)은 우주에서 나는 소리를 공개한 바 있다. 심지어 2007년에는, 태양계 탐사선 보이저호 발사 25주년을 기념해 〈우주의 영상과 소리〉를, 세계적인 현악 4중주단 크로노스 콰르텟의 연주와 함께, 한 공연을 선보이기도 했다. 이들은 어떻게 우주의 소리를 알아내고 녹음까지 할 수 있었던 것일까.

사실 우주를 완벽한 진공이라고 하지 않고 '거의 진공'이라고 말하는 이유는, 말 그대로 '아무것도 없는 것'이 아니기 때문이다. 눈에 보이는 항성(별)과 행성 등의 천체를 제외하고라도, 우주공간에는 또 다른 물질들이 채워져 있다. 하지만 그것들의 밀도가 희박하기 때문에 진공에 가깝다고 말할 뿐이다.

진공에 가까운 우주에서 어떻게 소리가 날까?

그 정체는 바로 플라즈마다. 물질의 상태는 '고체, 액체, 기체' 이렇게 세 가지가 있다고 보편적으로 알려져 있지만, 제4의 상태인 플라즈마 상태도 있다. 기체 물질에 계속해서 열을 가해 온도를 높여주다 보면, 이온핵과 자유전자로 이뤄진 상태가 되는데, 이를 플라즈마라고 한다. 물론 플라즈마 상태는 우리에게 매우 생소하다. 지구상에서 자연적으로 발생하는 것은, 번개나 오로라처럼 드문 현상이기 때문이다.

하지만 우주공간에서 플라즈마 상태는 흔한 모습이다. 우주 전체에 존재하는 물질 중 99% 이상이 플라즈마 상태이기 때문이다. 태양의 대기도 플라즈마 상태이며, 항성 및 행성들을 탄생시키는 우주 가스도 플라즈마 상태다. 플라즈마도 엄연한 물질의 한 상태기 때문에, 플라즈마가 있는 공간은 완벽한 진공이라 말할 수 없다. 즉, 플라즈마가 매질의 역할을 할 수 있다는 것이다. 어떤 계기로 인해 천체에 진동이 발생하면, 플라즈마를 이루고 있는 이온과 전자들도 진동하게 된다. 헌데 이들은 전하를 띠고 있기 때문에, 그 진동으로부터 전자기파를 발생시키게 되고, 이를 인공위성 등을 통해 감지해 낼 수 있게 된다.

(Sciencetimes 2014 발췌 요약)

천구의 음악

앤드루 로이드 웨버의 〈오페라의 유령〉(Phantom of the Opera)이 일반인 사이에서 「밤의 음악」으로 회자되기 훨씬 오래 전에, 「천구의 음악」이라는 말이 있었다. 이것은 행성과 항성이 하늘에서 움직일 때 실제로 소리를 낸다는 개념으로, 고대 그리스 때(어쩌면 그보다 더 이전에) 나온 것이다.

피타고라스는 천구(행성)가 하늘에서 원을 그리며 움직일 때 조화로운 소리를 낸다고 가르쳤다. 플라톤은 각 행성에는 세이렌(영어의 Siren, 그리스 신화에 나오는 바다의 요정으로, 아름다운 목소리로 뱃사람을 유혹하여 조난시킨다)이 앉아, 다른 행성들의 노래들과 화음을 이루는 감미로운 노래를 부른다고 말했다. 초서와 밀턴, 셰익스피어도 이 이야기를 믿었고, 자신들의 작품에도 사용했다.

케플러는 순전히 과학적 견지에서 이 개념을 검토하여, 〈우주의 조화〉에서 『천상의 음악』이라는 개념을 도입하였다. 행성의 운동을 처음으로 이해한 천문학자 케플러는, 행성들이 궤도를 돌면서 속도가 빨라지거나 느려질 때 내는 실제 음정을 알아내려고 노력했다. 그는 "하늘의 움직임은 여러 목소리로 이루어진 연속적인 음악에 지나지 않는다. 그것은 귀로 들을 수 있는 음악이 아니며, 지성으로만 이해할 수 있다."라고 썼다. 『행성의 운동에 관한 3번째 법칙』(조화의 법칙)을 기술한 그 책에서 케플러는, 각 행성의 속도는 음계의 어떤 음정에 해당한다고 말했다. 그리고 각각의 행성이 태양 주위를 움직이면서 내는 음정을 악보로 나타내려고 시도했다. 그는 "이 「소리들의 교향곡」으로 우리는, 한 시간도 못 되는 짧은 시간에 영원한 시간을 연주하고, 위대한 예술가인 「하나님의 기쁨」을 조금이나마 맛볼 수 있다."라고 표현했다.

(우주의 발견 P161-2, 도서출판 푸른 숲)

고난 속의 찬양

이제는 고난 중에 있는 성도의 찬양을 살펴보겠습니다. 제6장 천국의 열쇠 편에서 이미 다룬 내용이지만, 현실적으로 중요한 부분이기에, 좀 더 살펴보고자 합니다.

고난의 긴 터널을 통과 중인 성도가, 입을 열어 찬양하기란 쉬운 일이 아닙니다. 고난의 풀무불 가운데 있는 자에게는, 입을 열어 말을 한다는 자체도 쉬운 일이 아닙니다. 사람이 극한 어려움에 처하면 말문이 아예 열리지를 않습니다. 무슨 말을 해야 할지 엄두가 나질 않습니다. 그래서 고난 중의 다윗은 하나님께, 자신의 입술을 열어달라고 기도했던 것입니다.

그런데 하물며 고난 중에 찬양이라니요? 그것이 어찌 가능한 일이겠습니까? 입을 열어도 상한 심령에서 나오는 탄식소리밖에 무엇이 더 있겠습니까? 탈진한 엘리야가 로뎀나무 그늘 아래 앉아서, 차라리 자신의 생명을 취해 가 달라고 탄식했듯이 말입니다.

> ✝ 하나님이여 나의 구원의 하나님이여, 피흘린 죄에서 나를 건지소서. 주여 내 입술을 열어 주소서, 내 입이 주를 찬송하여 전파하리이다.(시 51:14-15)
>
> **해설** 고난 중의 다윗은, (하나님을 찬양할 수 있도록)자신의 입술을 열어달라고 기도합니다.

† 스스로 광야로 들어가 하룻 길쯤 행하고, 한 로뎀나무 아래 앉아서 죽기를 구하여 가로되, 여호와여 넉넉하오니 지금 내 생명을 취하옵소서. 나는 내 열조보다 낫지 못하니이다 하고, 로뎀나무 아래 누워 자더니, 천사가 어루만지며 이르되 일어나서 먹으라 하는지라. 본즉 머리맡에 숯불에 구운 떡과 한 병 물이 있더라. 이에 먹고 마시고 다시 누웠더니, 여호와의 사자가 또다시 와서 어루만지며 이르되, 일어나서 먹으라 네가 길을 이기지 못할까 하노라 하는지라. 이에 일어나 먹고 마시고, 그 식물의 힘을 의지하여 사십 주 사십 야를 행하여, 하나님의 산 호렙에 이르니라.(왕상 19:4-8)

해설 탈진한 엘리야는 로뎀나무 그늘 아래 앉아서, 차라리 자신의 생명을 취해 가 달라고 하나님 앞에 탄원을 합니다. 하나님은 그런 엘리야에게, 천사를 보내 떡과 물을 먹였습니다. 책망하지 않았습니다. 꾸짖지도 않았습니다. 그것이 순서입니다. 천사는 예수님, 떡과 물은 말씀을 상징합니다. 말씀은 생명의 떡이요 생명수이기 때문입니다. 또한 말씀이신 예수님 자신이 바로 생명의 떡이자 생명수이기 때문입니다.

그런데 성경은 고난 중에 노래를 부르라 하니, 너무 가혹하지 않습니까? 고통 가운데 더욱더 하나님을 찬양하라 하니, 그것이 어찌 인간의 힘으로 가능한 일이겠습니까? 그런데 여기에 놀라운 비밀이 있습니다. 이유가 있습니다. 첫째는, 그것이 사단의 공격을 차단하는 무기이기 때문이요 둘째는, 그것이 하나님의 강력한 개입을 불러오는 수단이기 때문입니다. 고난 중에 있는 성도가 더욱더 하나님을 찬양해야만 하는, 중요한 두 가지 이유입니다.

1
사단의 공격을 차단

음식이 상하면 파리가 날아들고, 과일이 상하면 벌레가 날아오듯이, 마음이 상하면 사단이 그 사람을 찾아옵니다. 초대하지 않아도 정확하게 알고 찾아옵니다. 귀신같이 찾아옵니다. 사단은 귀신들의 우두머리이기 때문입니다. 도적질하고, 죽이고, 멸망시키려고 찾아옵니다. 찾아와서, 흔들고 뿌리까지 뽑아서, 아예 죽이려고 합니다.

따라서 원망과 불평은 사단에게 발송하는 초대장과 같습니다. '빨리 와서 나를 죽여 달라'는 문자 메시지인 셈입니다. 상한 마음을 밖으로 표출해서는 안 되는, 중요한 이유가 여기에 있습니다. 사단의 안테나에 포착되기 때문입니다. 집중 공격의 대상이 되기 때문입니다.

사단은 지금도 24시간 그 안테나를 가동하고 있습니다. 주야로 그 레이더를 가동하며, 지구촌 전역을 구석구석 살피고 있습니다. 마음이 상한 자, 연약한 자를 찾고 있습니다. 원망하고 불평하는 자를 찾고 있습니다. 씹어 삼킬 자를 찾고 있습니다.

반면에 고난 중에 있는 성도가 찬송을 한다면, 상황은 반대가 될 것입니다. 사단이 그런 사람을 찾아올 이유가 없고, 찾아와도 한 길로 왔다가는, 일곱 길로 도망을 치게 될 것입니다.

찬송은 사단의 공격을 차단하는 무기입니다. 특별히 기쁨과 감사 찬
송은 사단의 공격을 원천 봉쇄하는 강력한 수단입니다.

✝ 항상 기뻐하라. 쉬지 말고 기도하라. 범사에 감사하라. 이는 그리
스도 예수 안에서 너희를 향하신 하나님의 뜻이니라.(살전 5:16-18)
[공동번역]살전 5:18
항상 기뻐하십시오. 늘 기도하십시오. 어떤 처지에서든지 감사하십시오. 이것
이 그리스도 예수를 통해서 여러분에게 보여주신 하느님의 뜻입니다.
[NIV]살전 5:16-18
Be joyful always; pray continually; give thanks in all circumstanc-
es, for this is God's will for you in Christ Jesus.
[NLT]살전 5:16-18
Always be joyful. Keep on praying. No matter what happens,
always be thankful, for this is God's will for you who belong to
Christ Jesus.
[BBE]살전 5:16-18
Have joy at all times. Keep on with your prayers. In everything
give praise: for this is the purpose of God in Christ Jesus for you.
해설 '범사에 감사하라'를 '범사에 찬송하라'로 번역한 역본이 있습니다.
감사와 찬송은 히브리어 어원이 동일하기 때문입니다. 감사 찬송은 사단
의 공격을 차단하는 강력한 무기입니다.

✝ 도적이 오는 것은 도적질하고 죽이고 멸망시키려는 것뿐이요, 내
가 온 것은 양으로 생명을 얻게 하고 더 풍성히 얻게 하려는 것이
라. 나는 선한 목자라. 선한 목자는 양들을 위하여 목숨을 버리거
니와(요 10:10-11)

✝ 근신하라 깨어라. 너희 대적 마귀가 우는 사자같이 두루 다니며
삼킬 자를 찾나니, 너희는 믿음을 굳게 하여 저를 대적하라.(벧전
5:8-9)

† 하루는 하나님의 아들들(천사들)이 와서 여호와 앞에 섰고 사단도 그들 가운데 왔는지라. 여호와께서 사단에게 이르시되 네가 어디서 왔느냐, 사단이 여호와께 대답하여 가로되, 땅에 두루 돌아 여기저기 다녀왔나이다. 여호와께서 사단에게 이르시되, 네가 내 종 욥을 유의하여 보았느냐. 그와 같이 순전하고 정직하여 하나님을 경외하며, 악에서 떠난 자가 세상에 없느니라.(욥 1:6-8)

[킹제임스흠정역]욥 1:7

주께서 사탄에게 이르시되, 네가 어디에서 오느냐? 하시니 이에 사탄이 주께 대답하여 이르되, 땅에서 여기저기 다니고 또 그 안에서 위아래로 거닐다가 오나이다 하매

[NRSV]욥 1:7

The LORD said to Satan, "Where have you come from?" Satan answered the LORD, "From going to and fro on the earth, and from walking up and down on it."

[NLT]욥 1:7-8

Where have you come from? the Lord asked Satan. And Satan answered the Lord, I have been going back and forth across the earth, watching everything that's going on.

해설 사단이 우는 사자처럼 ①앞뒤로, ②위아래로, ③빙 둘러서, ④주목하면서, ⑤두루 다니며 삼킬 자를 찾는 모습입니다. 정신을 바짝 차리고 깨어 있지 않으면, 우리는 언제라도 그 먹이가 될 수밖에 없습니다. 믿음의 사람 욥은 경배와 찬양의 전신 갑주를 입고 있었기에, 사단이 그를 공격할 틈을 찾지 못했습니다.

† 욥이 일어나 겉옷을 찢고 머리털을 밀고 땅에 엎드려 경배하며 가로되, 내가 모태에서 적신이 나왔사온즉 또한 적신이 그리로 돌아가올지라. 주신 자도 여호와시요 취하신 자도 여호와시오니 여호와의 이름이 찬송을 받으실지니이다 하고, 이 모든 일에 욥이 범죄하지 아니하고 하나님을 향하여 어리석게 원망하지 아니하니라.(욥 1:20-22)

해설 원망과 불평은 사단에게 발송하는 초대장과 같습니다. '빨리 와서 나를 죽여 달라'는 문자 메시지인 셈입니다. 하지만 욥은 원망 대신 경배

와 찬양의 전신 갑주를 취했기에, 사단이 그를 공격할 수가 없었습니다. 공격할 틈이 없었기 때문입니다.

✝ 너희가 애굽에서 나오는 길에 아말렉이 네게 행한 일을 기억하라. 곧 그들이 하나님을 두려워하지 아니하고, 너를 길에서 만나 너의 피곤함을 타서, 네 뒤에 떨어진 '약한 자들'을 쳤느니라.(신 25:17-18)

해설 출애굽의 과정에, 연약하여 대열에서 낙오한 자들을 아말렉이 쳤습니다. 마찬가지로, 믿음의 여정에 대열에서 낙오한 자들을 사단이 공격합니다. 특히 원망과 불평은 치명적입니다. 사단에게 결정적인 허점을 제공한 셈이기 때문입니다.

✝ 분을 내어도 죄를 짓지 말며, 해가 지도록 분을 품지 말고, 마귀로 틈을 타지 못하게 하라.(엡 4:26-27)

[공동번역]엡 4:26-27
화나는 일이 있더라도 죄를 짓지 마십시오. 해질 때까지 화를 풀지 않으면 안 됩니다. 악마에게 발붙일 기회를 주지 마십시오.

해설 원망과 불평은 사단에게 발송하는 초대장입니다. 상한 심령을 밖으로 표출하는 것은 문제를 더 어렵게 만듭니다. 마귀에게 발 붙일 기회를 주기 때문입니다. 그러한 틈을 막아야 합니다. 감사 찬송은 그 모든 틈을 막는 강력한 수단입니다.

2
최고의 향기, 강력한 무기

복음은 향기입니다. 기도는 거룩한 향기입니다. 하나님이 흠향하시는 기쁨의 향기입니다. 따라서 사단에게는 아주 싫어하는 기피 향이 됩니다. 모기를 죽이고 내어 쫓는, 모기향과 같은 셈입니다.

그런데 이것보다 훨씬 더 강력한 향기가 있습니다. 바로 '찬양의 향기'입니다. 특별히 고난 중의 감사 찬송은 더욱 그렇습니다. 최고의 향기이자 강력한 향기입니다. 모든 벌레를 죽이거나 내어 쫓는, 전천후 향기입니다.

예수님은 생명이십니다. 생명 자체이십니다. 생명의 향기이십니다. 성도는 그 향기를 소유한 자들입니다. 예수의 향기를 소유한 자들입니다. 생명의 향기를 소유한 자들입니다. 그 향기를 발산하는 자들에게 사단이 쉽게 접근할 수가 없습니다. 고난 중에서도 항상 기뻐하고, 감사 기도와 감사 찬송을 드리는 자들에게는 사단이 감히 범접할 수가 없습니다.

고난 중의 찬송은 강력한 무기입니다. 방어 무기일뿐만 아니라, 사단을 내어 쫓는 공격 무기이기도 합니다.

♫ 동남풍아 불어라 서북풍도 불어라
가시밭의 백합은 예수 향만 피우네.
예수는 내 생명 또한 나의 기쁨
예수 없이 이 몸은 잠시도 못 사네. (복음성가 7장)

해설 동남풍과 서북풍은 우리에게 예수 향기를 발하라고 불어주는 고마운 바람입니다. 고난은 예수 향기를 멀리까지 발산할 수 있는, 아주 좋은 기회입니다.

♫ 가시밭의 백합화는 찔리움을 받고
웃고 있는 장미에는 폭풍 불어온다.
웃음의 향기 뿌려 태풍에 날리어라
하나님은 흠향하사 너를 칭찬하신다.
십자가를 진 후에야 부활 축복 오며
밀 한 톨은 썩은 후에 열매 맺느니라.
난관 역경 뚫고 가 백절불굴 싸우면
하나님은 승리관을 네게 씌워 주신다. (복음성가 50장)

✝ 우리를 그리스도의 개선 행진에 언제나 끼워 주시는 하느님께 감사드립니다. 또 우리로 하여금 어디에서나 그리스도를 아는 지식의 향기를 풍기게 하시는 하느님께 감사드립니다. 우리는 하느님께 바치는 '그리스도의 향기'입니다. 이 향기는 구원받을 사람에게나 멸망당할 사람에게나 다 같이 풍겨 나가지만, 멸망당할 사람에게는 역겨운 '죽음의 악취'가 되고, 구원받을 사람에게는 감미로운 '생명의 향기'가 되는 것입니다. 그러니 이런 향기의 구실을 아무나 할 수 있겠습니까?(고후 2:14-16, 공동번역)

해설 복음의 양면성입니다. 생명과 사망이 복음으로 인하여 나눠집니다. 복음은 불신자들에게는 죽음의 냄새입니다. 결단코 향기가 아닙니다. 곧 심판입니다. 무서운 말입니다.
그러나 믿는 자들에게는 생명의 향기입니다. 거룩한 예수의 향기입니다. 고난의 태풍은 이 향기를 널리 퍼뜨릴 수 있는 아주 좋은 기회입니다. 아주 특별한 기회입니다. 그러므로 이 기회를 잘 활용하는 것이 믿음이며, 성도의 지혜입니다.

우리에게 고난을 주신 하나님, 우리에게 이 거룩한 특권을 허락하신 하나님을, 이 기회에 마음껏 찬양하십시나. 특별히 감사 찬송을 낳이 하십시다. 기뻐 뛰면서, 춤을 추면서 찬양하십시다. 그것이 하나님께는 최고의 영광이요 사단에게는 그들의 견고한 진을 파하는 강력한 폭탄이 될 것입니다. 찬송은 사단의 권세를 파하는 강력한 무기입니다.

1) 빌립보 감옥의 찬양

바울과 실라가 복음을 전하다가 빌립보 감옥에 갇힙니다. 매를 맞고, 옷이 찢긴 채 피투성이가 되어 갇힙니다. 감옥 중에서도 가장 깊숙한 곳에, 발이 착고에 채인 채로 갇힙니다. 귀신들린 여종을 고쳐주는 좋은 일을 하다가 그렇게 갇혔습니다. 억울한 노릇이지요.

그러나 그들은 그 상황에서도 하나님을 찬미했습니다. 조금이라도 원망하거나 불평하지 않았습니다. 그 대신 그들은 하나님께 감사 기도와 감사 찬송을 올려 드렸습니다. 빌립보 감옥을 찬양의 향기로 채운 것입니다.

하나님께서 그 향기를 받으셨습니다. 황소의 제물보다도 귀한 그 찬양의 제사를 받으신 것입니다. 그리고 그 일에 개입하십니다. 강력하게 개입하십니다. 지진을 보내서 감옥의 터전 자체를 아예 흔들어 버립니다. 옥문이 활짝 열리고, 모든 결박들이 풀어집니다. 세상의 권세가 그 앞에 무릎을 꿇습니다.

믿음의 비밀이지요. 찬송의 비밀입니다. 고난 중의 찬양은 환경의 결박을 푸는 강력한 열쇠입니다. 강력한 무기입니다. 이 비밀을 간직한 사도 바울이, 그 강력한 무기를 사용하여, 빌립보 감옥의 문을 활짝 열어젖히고, 간수의 무릎을 꿇게 만들었습니다.

2) 다니엘의 감사 찬송

찬양의 비밀을 간직한 다니엘은, 사자굴을 앞에 두고서도 하나님께 감사 기도와 감사 찬송을 드렸습니다. 하나님 앞에 찬양의 향기를 제물로 바친 것입니다. 황소의 제물보다 귀한 찬미의 제사를 드린 것입니다.

그렇다면, 이미 최고의 제사를 받으신 하나님께서 또 무슨 제물을 요구하시겠습니까? "됐다. 그것으로 족하다." 그래서 하나님께서는 천사를 보내, 사자들의 입을 봉해버린 것입니다. 그리고 이스라엘을 바벨론 포로에서 해방시키신 것입니다. 하나님은 다니엘과 그가 드린 찬양의 향기를 제물로 받으시고, 이스라엘을 바벨론 포로에서 해방시키셨습니다.

찬양은 하나님이 기뻐 받으시는 최고의 향기이자, 최고의 제사입니다. 사단의 견고한 진을 파하는 강력한 무기입니다.

3) 풀무불 속의 찬송

느부갓네살 왕의 명령을 거역하다가 풀무불 속에 던져진 '다니엘의 세 친구들이 풀무불 가운데서 생존할 수 있었던 비결도, 그들이 찬양의 전신 갑주를 입었기 때문입니다. 다니엘서의 헬라어 사본에 따르면, 그들은 풀무불 속에서도 하나님을 높이고 하나님의 영광을 크게 찬양하였습니다. 풀무불 속에서도 찬미의 제사를 드린 것입니다. 영광을 받으신 하나님께서는, 천사를 보내서 그들을 지키시고, 머리카락 하나도 상하지 않도록 그들을 보호하셨습니다. 찬양의 능력이 풀무불의 권세를 이긴 것입니다.

찬송은, 특히 고난 중의 감사 찬송은, 풀무불의 권세를 능가하는 강력한 무기입니다. 그 위력이 실로 대단합니다. ※다음 장에서 다시 살펴 볼 것입니다.

3
영광에는 영광으로

고난 중에 있는 성도의 찬양을 통해 영광 받으신 하나님은 결코 잠잠히 계시지를 않습니다. 일어나서서 그 문제에 개입하십니다. 직접 개입하십니다. 강력하게 개입하십니다. 우리를 건지시고 끌어내십니다. 우리를 높이시고 영화롭게 하십니다. 그리하여, 자녀인 우리의 영광을 통하여, 결국은 당신 자신이 영광을 받으십니다. 이것이 고난의 본질입니다. 고난의 신비입니다. 고난의 궁극적인 목적입니다. 영광에는 영광으로, 영광을 통하여 영광의 자리로… 믿음의 중요한 법칙입니다.

† 예수께서 눈을 들어 하늘을 우러러 가라사대, 아버지여 때가 이르렀사오니 아들을 영화롭게 하사 아들로 아버지를 영화롭게 하게 하옵소서.(요 17:1)

† 저가(유다) 나간 후에 예수께서 가라사대, 지금 인자가 영광을 얻었고, 하나님도 인자를 인하여 영광을 얻으셨도다. 만일 하나님이 저로 인하여 영광을 얻으셨으면, 하나님도 자기로 인하여 저에게 영광을 주시리니 곧 주시리라.(요 13:30-32)

† 우리 하나님과 주 예수 그리스도의 은혜대로, 우리 주 예수의

이름이 너희 가운데서 영광을 얻으시고, 너희도 그 안에서 영광을 얻게 하려 함이니라.(살후 1:12)

하나님은 영광 되시고 지존하신 분이시기에, 어느 누구에게도 빚을 질 수 없는 분이십니다. 그래서 하나님께서는 영광을 받으시면 반드시 그 영광을 되돌려 주십니다. 되돌려 주시되 엄청난 규모로 되돌려 주십니다. 30배, 60배, 100배는 '땅의 축복'을 상징합니다. '하늘의 축복'은 1,000배, 10,000배입니다. 세상에는 그런 장사가 없습니다. 믿음의 비밀입니다. 참으로 수지맞는 장사입니다.

† 하나님이 가라사대, 저가 나를 사랑한즉 내가 저를 건지리라. 저가 내 이름을 안즉 내가 저를 높이리라. 저가 내게 구구하리니 내가 응답하리라. 저희 환난 때에 내가 저와 함께 하여 저를 건지고 영화롭게 하리라. 내가 장수함으로 저를 만족케 하며, 나의 구원으로 보이리라 하시도다.(시 91:14-16)

† 감사로 하나님께 제사를 드리며, 지극히 높으신 자에게 네 서원을 갚으며, (그리고)환난 날에 나를 부르라 내가 너를 건지리니, 네가 나를 영화롭게 하리로다.(시 50:14-15)

† 감사로 제사를 드리는 자가 나를 영화롭게 하나니, 그 행위를 옳게 하는 자에게 내가 하나님의 구원을 보이리라.(시 50:23)

해설 우리를 건지시고 영화롭게 하여, 궁극적으로 당신 자신이 영광을 받으시는 것이, 하나님의 뜻입니다.

† 날마다 우리 짐을 지시는 주, 곧 우리의 구원이신 하나님을 찬송할지로다. 하나님은 우리에게 구원의 하나님이시라. 사망에서 피함이 주 여호와께로 말미암거니와(시 68:19-20)

[표준새번역]시 68:19-20

날마다 우리의 주님을 찬송하여라. 하나님께서 우리의 짐을 대신 짊어지신다. 우리의 하나님은 우리를 구원하시는 하나님이시다. 그 분은 주 우리의 주님이시다. 우리를 죽음에서 구원하여 내시는 주님이시다.

해설 우리가 주님을 찬송함으로 주님을 영화롭게 하면, 주님께서 우리의 짐을 대신 짊어지십니다. 짐은 주님께 맡겨 버리고 우리는 따라 가며 주님을 찬송하는 것, 그것이 믿음의 법칙입니다. 문제를 푸는 공식입니다. 찬송으로 우리의 무거운 짐을 주님께 맡기는 것입니다.

† 네 짐을 여호와께 맡겨 버리라. 너를 붙드시고 의인의 요동함을 영영히 허락지 아니하시리로다.(시 55:22)

[NKJV]시 55:22
Cast your burden on the LORD, And He shall sustain you; He shall never permit the righteous to be moved.

[NIV]시 55:22
Cast your cares on the LORD and he will sustain you; he will never let the righteous fall.

해설 '맡기다'의 히브리어 **솨라크**(שָׁלַךְ)는 '멀리 내던지다, 벗어서 던지다, 밖으로 던지다, 세게 던지다, 내어버리다, 벗어버리다' 등의 의미입니다. 영어 성경은 대부분 cast 로 번역하고 있습니다. cast 는 '내던져 버리다, (뱀이)허물을 벗다' 라는 뜻이 있습니다. 찬송으로 우리의 무거운 짐을 주님께 맡기는 것입니다. 내던져 버리는 것입니다.

첫째는, 우리의 짐을 주님 앞에 내던져 버리는 것입니다. 'trust'가 아닙니다. 보관했다가 다시 찾아오는 짐이 아닙니다. 영원히 던져버리는 것입니다. 믿음으로, 기도로, 찬송으로 내던져 버리는 것입니다. 그것이 복음입니다. 믿음의 본질입니다. 찬송의 비밀입니다.

둘째는, 뱀이 허물을 벗듯이 우리의 무거운 짐을 주님 앞에 벗어버리는 것입니다. 우리의 염려를 주님 앞에 벗어버리는 것입니다. 'charge'가 아닙니다. 영원히 벗어버리는 것입니다. 믿음으로, 기도로, 찬송으로 벗어 버리는 것입니다. 찬송은 무거운 짐을 주님 앞에 벗어 버리는 확실한 수단입니다. 가장 좋은 수단입니다.

뱀은 일 년에 한 번씩 허물을 벗습니다. 허물을 벗지 못한 뱀은 그 허물이 딱딱하게 굳어져서 그 해에 죽고 맙니다. 뱀이 살기 위해서는 반드시 그 허물을 벗어야만 합니다. 마찬가지로, 우리도 근심 걱정 염려의 짐을 벗어 버려야 합니다. 뱀이 허물을 벗듯이 우리도 벗어야 합니다. 벗어야만 살 수가 있기 때문입니다.

그런데 세상에서는 그 짐을 벗을 수 있는 방법이 없습니다. 그 짐을 맡길 수 있는 대상도 없습니다. 사람들은 어느 누구도 그 짐을 맡아 주려고 하질 않습니다. 친한 친구도 피합니다. 부모 형제도 피합니다. 얼굴을 돌립니다. 그러나 예수님은 '그 짐을 당신에게 맡겨 달라'고 우리를 초청하십니다. 지금도 두 팔을 벌리고 기다리고 계십니다. 그리고 그 짐을 친히 맡아 주십니다.

♪ 죄짐 맡은 우리 구주 어찌 좋은 친군지
걱정근심 무거운 짐 우리 주께 맡기세
주께 고함 없는고로 복을 얻지 못하네
사람들이 어찌하여 아뢸 줄을 모를까.
시험걱정 모든 괴롬 없는 사람 누군가
부질없이 낙심 말고 기도드려 아뢰세
이런 진실하신 친구 찾아볼 수 있을까
우리 약함 아시오니 어찌 아니 아뢸까.
근심걱정 무거운 짐 아니 진 자 누군가
피난처는 우리 예수 주께 기도 드리세
세상친구 멸시하고 너를 조롱하여도
예수 품에 안기어서 참된 위로 받겠네. (통일찬송 487장)

† 수고하고 무거운 짐진 자들아 다 내게로 오라. 내가 너희를 쉬게

하리라. 나는 마음이 온유하고 겸손하니, 나의 멍에를 메고 내게 배우라. 그러면 너희 마음이 쉼을 얻으리니, 이는 내 멍에는 쉽고, 내 짐은 가벼움이라.(마 11:28-30)

해설 "수고하고 무거운 짐은 내가 질 터이니, 그것들을 나에게 맡기고 그 대신 너희들은 온유와 겸손의 멍에를 메고 나를 따라 오라"는 예수님의 초청입니다. 겸손히 하나님만을 찬양하며 따라 가는 것이 모든 무거운 짐을 벗는 가장 확실한 방법입니다.

예수님의 멍에는 편하고 가볍습니다. 생명의 멍에입니다. 참된 안식의 멍에입니다. 사단의 멍에는 불편하고 무겁습니다. 안식이 없습니다. 겉모양은 '선악과 열매'처럼 아름답게 보이지만, 그것은 고통의 멍에입니다. 죽음의 멍에입니다.

예수 믿고 구원받은 성도는, 멍에가 바뀐 자들입니다. 고통의 멍에, 죽음의 멍에를 이미 벗어 던진 자들입니다. 그 멍에를 더 이상 짊어질 이유가 없습니다. 수고하고 무거운 짐은 예수님께 맡기고, 우리는 온유와 겸손의 멍에를 메고, 열심히 주님을 찬양하면서 주님을 따라가면, 일은 그 분께서 다 행하십니다. 찬송으로 우리의 짐을 그 분께 맡겨드리는 것입니다.

감사 찬송은 우리의 무거운 짐을 벗어버리는 가장 확실한 수단입니다. 또한 하늘나라에 우리의 상급을 쌓는 좋은 수단입니다.

† 항상 기뻐하라. 쉬지 말고 기도하라. 범사에 감사(찬송)하라. 이는 그리스도 예수 안에서 너희를 향하신 하나님의 뜻이니라.(살전 5:16-18)

[BBE]살전 5:16-18
Have joy at all times. Keep on with your prayers. In everything **give praise:** for this is the purpose of God in Christ Jesus for you.
너의 행사를 여호와께 맡기라. 그리하면 너의 경영하는 것이 이루

리라.(잠 16:3)

[NIV]잠 16:3

Commit to the LORD whatever you do, and your plans will suc-
ceed.

해설 행사와 경영은 여호와께 맡기고(commit), 수고하고 무거운 짐(근
심, 걱정, 염려 등)은 여호와께 던져버리고(cast), 우리는 날마다 주님을 찬
송하면서 그 분을 따라가는 것. 그것이 믿음입니다. 주님을 영광스럽게
하여 드려서, '영광 받으신 주님'이 우리의 환경에 개입하시게 만드는 것입
니다. 그것이 문제를 푸는 공식입니다. 찬송의 비밀입니다. 영광에는 영
광으로….

하나님의 사람들

이 비밀을 깨닫고 일평생 하나님만을 찬양하며 이 세상을 살다 간, 수많은 '믿음의 선진들'의 이야기가 성경 전체에 수록되어 있습니다. 히브리서 11장은 그 대표적인 경우입니다. 시대를 막론하고, 하나님의 사람들의 공통점은 ①말씀을 사랑하고, ②말씀으로 기도하며, ③말씀을 노래했던 사람들이었습니다. 말씀은 곧 하나님이기에, 말씀을 노래한 것은 곧 하나님을 노래하는 것과 동일한 의미입니다.

다윗은 하나님의 말씀을 사랑하고 사모했던 대표적 인물입니다. 그는 항상 주의 말씀을 노래하며, 주의 말씀을 찬양했습니다. 사무엘도 다니엘도, 말씀을 사랑하고 말씀으로 기도하며 말씀을 찬양했던, 하나님의 사람들입니다. 모세도 여호사밧도 히스기야도, 말씀을 사랑하고 말씀을 찬양했던, 하나님의 사람들입니다. 위대한 찬양의 사람들입니다.

1
하나님의 사람, 다윗

1) 말씀의 사람, 다윗

다윗은 하나님의 말씀을 사모하여 갈급했던 대표적 인물입니다. '입을 벌리고 헐떡거렸다고 표현할 정도로, 그는 말씀을 사랑하고 사모했던 인물입니다. 그는 주의 말씀을 묵상하다가 뜬눈으로 밤을 지새우곤 했습니다. 그래서 그는 낮에 왕의 집무를 보면서 자주 졸았다고 합니다.

그는 왕들이나 사신들을 접견하는 자리에서도, 하나님의 말씀 외에는 다른 이야기를 거의 하질 않았다고 전해지고 있습니다. 심지어 사울 왕을 피해 도망하여 라마 나욧의 사무엘에게 갔을 때에도, 그는 그곳에서도 밤을 새워가며, 말씀(토라)을 공부했다고 전해집니다(사무엘 미드라쉬). 사울 왕의 칼에 쫓기는 도망자의 처지에서도, 그는 하나님의 말씀만을 붙잡은 것입니다.

말씀은 그에게 유일한 기쁨이요 소망이며 생명이었습니다. 생명 그 자체였습니다. 다윗은 그토록 철저한 말씀의 사람이었습니다.

✝ 내가 주의 계명을 너무나도 사모하므로, 입을 벌리고 헐떡입니

다.(시 119:131, 표준새번역)

[공동번역]시 119:131

당신의 계명을 탐한 나머지, 입을 크게 벌리고 헐떡입니다.

[NASB]시 119:131

I opened my mouth wide and **panted**, For I longed for Thy com-
mandments.

해설 '헐떡거리다'의 히브리어 **솨아프(**שׁאַף**)**는 '탐하다, 갈망하다, 그리
워하다, 헐떡거리다, 게걸스럽게 먹다' 등의 의미입니다. 영어 성경은 대
부분 pant 로 번역을 했습니다. pant 는 '헐떡거리다, 숨이 차다, 몹시
두근거리다, 갈망(열망)하다, 몹시 그리워하다' 등의 뜻입니다. 다윗은 그
렇게도 하나님의 말씀을 사모하고 갈망했던 인물입니다. 하나님의 말씀
을 받아 먹으려고 입을 크게 벌리고 헐떡였습니다.

† 내가 새벽 전에 부르짖으며 주의 말씀을 바랐사오며, 주의 말씀을
묵상하려고 내 눈이 야경이 깊기 전에 깨었나이다.(시 119:147-148)

[표준새번역]시 119:147-148

주의 말씀을 갈망하여 날이 밝기도 전에 일어나서 울부짖으며, 주의 말씀 묵
상하다가, 뜬눈으로 밤을 지새웁니다.

해설 다윗은 자정 전에 일어나 주의 말씀을 묵상하다가, 뜬눈으로 밤을
지새우곤 하였습니다. 북풍이 왕궁의 창문을 두드리면, 그는 벌떡 일어
나 머리맡에 둔 수금을 켜면서 하나님을 찬양하며 기도했습니다. 그리고
머리맡에 둔 성경의 두루마리를 펼쳐서, 말씀을 묵상하는 가운데 밤을
지새우곤 했습니다. 그래서 잠이 항상 부족했던 다윗은, 낮에 왕의 집무
를 보면서 자주 졸았다고 합니다. 그는 왕들이나 사신들을 접견하는 자
리에서도, 하나님의 말씀 외에는 다른 이야기를 거의 하질 않았다고 전
해집니다. 다윗은 그렇게 말씀을 사랑하고 사모했던 인물입니다.

† 주의 종에게 하신 말씀을 기억하소서. 주께서 말씀으로 나로 소
망이 있게 하셨나이다. 이 말씀은 나의 곤란 중에 위로라. 주의 말
씀이 나를 살리셨음이니이다.(시 119: 49-50)

[표준새번역]시 119:49-50

주의 종에게 하신 말씀을 기억해 주십시오. 주께서는 말씀으로 내게 희망을

주셨습니다. 주의 말씀이 나를 살려 주었으니, 내가 고난을 받을 때에 그 말씀이 나에게 큰 위로가 되었습니다.

해설 기쁨, 소망, 위로, 생명이 되었던 말씀. 다윗에게 있어서 말씀은 그의 전부이자 생명 그 자체였습니다.

✝ 나의 나그네 된 집에서, 주의 율례가 나의 노래가 되었나이다.(시 119:54)

[NKJV]시 119:54
Your statutes have been my songs In the house of my pilgrimage.
[NIV]시 119:54
Your decrees are the theme of my song wherever I lodge.

해설 덧없는 나그네 인생길에서, 주의 법이 나의 노래의 제목이 되었다(되어 왔다)는 다윗의 고백입니다.

✝ 주의 법이 나의 즐거움이 되지 아니하였더면, 내가 내 고난 중에 멸망하였으리이다. 내가 주의 법도를 영원히 잊지 아니하오니, 주께서 이것들로 나를 살게 하심이니이다.(시 119:92-93)

[공동번역]시 119:92-93
당신의 법이 나의 낙이 아니었더면, 이 몸은 고통 속에서 죽었으리이다. 계명들을 주시어 살려 주셨으니, 죽어도 그것을 아니 잊으리이다.

해설 다윗이 고난 가운데 죽지 않고 살아남을 수 있었던 비결은, 주의 계명이 그의 즐거움이 되었기 때문이었습니다. 기쁨, 소망, 위로가 되는 말씀은 또한 생존의 비결입니다.

✝ 내가 주의 법을 어찌 그리 사랑하는지요, 내가 그것을 종일 묵상하나이다. 주의 계명이 항상 나와 함께 하므로 그것이 나로 원수보다 지혜롭게 하나이다. 내가 주의 증거를 묵상하므로 나의 명철함이 나의 모든 스승보다 승하며, 주의 법도를 지키므로 나의 명철함이 노인보다 승하니이다.(시 119:97-100)

[NIV]시 119:97
Oh, how I love your law! I **meditate on** it all day long.

해설 다윗은 주의 말씀을 몹시 사랑하여 주의 말씀을 주야로 묵상하는 복 있는 자였습니다. 그는 말씀에 사로잡혀, 말씀의 인도하심만을 따라 살던, 말씀의 사람이었습니다. 시편 1편과 시편 119편은 그의 위대한 신앙 고백입니다.

† |복 있는 사람|은 악인의 꾀를 좇지 아니하며, 죄인의 길에 서지 아니하며, 오만한 자의 자리에 앉지 아니하고, 오직 여호와의 율법을 즐거워하여, 그 율법을 주야로 묵상하는 자로다. 저는 '시냇가에 심은 나무'가 시절을 좇아 과실을 맺으며, 그 잎사귀가 마르지 아니함 같으니, 그 행사가 다 형통하리로다. 악인은 그렇지 않음이여 오직 바람에 나는 겨와 같도다. 그러므로 악인이 심판을 견디지 못하며, 죄인이 의인의 회중에 들지 못하리로다. 대저 의인의 길은 여호와께서 인정하시나, 악인의 길은 망하리로다.(시편 1편, 복 있는 사람)

† 나의 나그네 된 집에서 주의 율례가 나의 노래가 되었나이다.(시 119:54)
주의 입의 법이 내게는 천천 금은보다 승하니이다.(시 119:72)
내가 주의 법을 어찌 그리 사랑하는지요, 내가 그것을 종일 묵상하나이다.(시 119:97)
주의 말씀은 내 발에 등이요 내 길에 빛이니이다.(시 119:105)
내 눈이 주의 구원과 주의 의로운 말씀을 사모하기에 피곤하니이다.(시 119:123)
내가 주의 계명을 사모하므로 입을 열고 헐떡였나이다.(시 119:131)
주의 말씀을 묵상하려고 내 눈이 야경이 깊기 전에 깨었나이다.(시 119:148)

2) 기도의 사람, 다윗

시편의 절반을 다윗이 기록했습니다. 저자가 밝혀지지 아니한 시편들도, 대부분 다윗의 작품으로 봅니다. 시편의 3분의 2 이상이 다윗의 작품인 셈입니다. 그 가운데 많은 부분이 기도문입니다. 특히 하나님의 은혜에 감사하는 감사 기도가 주류를 이룹니다. 하나님의 은혜의 영광을 찬미하는 감사 찬송의 기도문입니다.

다윗은 범사에 하나님을 인정하고, 항상 기도하면서 하나님의 뜻을 구했습니다. 매사에 사사건건 하나님의 뜻을 구했습니다. 하나님은 그 것을 기뻐하셔서, 그의 한평생을 복되고 형통한 길로 인도하셨습니다.

또한 다윗은 범죄한 후에도, 철저하게 회개하고 하나님께 매달려 기도했습니다. 무릎이 수척할 정도로 기도했습니다. 침상을 띄울 정도로, 눈물을 흘리며 기도했습니다. 땅에 엎드려 금식하며 기도했습니다. 베옷을 걸치고 맨땅에 누워 잠을 청하면서까지 회개 기도했습니다. 다윗은 기도의 사람이었습니다.

🌰 간구의 기도

[다윗의 시, 영장으로 한 노래] 여호와여 어느 때까지니이까, 나를 영영히 잊으시나이까. 주의 얼굴을 나에게서 언제까지 숨기시겠나이까. 내가 나의 영혼에 경영하고 종일토록 마음에 근심하기를 어느 때까지 하오며, 내 원수가 나를 쳐서 자긍하기를 어느 때까지 하리이까. 여호와 내 하나님이여 나를 생각하사 응답하시고 나의 눈을 밝히소서. 두렵건대 내가 사망의 잠을 잘까 하오며, 두렵건대 나의 원수가 이르기를 내가 저를 이기었다 할까 하오며, 내가 요동될 때에 나의 대적들이 기뻐할까 하나이다. 나는 오직 주의 인자하심을 의뢰하였사오니 내 마음은 주의 구원을 기뻐하리이다. 내가 여호와를 찬송하리니 이는 나를 후대하심이로다.(시편 13편, 도움을 구하는 기도)

[다윗이 굴에 있을 때에 지은 마스길] 내가 소리내어 여호와께 부르 짖으며 소리내어 여호와께 간구하는도다. 내가 내 원통함을 그 앞에 토하며 내 우환을 그 앞에 진술하는도다. 내 심령이 속에서 상할 때에도 주께서 내 길을 아셨나이다. 나의 행하는 길에 저희가

나를 잡으려고 올무를 숨겼나이다. 내 우편을 살펴보소서. 나를 아는 사도 없고 피난처도 없고 내 영혼을 돌아보는 사도 없나이다. 여호와여 내가 주께 부르짖어 말하기를, 주는 나의 피난처시요 생존 세계에서 나의 분깃이시라 하였나이다. 나의 부르짖음을 들으소서. 나는 심히 비천하니이다. 나를 핍박하는 자에게서 건지소서. 저희는 나보다 강하니이다. 내 영혼을 옥에서 이끌어 내사 주의 이름을 감사(찬송)케 하소서. 주께서 나를 후대하시리니 의인이 나를 두르리이다.(시편 142편, 도움을 구하는 기도)

감사의 기도

[여호와의 종 다윗의 시, 여호와께서 다윗을 그 모든 원수와 사울의 손에서 구원하신 날에, 다윗이 이 노래의 말로 여호와께 아뢰어 가로되] 나의 힘이 되신 여호와여, 내가 주를 사랑하나이다. 여호와는 나의 반석이시요 나의 요새시요 나를 건지시는 자시요 나의 하나님이시요 나의 피할 바위시요 나의 방패시요 나의 구원의 뿔(힘)이시요 나의 산성이시로다. 내가 찬송 받으실 여호와께 아뢰리니, 내 원수들에게서 구원을 얻으리로다. 사망의 줄이 나를 얽고 불의의 창수가 나를 두렵게 하였으며, 음부의 줄이 나를 두르고 사망의 올무가 내게 이르렀도다. 내가 환난에서 여호와께 아뢰며 나의 하나님께 부르짖었더니, 저가 그 전에서 내 소리를 들으심이여, 그 앞에서 나의 부르짖음이 그 귀에 들렸도다. 주께서 나의 등불을 켜심이여, 여호와 내 하나님이 내 흑암을 밝히시리이다. 내가 주를 의뢰하고 적군에 달리며 내 하나님을 의지하고 담을 뛰어 넘나이다. 하나님의 도는 완전하고 여호와의 말씀은 정미하니 저는 자기에게 피하는 모든 자의 방패시로다. 여호와 외에 누가 하나님이며 우리 하나님 외에 누가 반석이뇨. 이 하나님이 힘으로 내게 띠 띠우시며 내 길을 완전케 하시며, 나의 발로 암사슴 발 같게 하시며 나를 나의 높은 곳에 세우시며, 내 손을 가르쳐 싸우게 하시니 내 팔이 놋 활을 당기도다. 주께서 또 주의 구원하는 방패를 내게 주시며 주의 오른손이 나를 붙들고 주의 온유함이 나를 크게 하셨나이다. 내 걸음을 넓게 하셨고 나로 실족지 않게 하셨나이다.(시편 18

편, 감사 찬송의 기도)

[다윗이 아비멜렉 앞에서 미친 체하다가 쫓겨나서 지은 시] 내가 여호와를 항상 송축함이여 그를 송축함이 내 입에 계속하리로다. 내 영혼이 여호와로 자랑하리니 곤고한 자가 이를 듣고 기뻐하리로다. 나와 함께 여호와를 광대하시다 하며 함께 그 이름을 높이세. 내가 여호와께 구하매 내게 응답하시고 내 모든 두려움에서 나를 건지셨도다. 저희가 주를 앙망하고 광채를 입었으니 그 얼굴이 영영히 부끄럽지 아니하리로다. 이 곤고한 자가 부르짖으매 여호와께서 들으시고 그 모든 환난에서 구원하셨도다. 여호와의 사자가 주를 경외하는 자를 둘러 진치고 저희를 건지시는도다. 너희는 여호와의 선하심을 맛보아 알지어다 그에게 피하는 자는 복이 있도다. 너희 성도들아 여호와를 경외하라. 저를 경외하는 자에게는 부족함이 없도다. 젊은 사자는 궁핍하여 주릴지라도 여호와를 찾는 자는 모든 좋은 것에 부족함이 없으리로다. 너희 소자들아 와서 내게 들으라 .내가 여호와를 경외함을 너희에게 가르치리로다. 생명을 사모하고 장수하여 복 받기를 원하는 사람이 누구뇨. 네 혀를 악에서 금하며 네 입술을 궤사한 말에서 금할지어다. 악을 버리고 선을 행하며 화평을 찾아 따를지어다. 여호와의 눈은 의인을 향하시고 그 귀는 저희 부르짖음에 기울이시는도다. 여호와의 얼굴은 행악하는 자를 대하사 저희의 자취를 땅에서 끊으려 하시는도다. 의인이 외치매 여호와께서 들으시고 저희의 모든 환난에서 건지셨도다. 여호와는 마음이 상한 자에게 가까이 하시고 중심에 통회하는 자를 구원하시는도다. 의인은 고난이 많으나 여호와께서 그 모든 고난에서 건지시는도다. 그 모든 뼈를 보호하심이여, 그 중에 하나도 꺾이지 아니하도다. 악이 악인을 죽일 것이라 의인을 미워하는 자는 죄를 받으리로다. 여호와께서 그 종들의 영혼을 구속하시나니 저에게 피하는 자는 다 죄를 받지 아니하리로다.(시편 34편, 감사 찬송의 기도)

 ## 회개의 기도

[다윗의 시, 영장으로 현악 스미닛에 맞춘 노래] 여호와여, 주의 분으로 나를 견책하지 마옵시며 주의 진노로 나를 징계하지 마옵소서.

여호와여, 내가 수척하였사오니 긍휼히 여기소서. 여호와여, 나의 뼈가 떨리오니 나를 고치소서. 나의 영혼도 심히 떨리나이다. 여호와여, 어느 때까지니이까. 여호와여 돌아와 나의 영혼을 건지시며 주의 인자하심을 인하여 나를 구원하소서. 사망 중에서는 주를 기억함이 없사오니 음부에서 주께 감사할 자 누구리이까. 내가 탄식함으로 곤핍하여 밤마다 눈물로 내 침상을 띄우며 내 요를 적시나이다. 내 눈이 근심을 인하여 쇠하며 내 모든 대적을 인하여 어두웠나이다. 행악하는 너희는 다 나를 떠나라. 여호와께서 내 곡성을 들으셨도다. 여호와께서 내 간구를 들으셨음이여, 여호와께서 내 기도를 받으시리로다. 내 모든 원수가 부끄러움을 당하고 심히 떨이여, 홀연히 부끄러워 물러가리로다.(시편 6편, 회개의 기도)

[다윗의 시, 영장으로 한 노래, 다윗이 밧세바와 동침한 후 선지자 나단이 저에게 온 때에] 하나님이여, 주의 인자를 좇아 나를 긍휼히 여기시며 주의 많은 자비를 좇아 내 죄과를 도말하소서. 나의 죄악을 말갛게 씻기시며 나의 죄를 깨끗이 제하소서. 대저 나는 내 죄과를 아오니 내 죄가 항상 내 앞에 있나이다. 내가 주께만 범죄하여 주의 목전에 악을 행하였사오니 주께서 말씀하실 때에 의로우시다 하고 판단하실 때에 순전하시다 하리이다. 내가 죄악 중에 출생하였음이여, 모친이 죄 중에 나를 잉태하였나이다. 중심에 진실함을 주께서 원하시오니 내 속에 지혜를 알게 하시리이다. 우슬초로 나를 정결케 하소서, 내가 정하리이다. 나를 씻기소서, 내가 눈보다 희리이다. 나로 즐겁고 기쁜 소리를 듣게 하사 주께서 꺾으신 뼈로 즐거워하게 하소서. 주의 얼굴을 내 죄에서 돌이키시고 내 모든 죄악을 도말하소서. 하나님이여, 내 속에 정한 마음을 창조하시고 내 안에 정직한 영을 새롭게 하소서. 나를 주 앞에서 쫓아내지 마시며 주의 성신을 내게서 거두지 마소서. 주의 구원의 즐거움을 내게 회복시키시고 자원하는 심령을 주사 나를 붙드소서. 그러하면 내가 범죄자에게 주의 도를 가르치리니 죄인들이 주께 돌아오리이다. 하나님이여, 나의 구원의 하나님이여, 피 흘린 죄에서 나를 건지소서. 주여 내 입술을 열어 주소서 내 입이 주를 찬송하여 전파하리이다. 주는 제사를 즐겨 아니하시나니 그렇지 않으면 내가 드렸을 것이라, 주는 번제를 기뻐 아니하시나이다. 하나님의 구하시

는 제사는 상한 심령이라 하나님이여, 상하고 통회하는 마음을 주께서 멸시치 아니하시리이다.(시편 51편, 회개의 기도)

3) 찬송의 사람, 다윗

춤추며 찬양했습니다. 기뻐 뛰며 찬양했습니다. 여호와 앞에서, 어린 아이처럼 한평생을 뛰어놀았습니다. 그의 아내 미갈은 멸시했지만, 하나님은 그러한 다윗을 당신의 마음에 합한 자로 인정하셨습니다. 다윗은 찬양의 비밀을 간직한, 찬송의 사람이었습니다.

† 의인은 기뻐하여 하나님 앞에서 뛰놀며, 기뻐하고 즐거워할지어다. 하나님께 노래하며, 그 이름을 찬양하라. 그 이름은 여호와시니 그 앞에서 뛰놀지어다.(시 68:3-4).

† 다윗은, 주님의 궤를 멘 사람들이 여섯 걸음을 옮겼을 때에, 행렬을 멈추게 하고, 소와 살진 양을 제물로 잡아서 바쳤다. 그리고 다윗은 모시로 만든 에봇만을 걸치고, 주님 앞에서 온 힘을 다하여 힘차게 춤을 추었다. 주님의 궤가 '다윗 성'으로 들어올 때에, 사울의 딸 미갈이 창 밖을 내다보다가, 다윗 왕이 주님 앞에서 뛰면서 춤을 추는 것을 보고, 마음속으로 그를 업신여겼다.(삼하 6:13-16, 표준새번역)

† 다윗이 자기의 집안 식구들에게 복을 빌어 주려고 궁전으로 돌아가니, 사울의 딸 미갈이 다윗을 맞으러 나와서, 이렇게 말하였다. "오늘 이스라엘의 임금님이, 건달패들이 맨살을 드러내고 춤을 추듯이, 신하들의 아내가 보는 앞에서 몸을 드러내며 춤을 추셨으니, 임금님의 체통이 어떻게 되었겠습니까?" 다윗이 미갈에게 대답하였다. "그렇소. 내가 주님 앞에서 그렇게 춤을 추었소. 주님께서는, 그대의 아버지와 그의 온 집안이 있는데도 그들을 마다하시고, 나를 뽑으셔서 주님의 백성 이스라엘을 다스리도록 통치자로

세워 주셨소. 그러니 나는 주님을 찬양할 수밖에 없소. 나는 언제나 주님 앞에서 기뻐하며 뛸 것이오. 내가 스스로를 보아도 천한 사람처럼 보이지만, 주님을 찬양하는 일 때문이라면, 이보다 더 낮아지고 싶소. 그래도 그대가 말한 그 여자들은 나를 더욱더 존경할 것이오."(삼하 6:20-22, 표준새번역)

해설 춤추어 뛰놀며 찬양하는 것은, 여호와 앞에서 자신을 낮추는 자세입니다. 이스라엘의 존귀한 왕 다윗이 그렇게 여호와 앞에서 자신을 낮추고, 어린아이처럼 춤을 추며 찬양을 하였습니다.

[다윗의 찬송시] 왕이신 나의 하나님이여, 내가 주를 높이고 영원히 주의 이름을 송축하리이다. 내가 날마다 주를 송축하며 영영히 주의 이름을 송축하리이다. 여호와는 광대하시니 크게 찬양할 것이라, 그의 광대하심을 측량치 못하리로다. 대대로 주의 행사를 크게 칭송하며 주의 능한 일을 선포하리로다. 주의 존귀하고 영광스러운 위엄과 주의 기사를 나는 묵상하리이다. 사람들은 주의 두려운 일의 세력을 말할 것이요 나도 주의 광대하심을 선포하리이다. 저희가 주의 크신 은혜를 기념하여 말하며 주의 의를 노래하리이다.(시편 145편, 감사 찬송)

[공동번역]시 145:1-3

나의 하느님, 나의 임금님, 내가 당신을 높이 받들며 언제까지나 당신 이름 찬양하오리이다. 날이면 날마다 당신을 기리며, 언제까지나 당신 이름 찬양하오리이다. "높으시어라 야훼, **끝없이 찬미받으실 분**, 그 높으심 측량할 길 없음이여."

[NLT]시 145:1-3

I will praise you, my God and King, and bless your name forever and ever. I will bless you every day, and I will praise you forever. Great is the LORD! He is most worthy of praise! His greatness is beyond discovery!

또한 다윗은 어떤 환경과 조건 속에서도 하나님 앞에 경배와 찬양을 드리는, 참된 예배의 사람이었습니다. 진정한 찬송의 사람이었습니다.

다윗이 밧세바와 간음죄를 범한 후, 그 사이에서 태어난 아이(솔로몬의 형)를 하나님께서 치시매, 그 아이가 심히 앓다가 7일 만에 죽습니다. 다윗은 그 아이를 살려 달라고 7일 동안이나 땅바닥에 엎드려 자신의 죄를 회개하며 금식했습니다. 하지만 그 아이를 하나님께서 데려가시자, 곧바로 땅에서 일어나 몸을 씻고 의복을 갈아입은 후 성막의 법궤를 찾아갑니다. 하나님을 찾아간 것입니다. 그리고 그 앞에서 경배와 찬송을 올려드렸습니다. 아이가 죽은 마당에도 하나님 앞에서 예배를 드린 것입니다. 감사 찬송을 올려드린 것입니다. 찬미의 제사를 드린 것입니다. 그것이 다윗의 참 모습이었습니다. 다윗은 찬송의 비밀을 소유한, 참된 예배의 사람이었습니다.

✝ 우리아의 처가 다윗에게 낳은 아이를 여호와께서 치시매 심히 앓는지라. 다윗이 그 아이를 위하여 하나님께 간구하되 금식하고 안에 들어가서 밤새도록 땅에 엎드렸으니, 그 집의 늙은 자들이 곁에 이르러 다윗을 일으키려 하되 왕이 듣지 아니하고 저희로 더불어 먹지도 아니하더라. 이레 만에 그 아이가 죽으니라. 그러나 다윗의 신복들이 아이의 죽은 것을 왕에게 고하기를 두려워하니, 이는 저희가 말하기를 아이가 살았을 때에 우리가 말하여도 왕이 그 말을 듣지 아니하셨나니 어떻게 그 아이의 죽은 것을 고할 수 있으랴 왕이 훼상하시리로다. 다윗이 그 신복들의 서로 수군거리는 것을 보고 그 아이가 죽은 줄을 깨닫고 그 신복들에게 묻되 아이가 죽었느냐, 대답하되 죽었나이다. 다윗이 땅에서 일어나 몸을 씻고 기름을 바르고 의복을 갈아 입고, 여호와의 전에 들어가서 경배하고, 궁으로 돌아와서 명하여 음식을 그 앞에 베풀게 하고 먹은지라. (삼하 12:15-20)

[공동번역]삼하 12:20
다윗은 땅에서 몸을 일으키더니 목욕을 하고, 몸에 기름을 바르고, 깨끗한 옷으로 갈아 입고, 야훼의 전(성막)에 들어가 예배를 올렸다. 그리고는 집에 돌아

와 음식을 차려 오게 하여 먹기 시작하였다.

해설 아이가 죽은 마당에도 하나님 앞에서 예배를 드린 것입니다. 감사
찬송을 올려드린 것입니다. 찬미의 제사를 드린 것입니다. 참으로 경건
한 모습입니다. 하나님은 그 제사(예배)를 받으시고 솔로몬이라는 후사를
허락하셨습니다. 여디디야, 곧 '하나님께서 사랑하시는 자'라는 다윗의
후계자입니다.

정리하면, 다윗은 견고한 말씀의 기초 위에 기도와 찬송으로 잘 무장
된, 십자가의 정병이었습니다. 믿음의 기초는 철저히 하나님의 말씀입
니다. 말씀의 반석 위에 신앙의 기초를 튼튼하게 세워야 합니다. 기초
가 약하면 건물은 언젠가 무너지기 마련입니다.

말씀의 중요성은 아무리 강조해도 지나침이 없습니다. 그리고 그 말
씀을 붙들고 기도해야 합니다. 그 말씀으로 기도해야 합니다. 말씀이
양식이라면, 기도는 영혼의 호흡입니다. 특별히 감사 기도를 많이 해야
합니다. 믿음의 고백이기 때문입니다.

그리고 가장 마지막 단계가 찬송입니다. 신앙이 3층 석탑이라면 찬
송이 3층인 셈입니다. 신앙이 3단 로켓이라면 찬송이 3단인 셈입니다.
찬송은 가장 높은 단계의 가장 꼭대기 열매입니다. 복음의 최종 열매
입니다.

신앙의 삼박자는 말씀과 기도와 찬양입니다. 다윗은 이러한 신앙의
삼박자를 골고루 갖춘, 균형 잡힌 신앙인이었습니다. 특별히 그는 찬송
의 비밀을 간직한 찬송의 사람이었습니다.

2
하나님의 사람, 사무엘

1) 말씀의 사람, 사무엘

사무엘상 12장을 보면, 그가 이스라엘 백성들을 모아 놓고서, '선하고 의로운 도'로 그들을 지도하겠다고 약속하는 장면이 나옵니다. '선하고 의로운 도'는 곧 하나님의 말씀을 의미합니다. 사무엘은 철저하게 하나님의 말씀으로 무장된 인물이었습니다.

그의 어머니 한나는 하나님께 기도하기를, "아들을 주시면 그를 철저하게 말씀의 사람(토라 학자)으로 키우고 싶다"고 오랜 세월 기도했습니다(미드라쉬 사무엘 편). 그리고 하나님께서 마침내 아들을 허락하시자, 복중에서부터 젖을 떼기까지 아이에게 하나님의 말씀을 들려 주며, 말씀의 사람으로 자라기를 간절히 기도하였습니다.

사무엘은, 태중에서부터 하나님의 말씀과 어머니의 기도 소리를 듣고 자라난 인물입니다. 젖을 떼자마자 성전에 맡겨져서 자랐기에, 그가 보고 들은 것 또한, 제사(예배)드리는 것과 하나님의 말씀이었습니다. 사무엘은 그렇게 철저히 말씀으로 준비된 인물이었습니다.

말씀은 어둠을 밝히는 등불이요 빛입니다. 그 빛을 소유한 사무엘이 등장하여, 이스라엘 역사의 어두움을 깨우기 시작합니다. 300년 사사 시대 긴 어둠의 역사를, 그가 소유한 복음의 빛으로 종식시킵니다. 그리고 '새 역사의 장'을 열어 나갑니다. 사울과 다윗이 등장할 수 있는 길을 예비합니다. 마치 예수님이 오실 길을 예비한 세례 요한을 연상케 합니다.

† 여호와께서는 너희로 자기 백성 삼으신 것을 기뻐하신 고로, 그 큰신 이름을 인하여 자기 백성을 버리지 아니하실 것이요, 나는 너희를 위하여 기도하기를 쉬는 죄를 여호와 앞에 결단코 범치 아니하고, '선하고 의로운 도'로 너희를 가르칠 것인즉, 너희는 여호와께서 너희를 위하여 행하신 그 큰일을 생각하여, 오직 그를 경외하며 너희의 마음을 다하여 진실히 섬기라.(삼상 12:22-24)

해설 '선하고 의로운 도'는 하나님의 말씀을 뜻합니다. 사무엘은 철저하게 말씀으로 준비된, 말씀의 사람이었습니다. 준비된 지도자였습니다.

† 주의 말씀은 내 발에 등이요 내 길에 빛이니이다.(시 119:105, 미국 건국 정신)

[현대인의성경]시 119:105
주의 말씀은 나를 안내하는 등불이며, 내 길을 비춰 주는 빛입니다.
[NIV]시 109:105
Your word is a lamp to my feet and a light for my path.

† 전에 (흑암 속에서)고통하던 자에게는 흑암(고통)이 없으리로다. 옛 적에는 여호와께서 스불론 땅과 납달리 땅으로 멸시를 당케 하셨더니, 후에는 해변길과 요단 저편 이방의 갈릴리를 영화롭게 하셨느니라. 흑암에 행하던 백성이 큰 빛을 보고, 사망의 그늘진 땅에 거하던 자에게 빛이 비취도다.(사 9:1-2)

† 그들은 괴로움과 굶주림으로 이 땅을 헤맬 것이다. 굶주리고 분노한 나머지, 위를 쳐다보며 왕과 신들을 저주할 것이다. 그런 다

음에 땅을 내려다보겠지만, 보이는 것은 다만 고통과 흑암, 무서운 절망뿐일 것이니, 마침내 그들은 짙은 흑암 속에 떨어져서, 빠져나오지 못할 것이다.(사 8:21-22, 표준새번역)

해설 흑암은 곧 고통이요 괴로움이요 무서운 절망입니다. 그 흑암의 역사 가운데 빛을 소유한 지도자 사무엘이 등장하자, 300년 어둠의 역사 고통의 역사가 종식이 됩니다. 빛은 하나님의 말씀입니다. '선하고 의로운 도'입니다.

한 사람이 중요합니다. 빛을 소유한, 생명의 말씀을 소유한, 한 사람의 지도자가 그렇게 중요합니다. 그래야 어둠의 역사가 종식이 되고, 살 길이 열리기 때문입니다. 예수님은 인류 역사의 어두움을 깨우는 큰 빛으로 이 땅에 오셨습니다. 그리고 십자가의 복음의 빛으로 인류 역사의 어둠을 종식시키셨습니다. 죽음의 역사를 종식시키셨습니다.

우리는 그 빛을 받아 영원한 생명을 소유한 자가 되었습니다. 그러므로 우리에게는 그 빛을 반사할 책임이 있습니다. 그 빛을 갚아야 할 책임이 있습니다. 복음의 빛을 복음의 빛으로! 그것이 예수님의 지상 명령입니다.

† 이같이 너희 빛을 사람 앞에 비취게 하여, 저희로 너희 착한 행실을 보고 하늘에 계신 너희 아버지께 영광을 돌리게 하라.(마 5:16)

† 너희가 전에는 어두움이더니 이제는 주 안에서 빛이라 빛의 자녀들처럼 행하라. 빛의 열매는 모든 착함과 의로움과 진실함에 있느니라.(엡 5:8-9)

2) 기도의 사람, 사무엘

'사무엘' 하면 우리 모두는 떠오르는 장면이 있습니다. 그의 기도하는 손입니다. 예전에는 그 그림이 액자로 만들어져 가는 곳마다 걸려 있었습니다. 심지어 시내버스 운전석 앞에도 걸려 있었습니다. "오늘도 무사히"라는 글귀와 함께 걸려 있었습니다.

사무엘의 그 기도하는 손이 이스라엘을 지켜냅니다. 블레셋의 침공 앞에 풍전등화와도 같았던 이스라엘의 역사를 다시 일으켜 세웁니다. 그의 기도하는 손은 이스라엘의 국방이 되고, 튼튼한 안보가 되었습니다. 또한 그의 기도하는 손은, 마른 하늘에서 우뢰와 비를 내리는 능력의 손이었습니다. 그의 기도하는 손과 무릎은, 역사의 수레바퀴를 다시 굴러 가게 하는, 위대한 손이었습니다. 위대한 무릎이었습니다. 백성들은 그 위대한 손 그늘 아래서, 평화롭게 생업에 종사할 수가 있었습니다. 사무엘은 철저한 기도의 사람이었습니다.

† 이스라엘 자손이 미스바에 모였다 함을 블레셋 사람이 듣고, 그 방백들이 이스라엘을 치러 올라온지라. 이스라엘 자손이 듣고 블레셋 사람을 두려워하여 사무엘에게 이르되, 당신은 우리를 위하여 우리 하나님 여호와께 쉬지 말고 부르짖어, 우리를 블레셋 사람의 손에서 구원하시게 하소서. 사무엘이 젖 먹는 어린 양을 취하여 온전한 번제를 여호와께 드리고, 이스라엘을 위하여 여호와께 부르짖으매 여호와께서 응답하셨더라. 사무엘이 번제를 드릴 때에 블레셋 사람이 이스라엘과 싸우려고 가까이 오매, 그 날에 여호와께서 블레셋 사람에게 큰 우뢰를 발하여 그들을 어지럽게 하시니, 그들이 이스라엘 앞에 패한지라. 이스라엘 사람들이 미스바에서 나가서, 블레셋 사람을 따라 벧갈 아래에 이르기까지 쳤더라. 사무엘이 돌을 취하여 미스바와 센 사이에 세워 가로되, 여호와께서 여기까지 우리를 도우셨다 하고 그 이름을 에벤에셀이라 하니라. 이에 블레셋 사람이 굴복하여 다시는 이스라엘 경내에 들어오지 못하였으며, 여호와의 손이 사무엘의 사는 날 동안에 블레셋 사람을 막으시매, 블레셋 사람이 이스라엘에게서 빼앗았던 성읍이 에그론부터 가드까지 이스라엘에게 회복되니, 이스라엘이 그 사방 지경을 블레셋 사람의 손에서 도로 찾았고, 또 이스라엘과 아모리 사람 사이에 평화가 있었더라. (삼상 7:7-14)

사무엘의 기도하는 손이 여호와의 손을 움직였고, 여호와의 손이 블레셋을 막았습니다. 즉, 사무엘의 기도하는 손이 블레셋 사람을 막은 셈입니다. 영토가 회복되고, 백성은 평화를 되찾았습니다. 백성들은 그 위대한 손 그늘 아래서 평온하게 살면서, 각자의 생업에 종사할 수가 있었습니다. 참으로 위대한 손, 거룩한 손, 아름다운 손입니다. 치유의 손, 회복의 손, 평화의 손입니다. 또한 그가 여호와 앞에 무릎을 꿇으니, 블레셋이 이스라엘 앞에 무릎을 꿇습니다. 거룩한 무릎입니다. 승리의 무릎입니다.

✝ 이스라엘 자손이 듣고 블레셋 사람을 두려워하여 사무엘에게 이르되, 당신은 우리를 위하여 우리 하나님 여호와께 쉬지 말고 부르짖어, 우리를 블레셋 사람의 손에서 구원하시게 하소서.(삼상 7:8)
[NIV]삼상 7:8
They said to Samuel, "Do not stop crying out to the LORD our God for us, that he may rescue us from the hand of the Philistines."

해설 "계속해서 부르짖는 것을 멈추지 말아 달라"는 백성들의 요구입니다. 백성이 군대보다 사무엘의 기도하는 손을 더 의지하고 있습니다. 그의 기도하는 손이 튼튼한 국방이요 안보임을 백성들이 깨달은 것입니다.

✝ 나는 너희를 위하여 '기도하기를 쉬는 죄'를, 여호와 앞에 결단코 범하지 아니하고, 선하고 의로운 도로 너희를 가르칠 것인즉, 너희는 여호와께서 너희를 위하여 행하신 그 큰일을 생각하여, 오직 그를 경외하며 너희 마음을 다하여 진실히 섬기라.(삼상 12:23-24)

[공동번역]삼상 12:23
나도 너희를 위하여 기도하리라. '기도하지 않는 죄'를 야훼께 짓는 일은 결코 없으리라. 나는 너희에게 무엇이 좋고 바른 일인지를 가르쳐 주리라.
[KJV]삼상 12:23
Moreover as for me, God forbid that I should sin against the LORD in ceasing to pray for you: but I will teach you the good and the right way:

[NLT]삼상 12:23

"As for me, I will certainly not sin against the LORD by ending my prayers for you. And I will continue to teach you what is good and right."

해설 사무엘은 한평생 그 약속을 지켰습니다. 그리고 '선하고 의로운 도'로 백성을 양육하였습니다. 좋은 목자입니다. 참으로 선한 목자입니다. 하나님은 이 시대에 이런 목자를 찾고 계십니다. 지도자가 기도하기를 게을리하는 것은, 죄 중의 죄입니다.

♪ 믿음의 기도는 쇠사슬을 끊고, 옥문도 열리어 해방을 주리라.
기도 제단에 향을 올리자, 얻기까지 우리는 힘써 간구하자.
무릎으로 힘써 우리는 나가자, 승리의 깃발은 우리게 오리라.
기도의 사람을 주는 요구하니, 순교적 기도를 충성히 올리자.

(복음성가 4장)

♪ 기도는 믿는 사람의 호흡과 같으니
믿음을 유지하려면 기도를 하여라.
믿음으로 기도하라 무슨 일이나
간절하게 구하여라 다 얻으리라.
기도는 불가능함을 가능케 함이니
열심히 기도하는 자 다 형통하리라.
기도의 무릎 강한 자 세상을 이기네
비겁히 떨지 말고서 기도를 하여라.
기도의 힘만 얻으면 못 이룰 것 없네
천국 창고 모든 축복 다 얻으리로다.

(복음성가 85장)

✝ 항상 기뻐하라. 쉬지 말고 기도하라. 범사에 감사하라. 이는 그리스도 예수 안에서, 너희를 향하신 하나님의 뜻이니라.(살전 5:16-18)

해설 선한 목자 바울도 우리에게 그렇게 당부하고 있습니다. 기도는 천국의 열쇠입니다. 사무엘은 기도의 사람이었습니다.

3) 찬송의 사람, 사무엘

사무엘이 찬송의 사람이라고 성경에 직접적으로 기록된 부분은 없습니다. 그러나 자세히 살펴보면, 사무엘은 철저하게 찬송의 사람이었음을 알 수가 있습니다. 그는 하나님 앞에서 춤을 추고 큰 소리로 찬양을 부르는, 뜨거운 사람이었습니다. 다윗 왕과 흡사한 부분이 아주 많습니다. (라마 나욧에서 사무엘과 함께 머물렀던)다윗이 사무엘의 영향을 크게 받은 것으로 보입니다. 사무엘은 철저한 찬송의 사람이었습니다. 찬송함으로 성령이 충만한 사람이었습니다.

✝ 그 후에 네가 하나님의 산에 이르리니, 그곳에는 블레셋 사람의 영문이 있느니라. 네가 그리로 가서 그 성읍으로 들어갈 때에, 선지자의 무리가 산당에서부터 비파와 소고와 저와 수금을 앞세우고 예언하며 내려오는 것을 만날 것이요, 네게는 여호와의 신이 크게 임하리니, 너도 그들과 함께 예언을 하고, 변하여 새 사람이 되리라.(삼상 10:5-6)

[표준새번역]삼상 10:5-6
그런 다음에 그대는 하나님의 산으로 가십시오. 그 곳에는 블레셋 수비대가 있습니다. 그 곳을 지나 성읍으로 들어갈 때에, 거문고를 뜯고 소구를 치고 피리를 불고 수금을 뜯으면서 예배 처소에서 내려오는 예언자의 무리를 만날 것입니다. 그들은 모두 '춤을 추고 소리를 지르면서' 예언을 하고 있을 것입니다. 그러면 그대에게도 주의 영이 강하게 내리어, 그들과 함께 '춤을 추고 소리를 지르면서' 예언을 할 것이며, 그대는 전혀 딴 사람으로 변할 것입니다.

해설 사무엘의 제자들인 선지자의 무리가, 산당(예배처소)에서부터 악기를 연주하고 춤을 추며 큰 소리로 예언을 하면서 내려오는 장면입니다. 여기서 '예언하다'로 번역된 히브리어 **나바**(נבא)는 '예언하다, 하나님을 찬양하다, 신령한 노래를 하다' 라는 의미입니다. 따라서 이 문장을 다시 번역하면, 선지자의 무리가 산당에서부터 ①악기를 연주하며, ②춤을 추며, ③큰 소리로 예언하며, ④하나님을 찬양하며, ⑤신령한 노래를 부르면서 내려왔다는 의미입니다.

✝ 그들이 산에 이를 때에 선지자의 무리가 그를 영접하고, 하나님의 신이 사울에게 크게 임하므로 그가 그들 중에서 예언을 하니(삼상 10:10)

[표준새번역]삼상 10:10
사울이 종과 함께 산에 이르자, 예언자의 무리가 그를 맞아 주었다. 그때에 하나님의 영이 그에게 세차게 내리니, 사울이 그들과 함께 '춤추며 소리를 지르면서' 예언을 하였다.

해설 사무엘 선지학교의 생도들이 춤추며 예언하는 산당(예배 처소)에, 얼마나 강력한 하나님의 신(성령)이 임해 있었던지, 그곳을 방문한 청년 사울에게도 그 영이 임해서, 사울도 그들과 함께 춤을 추며, 신령한 노래를 부르며, 예언을 했습니다.

✝ 혹이 사울에게 고하여 가로되, 다윗이 라마 나욧에 있더이다 하매, 사울이 다윗을 잡으려 사자들을 보내었더니, 그들이 선지자 무리의 예언하는 것과, 사무엘이 그들의 수령으로 선 것을 볼 때에, 하나님의 신이 사울의 사자들에게 임하매, 그들도 예언을 한지라.(삼상 19:19-20)

[표준새번역]삼상 19:20
사울은 다윗을 잡아 오라고 부하들을 보냈다. 그들이 가서 보니, 예언자들 한 무리가 사무엘 앞에서 '춤추고 소리치며' 예언을 하고 있었다. 그 순간 그 부하들에게도 하나님의 영이 내리니, 그들도 '춤추고 소리치며' 예언을 하였다.

해설 사무엘의 제자들이 사무엘 앞에서 춤추고 소리치며 예언을 하고 있습니다. 사무엘이 그것을 원했고, '사무엘이 그렇게 지도했다'는 이야기입니다. 그렇다면 '사무엘 자신도 하나님 앞에서 춤을 추며 찬양했다'는 결론입니다. 결과는 강력한 하나님의 신의 임재였습니다. 사무엘은 하나님 앞에서 춤을 추고, 찬양하며, 신령한 노래를 부르는, 성령이 충만한 선지자였습니다. 다윗과 흡사한 부분입니다.

✝ 사울이 라마 나욧으로 가니라. 하나님의 신이 그에게도 임하시니, 그가 라마 나욧에 이르기까지 행하며 예언을 하였으며, 그가 또 그 옷을 벗고 사무엘 앞에서 예언을 하며, 종일 종야에 벌거벗은 몸으로 누웠었더라.(삼상 19:23-24)

[표준새번역]삼상 19:23-24

사울이 거기에서 라마의 나욧으로 가는데, 그에게도 하나님의 영이 내려서, 그는 라마의 나욧에 이를 때까지 계속하여 '춤추고 소리치며' 열광 상태에서 예언을 하며 걸어갔다. 사무엘 앞에 이르러서는, 옷까지 벗어 버리고 '춤추고 소리치면서' 예언을 하고 나서, 그 날 하루 밤낮을 벗은 몸으로 쓰러져 있었다.

해설 다윗을 잡으러 간 사울의 부하들은 물론 완악한 사울 왕조차도 강력한 하나님의 영이 임하자, 그도 춤을 추고, 찬양하며, 신령한 노래를 불렀습니다. 왕복까지 벗어 버린 채 얼마나 열광적으로 춤을 추었던지, 다음날 밤낮을 쓰러져 누워 있었습니다. 하나님 앞에서 춤을 추며 찬양하는 곳에는, 반드시 하나님의 영이 강하게 임하게 되어 있습니다. 우리 하나님은 찬미의 제사를 그렇게도 기뻐하십니다. 찬양은 최고의 제사입니다.

사무엘은 거룩하고 경건한 인물이었습니다. 하지만 그는 하나님 앞에서 '기뻐 뛰며, 춤을 추며' 찬양을 하였습니다. 다윗 왕의 경우도 마찬가지입니다. 우리는 '거룩과 경건'에 대해서, 잘못된 선입견을 가지고 있습니다. 마치 '엄숙하거나, 정숙한, 장엄한' 등의 의미로 생각하는 경향이 있습니다. 그래서 예배를 드릴 때에도 엄숙하게 드려야 한다고 잘못된 편견을 가지고 있습니다. 그것이 현대교회, 특별히 한국교회의 현실입니다.

그러나 사실은 전혀 그렇지 않습니다. 예배는 잔치이며 축제입니다. 그래서 안식일에는 금식하는 것조차도 허용이 되질 않았던 것입니다. 하나님 앞에서 어린아이처럼, 기뻐 뛰며, 춤을 추며, 찬양하는 것, 그것이 참된 경건이요 참된 거룩의 모습입니다. 그것이 참된 예배의 모습입니다. 믿음의 선진들이 그러했고, 초대교회 예배의 모습도 그러했습니다.

사무엘은 하나님 앞에서 춤을 추며, 찬양하며, 신령한 노래를 부르는, 하나님의 영으로 충만한 인물이었습니다. 말씀 충만함으로 성령이 충만하고, 성령 충만함으로 춤을 추어 찬양하는, 참된 경건의 소유자였습니다. 하나님을 기쁘시게 하는 방법을 일찍이 터득한, 지혜로운 인물이었습니다. 무엇보다도 그는 찬양의 비밀을 간직한 찬송의 사람이었습니다.

3
하나님의 사람, 다니엘

'다니엘' 하면 여러분은 먼저 무엇이 떠오르나요? 사자굴? 풀무불? 기도의 사람? 용감한 사람? 결론은 기도의 사람…. 그런데 사실은 더 중요한 부분들이 있습니다. 그는 철저하게 '말씀의 사람'이었습니다. 하나님의 말씀에 정통했습니다. 모세의 율법을 꿰뚫고 있었습니다. 또한 그는 찬송의 사람이었습니다. 죽음 앞에서도, 사자굴 속에서도, 하나님만을 찬양했던, 위대한 찬양의 사람이었습니다. 다니엘은 말씀과 기도와 찬양의 삼박자를 온전히 구비한, 위대한 하나님의 사람이었습니다.

1) 말씀의 사람, 다니엘

다리오 왕 원년에 있었던 사자굴 사건은, 기원전 538년에 있었던 사건입니다. 바벨론 제국이 멸망하고 바사제국이 들어선, 고레스 원년의 사건입니다. 그 해에 이스라엘의 해방을 알리는 고레스 왕의 조서가 발표되고, 이스라엘은 70년 포로 생활에서 해방됩니다. 따라서 본문의 다리오 왕을 '고레스 왕'으로 해석해도 무방합니다. 자세한 내용은 제6

권 다니엘의 기도 편에서 구체적으로 다룰 것입니다.

기원전 538년에 있었던 중요한 두 가지 사건들, 즉 ①바벨론이 멸망하고 바사제국이 들어선 사건과, ②이스라엘의 해방을 알리는 고레스왕의 조서가 발표된 사건 사이에, ③다니엘의 사자굴 사건이 발생합니다. 따라서 순서대로 다시 정리하면, ①바사제국의 등장(바벨론의 멸망) ②다니엘의 사자굴 사건 ③고레스 왕의 조서 발표. 이렇게 정리가 됩니다. 모두 기원전 538년에 발생한 사건들입니다. 바로 그 해에 다니엘이 기도한 내용이, 다니엘서 9장에 수록된 다니엘의 기도입니다.

✝ 메대 족속 아하수에로의 아들 다리우스가 바빌로니아 나라의 왕이 된 첫해, 곧 그가 통치한 첫해에, 나 다니엘은 '거룩한 책들'(성경)을 공부하면서, 주께서 예레미야 예언자에게 하신 말씀, 곧 예루살렘이 칠십 년 동안 황폐한 상태로 있을 것을 생각하여 보았다. 응답을 들으려고, 나는 금식을 하면서 베옷을 걸치고, 재를 깔고 앉아서, 하나님께 기도를 드리면서 간구하였다.(단 9:1-3, 표준새번역)

해설 '거룩한 책'은 예레미야서를 의미합니다. 즉, 기도의 발단이 '성경 말씀을 공부하면서'입니다. 아주 중요한 자세입니다. 기도의 제목을 성경 본문의 말씀 가운데서 찾은 것입니다. 그리고 그 말씀을 붙들고 기도를 합니다. 그 약속(하나님의 언약)을 붙들고 기도를 한 것입니다. 더 중요한 것은, 기도 자체를 아예 성경 본문으로 하고 있습니다. 기도의 용어 자체가 아예 성경 본문의 말씀입니다.

✝ 내 하나님 여호와께 기도하며 자복하여 이르기를, 크시고 두려워할 주 하나님, 주를 사랑하고 주의 계명을 지키는 자를 위하여 언약을 지키시고 그에게 인자를 베푸시는 자시여, 우리는 이미 범죄하여 패역하며 행악하며 반역하여 주의 법도와 규례를 떠났사오며, 우리가 또 주의 종 선지자들이 주의 이름으로 우리의 열왕과 우리의 방백과 열조와 온 국민에게 말씀한 것을 듣지 아니하였나이다. 주여, 공의는 주께로 돌아가고 수욕은 우리 얼굴로 돌아옴

이 오늘날과 같아서, 유다 사람들과 예루살렘 거민들과 이스라엘이 가까운 데 있는 자나 먼 데 있는 자가 다 주께서 쫓아 보내신 각국에서 수욕을 입었사오니, 이는 그들이 주께 죄를 범하였음이니이다. 주여, 수욕이 우리에게 돌아오고 우리의 열왕과 우리의 방백과 열조에게 돌아온 것은, 우리가 주께 범죄하였음이니이다마는, 주 우리 하나님께는 긍휼과 사유하심이 있사오니 이는 우리가 주께 패역하였음이오며, 우리 하나님 여호와의 목소리를 청종치 아니하며, 여호와께서 그 종 선지자들에게 부탁하여 우리 앞에 세우신 율법을 행치 아니하였음이니이다. 온 이스라엘이 주의 율법을 범하고 치우쳐 가서, 주의 목소리를 청종치 아니하였으므로, 이 저주가 우리에게 내렸으되 곧 하나님의 종 모세의 율법 가운데 기록된 맹세대로 되었사오니, 이는 우리가 주께 범죄하였음이니이다. 주께서 큰 재앙을 우리에게 내리사, 우리와 우리를 재판하던 재판관을 쳐서 하신 말씀을 이루셨사오니, 온 천하에 예루살렘에 임한 일 같은 것이 없나이다. 모세의 율법에 기록된 대로 이 모든 재앙이 이미 우리에게 임하였사오나, 우리는 우리의 죄악을 떠나고 주의 진리를 깨닫도록, 우리 하나님 여호와의 은총을 간구치 아니하였나이다. 이러므로 여호와께서 이 재앙을 간직하여 두셨다가 우리에게 임하게 하셨사오니, 우리의 하나님 여호와는 행하시는 모든 일이 공의로우시나, 우리가 그 목소리를 청종치 아니하였음이니이다. 강한 손으로 주의 백성을 애굽 땅에서 인도하여 내시고, 오늘과 같이 명성을 얻으신 우리 주 하나님이여, 우리가 범죄하였고 악을 행하였나이다. 주여, 내가 구하옵나니 주는 주의 공의를 좇으사 주의 분노를 주의 성 예루살렘, 주의 거룩한 산에서 떠나게 하옵소서.(단 9장, 다니엘의 기도)

해설 다니엘서 9장에 있는 그의 기도 내용을 살펴보면, 창세기부터 열왕기까지 성경 내용을 그대로 압축해 놓은 듯한 느낌을 받습니다. 성경 말씀을 그대로 정확하게 인용하고 있습니다.

✝ 선지자 예레미야가 예루살렘에서 이 같은 편지를 느부갓네살이 예루살렘에서 바벨론으로 옮겨간 포로 중 남아 있는 장로들과 제사장들과 선지자들과 모든 백성에게 보내었는데, 때는 여고니야 왕과 국모와 환관들과 유다와 예루살렘 방백들과 목공들과 철공

들이 예루살렘에서 떠난 후라. 유다 왕 시드기야가 바벨론으로 보내어 바벨론 왕 느부갓네살에게로 가게 한, 사반의 아들 엘라사와 힐기야의 아들 그마랴의 손에 위탁하였더라 일렀으되 여호와가 이같이 말하노라, '바벨론에서 칠십 년이 차면' 내가 너희를 권고하고, 나의 선한 말을 너희에게 실행하여 너희를 이곳으로 돌아오게 하리라. 나 여호와가 말하노라. 너희를 향한 나의 생각은 내가 아나니, 재앙이 아니라 곧 평안이요 너희 장래에 소망을 주려 하는 생각이라. 너희는 내게 부르짖으며 와서 내게 기도하면 내가 너희를 들을 것이요, 너희가 전심으로 나를 찾고 찾으면 나를 만나리라. 나 여호와가 말하노라. 내가 너희에게 만나지겠고, 너희를 포로된 중에서 다시 돌아오게 하되, 내가 쫓아 보내었던 열방과 모든 곳에서 모아, 사로잡혀 떠나게 하던 본 곳으로 돌아오게 하리라. 여호와의 말이니라 하셨느니라.(렘 29:1-14)

해설 선지자 예레미야를 통해 선포된, 이 약속의 말씀을 붙들고 다니엘이 기도한 것입니다. 바벨론에서 70년이 차면 (하나님께서)이스라엘 민족을 포로에서 해방시키시는데, 누군가가 그 일을 위해서 전심으로 부르짖어 기도해야만 한다는 내용입니다. 이에 다니엘이 그 제물이 되기로 결심한 것입니다. 민족 해방을 위해서 자신이 기도의 제물이 되기로 자처한 것입니다.

† 전에는 지나가는 자의 눈에 황무하게 보이던 그 황무한 땅이 장차 기경이 될지라. 사람이 이르기를 이 땅이 황무하더니 이제는 에덴동산같이 되었고, 황량하고 적막하고 무너진 성읍들에 성벽과 거민이 있다 하리니, 너희 사면에 남은 이방 사람이, 나 여호와가 무너진 곳을 건축하며 황무한 자리에 심은 줄 알리라. 나 여호와가 말하였으니 이루리라. 나 주 여호와가 말하노라. 그래도 이스라엘 족속이 이와 같이 자기들에게 이루어 주기를, 내게 구하여야(기도해야) 할지라. 내가 그들의 인수로 양떼같이 많아지게 하되(겔 36:34-37)

해설 먼저는 (하나님의)약속의 말씀이 주어지되, 그 약속의 성취는 기도를 통하여 이루어진다는, 믿음의 공식입니다. 아주 중요한 믿음의 법칙입니다.

정리하면 다니엘은 철두철미하게 말씀의 사람이었습니다. 구약성경을 정확하게 관통할 정도로 말씀의 기초가 탄탄한, 십자가의 정병이었습니다. 복음의 전신 갑주를 입은, 완벽한 인물이었습니다. 사단은 이런 자를 감당할 수가 없습니다. 사자굴도 풀무불도 통하질 않습니다. 공격할 틈이 없기 때문입니다.

　　참고로 다니엘서가 후대에 논란이 되었던 것은, 첫째로, 예언 부분(7-12장)이 역사적 사실과 너무나 정확하게 일치한다는 사실과 둘째로, 이 다리오란 인물이 다른 데는 기록이 없고, 오직 다니엘서에만 나타난다는 사실입니다. 바벨론을 멸망시킨 것은 분명히 바사 왕 고레스이고, 에스라서에 등장하는 다리오는 수십 년 후에 등장한 인물이기 때문에 다니엘서의 다리오와는 전혀 다른 인물입니다. 에스라서의 다리오는 '고레스의 아들인 캄비세스 2세의 계승자'로, BC 521-486년에 바사제국을 통치했습니다. 그러므로 다니엘서 6장 이하에 등장하는 다리오는 메대 왕 아스티아게스의 아들로, 고레스의 외삼촌이자 장인으로, 고레스 왕이 바벨론을 통치하도록 임명한 총독으로 보입니다.

　　따라서 다니엘서에 등장하는 다리오는 '고레스 왕'으로 해석해야 역사적 사실과 부합하며, 더 정확한 번역이 될 것입니다. 다니엘서 6장 28절의 "이 다니엘이 다리오 왕의 시대 '와' 바사 사람 고레스 왕의 시대에 형통하였더라"의 아람어 접속사 '와'(우브말쿠트)를 '즉'으로 해석하면, 문제는 어렵지 않게 해결됩니다. 아람어 우브말쿠트는 '즉'이란 뜻도 지니고 있기 때문입니다. 그래서 70인역은 다니엘서 11장의 다리오 원년을 '고레스 왕 원년'으로 번역하고 있습니다. 바벨론을 멸망시킨 것도 고레스 왕이었고, 이스라엘을 바벨론 포로에서 해방시킨 것도 고레스 왕이니, 그 중간에 발생한 다니엘의 사자굴 사건은, 당연히 바사 왕 고레스와 직접적으로 관련된 사건입니다.

† 이 다니엘이 다리오 왕의 시대 와, 바사 사람 고레스 왕의 시대에 형통하였더라.(단 6:28)

해설 아람어 접속사 '와'(우브말쿠트)를 '즉'으로 해석하면, 다리오 왕은 고레스 왕이 됩니다. 그래서 70인역은 다리오를 고레스로 번역하고 있습니다.

† 내가 또 메대 사람 다리오 원년에 일어나, 그를 돕고 강하게 한 일이었느니라.(단 11:1)

[LXX영문구약]단 11:1
And I in the first year of **Cyrus** stood to strengthen and confirm him.

2) 기도의 사람, 다니엘

90세를 바라보는 노년의 다니엘이 왕의 명령을 어기고 기도하다가 사자굴에 들어가게 됩니다. 인생을 그렇게 비참하게 마무리하게 된 것입니다. 왕이 조서에 어인을 찍었다면, 그 조서(금령 문서)를 작성하여 왕에게 제출하는 과정에서, 마지막으로 총리가 도장을 찍었을 것입니다. 총리인 다니엘 자신도 그 조서(금령 문서)에 서명 날인을 했다는 이야기입니다.

그렇다면, '그 조서의 명령을 어기고 기도하면 죽게 된다'는 것을, 누구보다도 다니엘 자신이 잘 알고 있었다는 이야기입니다. 다니엘은, 그 조서에 서명 날인을 하면서 그 법이 바로 '자신을 죽이기 위한, 자신을 잡기 위한 법'이라는 사실을 잘 알고 있었다는 사실입니다.

† 이에 다리오 왕이 조서에 어인을 찍어 금령을 내니라. 다니엘이 이 조서에 어인이 찍힌 것을 알고도 자기 집에 돌아가서는, 그 방의 예루살렘으로 향하여 열린 창에서 전에 행하던 대로 하루 세 번씩 무릎을 꿇고 기도하며 그 하나님께 감사하였더라. 그 무리들이 모여서 다니엘이 자기 하나님 앞에 기도하며 간구하는 것을 발견하고(단 6:9-11)

그렇다면, (그 사실을 알고도)왜 계속해서 기도를 했나요? 신들의 지혜, 비상한 지혜를 가진 다니엘이, 왜 그렇게 어리석고 무모한 선택을 했나요? 신앙의 절개를 지키기 위해서입니까? 아니면, 십계명을 지키기 위해서입니까? 아닙니다. 그렇게만 말하면 설명이 많이 부족합니다. 이치적으로 논리적으로도, 너무나 빈약한 측면이 있습니다. 마음속으로 기도하면 어떻습니까? 창문을 닫고, 조용하게 기도하면 어떻습니까? 아니면, 30일만 기도하는 것을 조금 중단하면 어떻습니까? 총리의 자리가 얼마나 중요한 자리입니까? 바벨론에서 포로 생활을 하는 이스라엘 백성들에게, '동족인 다니엘이 총리로 있다'는 사실이, 얼마나 든든한 버팀목이 되었겠습니까?

그런데 그런 다니엘이, 제국의 총리가 그렇게 어리석은 선택을 하다니요? 그렇게 무모하게 자신의 목숨을 던지다니요? 쉽게 납득이 가질 않는 부분입니다. 이것은 풀무불 사건과는 차원이 또 다른 이야기입니다. 풀무불 사건은 우상 숭배이기 때문에, 직접적으로 십계명에 저촉되는 사건입니다. 하지만 이 경우는 십계명과도 직접적인 관련이 없는 사건입니다. 공개적으로 '우상에게 절하라'는 내용이 아니기 때문입니다.

얼마든지 피해 갈 수 있는 사건입니다. 아니, 지혜롭게 피해 가야 할 사건입니다. 다니엘이 살아서 해야 할 일이 많기 때문입니다. 동족을 위해서라도, 해야 할 일이 너무나 많기 때문입니다. 그런데 다니엘은 이 모든 사실을 알고도 계속해서 기도했습니다.

더욱 놀라운 것은, 그가 사자굴을 눈앞에 두고도 감사했다는 사실입니다. 기가 막힐 노릇입니다. 그 상황에 감사를 하다니요? 그렇게 억울한 죽음 앞에서 감사 기도를 하다니요? 도무지 이해가 가질 않습니다. 하지만 신들의 지혜, 비상한 지혜를 소유한 다니엘이, 인생의 경륜이 쌓일 대로 쌓인 노년의 다니엘이, 결코 어리석은 선택을 하지는 않았을 것입니다. 거기에는 충분한 이유가, 감사할 만한 충분한 이유가 있었을 것입니다.

그렇다면 그 이유는 도대체 무엇일까요? 죽음을 눈앞에 두고서도 감사할 수밖에 없는, 그 이유가 도대체 무엇인가요? 여기에 비밀이 있습니다. 사실은 비밀도 아닙니다. 역사적 사실입니다. 역사에 명백히 기록된 사실입니다. 사실은 성경에도 기록되어 있습니다. 그런데 우리가 그것들을 눈여겨 보지를 않습니다. 건성건성 스쳐 지나갑니다. 생명의 말씀을 그렇게 스쳐 지나갑니다. 아예 알려고 하지도 않습니다. 사자굴은 관심이 없습니다. 오로지 이 땅에서의 축복, 축복, 축복이 우리의 주된 관심사입니다. 이 시대의 교회, 특별히 한국교회의 주된 관심사입니다. 슬픈 현실입니다. 우리 믿음의 현주소입니다.

† 다니엘이 이 조서에 어인이 찍힌 것을 알고도 자기 집에 돌아가

서는, 그 방의 예루살렘으로 향하여 열린 창에서 전에 행하던 대로 하루 세 번씩 무릎을 꿇고 기도하며 그 하나님께 감사하였더라.(단 6:10)

①다락방에서 ②창문을 열고 ③하루 세 번씩 ④무릎을 꿇고 ⑤감사하는 기도.

분류	내용	특징
기도의 장소	다락방(upstairs room)	골방 기도, 지성소 기도
기도의 방법	창문 열고, 세 번씩, 무릎 꿇고	성전향해, 말씀대로, 간절히
기도의 성격	회개 기도, 감사 기도, 중보 기도	자신과 백성의 죄를 자백
기도의 목적	민족 해방, 성전 회복, 성읍 복구	성전 재건, 성읍 복구
기도의 결과	고레스 조서, 민족 해방, 성전재건	포로 해방, 성전 재건

그렇다면, 그 기도는 분명히, 아주 중요한 기도일 것입니다. 중단하거나 뒤로 미룰 수 없는 긴박한 기도일 것입니다. 생명과도 바꿀 수 없는 아주 소중한 기도일 것입니다. 죽음 앞에서도 감사할 수밖에 없는, 아주 특별한 기도일 것입니다.

여기서 우리는 그 시대, 그 시점의 역사적 사건에 주목해야만 합니다. 거기에서 해답이 나오기 때문입니다. 사자굴 사건은, 다리오 원년인, 기원 전 538년에 있었던 사건입니다. 바벨론 제국이 멸망하고 바사 제국이 들어선, 고레스 왕 원년의 사건입니다. 그 해에 이스라엘의 해방을 알리는 고레스 왕의 조서가 발표되고, 이스라엘은 70년 포로 생활에서 해방됩니다. 따라서 본문의 다리오 왕은 고레스 왕으로 해석해야 더 정확한 의미가 됩니다. 기원전 538년에 있었던 중요한 두 가지 사건, 즉 ①바벨론이 멸망하고, 바사제국이 들어선 사건과 ②이스라엘의 해방을 알리는 고레스 왕의 조서가 발표된 사건, 그 중간에 다니엘의 사자굴 사건이 발생했습니다. 따라서 순서대로 정리하면 ①바사 제국의 등장 ②다니엘 사자굴 사건 ③고레스 왕의 조서 발표. 이렇게 정리됩니다. 모두 기원전 538년에 있었던 사건들입니다.

그런데 바로 그 해에 다니엘이 기도한 내용이, 다니엘서 9장에 수록되어 있습니다. 민족의 해방과 성전 재건을 위해 간구하는 내용입니다. 조국의 해방을 위해 하나님께 중보 기도하는 내용입니다. 그렇다면 사자굴을 눈앞에 두고 다니엘이 기도했던 기도의 제목과 기도의 성격이 명확하게 규명된 셈입니다. 다니엘이 죽음을 무릅쓰고 민족의 해방을 위한 중보의 기도를 드렸던 것입니다. 성경말씀(예레미야서)을 붙잡고, 조국의 해방을 위하여 하나님께 간절하게 기도하다가, 그만 사자굴 속에 들어가게 되었던 것입니다. 그리하여 하나님은 그 제물(다니엘)을 받으시고, (고레스 왕의 마음을 감동시켜)이스라엘을 70년 포로 생활에서 해방시켰던 것입니다. 다시 말해서, 다니엘의 기도가 이스라엘을, 70년 포로 생활에서 해방시킨 것입니다. 그래서 다니엘은, 자신을 조국의 해방을 위한 기도의 제물, 희생의 제물로 삼아 주심을 감사했기에, 감격에 넘쳐서 하나님께 감사 기도를 드렸던 것입니다. 그리고 기꺼이 자기의 몸을 사자의 먹이로 내 주었던 것입니다.

다니엘의 기도

내 하나님 여호와께 기도하며 자복하여 이르기를, 크시고 두려워할 주 하나님, 주를 사랑하고 주의 계명을 지키는 자를 위하여 언약을 지키시고 그에게 인자를 베푸시는 자시여, 우리는 이미 범죄하여 패역하며 행악하며 반역하여 주의 법도와 규례를 떠났사오며, 우리가 또 주의 종 선지자들이 주의 이름으로 우리의 열왕과 우리의 방백과 열조와 온 국민에게 말씀한 것을 듣지 아니하였나이다. 주여, 공의는 주께로 돌아가고 수욕은 우리 얼굴로 돌아옴이 오늘날과 같아서, 유다 사람들과 예루살렘 거민들과 이스라엘이 가까운 데 있는 자나 먼 데 있는 자가 다 주께서 쫓아 보내신 각국에서 수욕을 입었사오니, 이는 그들이 주께 죄를 범하였음이니이다. 주여, 수욕이 우리에게 돌아오고 우리의 열왕과 우리의 방백과 열조에게 돌아온 것은, 우리가 주께 범죄하였음이니이다마는, 주 우리 하나님께는 긍휼과 사유하심이 있사오니 이는 우리가 주께 패역하였음이오며, 우리 하나님 여호와의 목소리를 청종치 아니하며, 여호와께서 그 종 선지자들에게 부탁하여 우리 앞에 세우신 율법을 행치 아니하였음이니이다. 온 이스라엘이 주의 율법을 범하고 치우쳐 가서, 주의 목소리를 청종치 아니하였으므로, 이 저주가 우리에게 내렸으되 곧 하나님의 종 모세의 율법 가운데 기록된 맹세대로 되었사오니, 이는 우리가 주께 범죄하였음이니이다… 주여, 내가 구하옵나니 주는 주의 공의를 좇으사 주의 분노를 주의 성 예루살렘, 주의 거룩한 산에서 떠나게 하옵소서. 이는 우리의 죄와 우리의 열조의 죄악을 인하여 예루살렘과 주의 백성이 사면에 있는 자에게 수욕을 받음이니이다. 그러하온즉 우리 하나님이여, 지금 주의 종의 기도와 간구를 들으시고, 주를 위하여 주의 얼굴빛을 주의 황폐한 성소에 비취시옵소서. 나의 하나님이여, 귀를 기울여 들으시며 눈을 떠서 우리의 황폐된 상황과 주의 이름으로 일컫는 성을 보옵소서. 우리가 주의 앞에 간구하옵는 것은 우리의 의를 의지하여 하는 것이 아니요 주의 큰 긍휼을 의지하여 함이오니, 주여 들으소서 주여 용서하소서 주여 들으시고 행하소서 지체치 마옵소서. 나의 하나님이여 주 자신을 위하여 하시옵소서. 이는 주의 성과 주의 백성이 주의 이름으로 일컫는바 됨이니이다.(단 9:4-19)

사자굴 속에서 '죽었다가 살아난' 다니엘의 모습을, 다리오가 지켜보고 있었습니다. 뜬눈으로 지켜보았습니다. 다시 말해서 '고레스 왕'이 지켜본 것입니다. 그리고 죽음에서 살아나온 다니엘을 고레스 왕이 부둥켜안고, '살아 돌아와 주어서 고맙다'고 진심으로 애정을 표시했을 것입니다. 그리고 네 소원이 무엇이냐? 라고 물었을 것입니다. '나라의 절반까지라도 주겠노라'고 말했을 것입니다.

> † 왕이 궁에 돌아가서는 밤이 맞도록 금식하고 그 앞에 기악을 그치고 침수를 폐하니라. 이튿날에 왕이 새벽에 일어나 급히 사자굴로 가서 다니엘의 든 굴에 가까이 이르러는, 슬피 소리 질러 다니엘에게 물어 가로되, 사시는 하나님의 종 다니엘아, 너의 항상 섬기는 네 하나님이 사자에게서 너를 구원하시기에 능하셨느냐. 다니엘이 왕에게 고하되, 왕이여, 원컨대 왕은 만세수를 하옵소서. 나의 하나님이 이미 그 천사를 보내어 사자들의 입을 봉하셨으므로 사자들이 나를 상해치 아니하였사오니 이는 나의 무죄함이 그 앞에 명백함이오며, 또 왕이여, 나는 왕의 앞에도 해를 끼치지 아니하였나이다. 왕이 심히 기뻐서 명하여 다니엘을 굴에서 올리라 하매, 그들이 다니엘을 굴에서 올린즉, 그 몸이 조금도 상하지 아니하였으니, 이는 그가 자기 하나님을 의뢰함이었더라. (단 6:18-23)

지혜로운 다니엘은 하늘을 향하여 묵도하고, 기도한 후에(느헤미야처럼), 나중에 성경 이사야서 두루마기를 펼쳐서 보여줍니다. 고레스 왕보다 150여 년 전에 기록된 성경 이사야서에는, 고레스 왕을 지칭하는 대목이 10군데 이상 발견이 됩니다. 특히 이사야 45장은 고레스의 이름을 구체적으로 거명하면서, 그의 사역까지 설명을 하고 있습니다.

✝ 고레스에 대하여는 이르기를 그는 나의 목자라 나의 모든 기쁨을 성취하리라 하며, 예루살렘에 대하여는 이르기를 중건되리라 하며, 성전에 대하여는 이르기를 네 기초가 세움이 되리라 하는 자니라. 나 여호와는 나의 기름 받은 고레스의 오른손을 잡고, 열국으로 그 앞에 항복하게 하며 열왕의 허리를 풀며 성 문을 그 앞에 열어서 닫지 못하게 하리라. 내가 고레스에게 이르기를, 내가 네 앞서 가서 험한 곳을 평탄케 하며 놋문을 쳐서 부수며 쇠빗장을 꺾고 네게 흑암 중의 보화와 은밀한 곳에 숨은 재물을 주어서, 너로 너를 지명하여 부른 자가 나 여호와 이스라엘의 하나님인 줄 알게 하리라. 내가 나의 종 야곱, 나의 택한 이스라엘을 위하여 너를 지명하여 불렀나니, 너는 나를 알지 못하였을지라도 나는 네게 칭호를 주었노라. 나는 여호와라 나 외에 다른 이가 없나니 나 밖에 신이 없느니라. 너는 나를 알지 못하였을지라도 나는 네 띠를 동일 것이요, 해 뜨는 곳에서든지 지는 곳에서든지 나 밖에 다른 이가 없는 줄을 무리로 알게 하리라. 나는 여호와라 다른 이가 없느니라.(사 44:28-45:6)

✝ 바로 내가 그를 의의 도구로 일으켰으니, 그의 모든 길을 평탄하게 하겠다. 그가 나의 도성을 재건하고, 포로된 나의 백성을 대가도 없이, 보상도 받지 않고, 놓아 줄 것이다. 만군의 주의 말씀이다.(사 45:13, 표준새번역)

[현대인의성경]사 45:13
내가 나의 의로운 목적을 이루기 위해서 키루스를 일으켰다. 내가 그의 모든 길을 곧게 할 것이니, 그가 내 성 예루살렘을 재건하고, 포로로 잡혀 있는 내 백성을 아무런 값이나 대가를 받지 않고 거저 놓아 줄 것이다. 이것은 전능한 나 여호와의 말이다.

해설 고레스를 도구로 사용하여 이스라엘을 해방시키는 것이 하나님의 경륜이었습니다. 그가 아무런 대가도, 보상도, 선물도 받지 아니하고, 이스라엘을 거저 해방시킬 것입니다.

(사자굴 속에서 살아 나온)다니엘이 성경의 두루마리를 펼쳐서, 바로 이 본

문을 고레스 왕에게 보여준 것입니다. 이 성경 본문을 자신의 눈으로 직접 확인한 고레스 왕은, 깜짝 놀라서 졸도할 뻔합니다. 성경에 자신의 이름이 기록되어 있는 것입니다. 그것도 150여 년 전에 기록된 것입니다.

고레스 왕은 그때부터 성경에 기록된 자신의 역사를 이루기 위해, 혼신의 힘을 기울입니다. 그 첫 번째 조치가, 이스라엘의 포로 석방을 알리는 고레스 칙령입니다. 그리고 예루살렘에 하나님의 성전을 재건하도록 최선을 다하여 지원합니다. 에스라서 6장에 보면, 성전의 치수와 규격, 공사 방법, 경비의 조달 방법까지 구체적으로 지시하고 있습니다.

✝ 바사 왕 고레스 원년에 여호와께서 예레미야의 입으로 하신 말씀을 응하게 하시려고 바사 왕 고레스의 마음을 감동시키시매, 저가 온 나라에 공포도 하고 조서도 내려 가로되, 바사 왕 고레스는 말하노니, 하늘의 신 여호와께서 세상 만국으로 내게 주셨고, 나를 명하사 유다 예루살렘에 전을 건축하라 하셨나니, 이스라엘의 하나님은 참 신이시라. 너희 중에 무릇 그 백성 된 자는 다 유다 예루살렘으로 올라가서 거기 있는 여호와의 전을 건축하라. 너희 하나님이 함께 하시기를 원하노라. 무릇 그 남아 있는 백성이 어느 곳에 우거하였든지 그곳 사람들이 마땅히 은과 금과 기타 물건과 짐승으로 도와주고, 그 외에도 예루살렘 하나님의 전을 위하여 예물을 즐거이 드릴지니라 하였더라.(에스라 1:1-4)

✝ 고레스 왕 원년에 조서를 내려 이르기를, 예루살렘 하나님의 전에 대하여 이르노니, 이 전 곧 제사드리는 처소를 건축하되, 지대를 견고히 쌓고 그 전의 고는 육십 규빗으로, 광도 육십 규빗으로 하고, 큰 돌 세 켜에 새 나무 한 켜를 놓으라. 그 경비는 다 왕실에서 내리라. 또 느부갓네살이 예루살렘 전에서 취하여 바벨론으로 옮겼던 하나님의 전 금, 은 기명을 돌려 보내어, 예루살렘 전에 가져다가 하나님의 전 안 각기 본처에 둘지니라 하였더라.(에스라 6:3-5)

해설 성전의 치수와 규격까지 구체적으로 지시하고 있습니다. (이스라엘 백성 중)누군가가 그것을 고레스 왕에게 건의했다는 증거입니다.

그렇다면 (이스라엘 백성 중)누가 그 건의를 올렸을까요? 절대 권력자인 고레스 왕에게, 누가 감히 접근할 수가 있었을까요? 다니엘입니다. 제국의 총리인, 바로 그 다니엘입니다. 사자굴 속에서 살아나온 바로 그 다니엘이 조국의 해방을 위한 건의서를 손수 작성하여 고레스 왕에게 올린 것입니다. 성전의 치수와 규격까지 구체적으로 명기한, 조서의 내용까지 손수 작성하여 고레스 왕에게 건의한 것입니다. 고레스 왕은 그냥 서명 날인만 한 것입니다. 다 다니엘이 진행시킨 작품입니다. 참고로 역대기와 에스라서에 수록된 고레스 왕의 조서를 보면, 그 문체와 어투가 철저히 '다니엘서의 어투'입니다. '다니엘이 직접 그 조서를 작성했다'는 증거입니다.

참으로 위대한 하나님의 사람입니다. 조국을 70년 포로 생활에서 해방시킨 지대한 공로자입니다. 일은 하나님께서 행하시지만, 사람을 통해서 역사하십니다. 특별히 기도하는 사람을 통해서 역사하십니다. 그 주인공이 바로 다니엘이었습니다. 다니엘은 위대한 기도의 사람이었습니다.

3) 찬송의 사람, 다니엘

(1) 꿈 해몽 사건

다니엘을 찬송의 사람이라고 이야기하면, 의아하게 생각하는 사람이 있을지도 모릅니다. 마치 사무엘이 춤추며 찬양하는 찬송의 사람이라고 했을 때, 의아하게 생각했듯이 말입니다. 그러나 살펴보니 사무엘은 확실한 찬송의 사람이었습니다. 마찬가지로, 다니엘도 확실하게 찬송의 사람이었습니다.

사람은 결정적인 순간에 어떤 말, 어떤 행동을 취하느냐가 그 사람의 본래 모습입니다. 그 사람의 본심입니다. 그런데 다니엘이 가장 결정적인 순간에 먼저 하나님을 찾고, 하나님께 찬송을 드리는 장면이 성경에 기록되어 있습니다. 다니엘서 2장에 기록된 느부갓네살 왕의 꿈 해몽 장면이 그것입니다.

> † 이 말을 듣자 왕은 성이 나서 크게 화를 내며 바빌론의 지혜자를 모두 죽이라는 명령을 내렸다. 명령이 공포되니 지혜자들이 죽게 되었다. 사람들은 다니엘과 그의 친구들도 지혜자들과 함께 죽이려고 찾았다. 다니엘은 바빌론의 지혜자들을 죽이려고 나온 왕의 시위대 장관 아리옥에게 가서, 슬기로운 말로 조심스럽게 물어보았다. "임금님의 명령이 어찌 그렇게 가혹합니까?" 아리옥이 다니엘에게 그 일을 설명해 주었다. 다니엘이 곧 왕에게로 가서 아뢰었다. "임금님께 임금님의 꿈을 해몽해 드릴 수 있는 시간을 저에게 주십시오." 그 다음에 다니엘은 집으로 돌아가서, 자기의 친구 하나냐와 미사엘과 아사랴에게 그 사실을 알려 주고, 그 친구들에게 말하였다. "너희와 나는 다른 바빌론의 지혜자들과 함께 죽지 않도록, 하늘의 하나님이 긍휼을 베풀어 주셔서 이 비밀을 알게 해주시기를 간구하자."(단 2:12-18, 표준새번역)

느부갓네살 왕의 꿈과 해몽을 알아내지 못하면, 바벨론의 모든 박사들이 죽임을 당하게 되고, 다니엘과 그의 세 친구까지도 죽임을 당할 수밖에 없는 절박한 처지에서, 그들이 합심해서 기도했더니 하나님께서 그날 밤에 다니엘에게 그 이상을 보여주십니다. 꿈과 해몽을 알려주십니다. 즉, 살 길이 열린 것입니다.

하지만 다니엘은 곧장 느부갓네살 왕에게로 달려가거나 시위대장을 찾아가지 아니하고, 먼저 하나님께 나아가 찬송을 드립니다. 감사 찬송을 올려드립니다. 보통 사람들 같으면 상상조차 할 수 없는 일입니다. 왕의 병사들이 들이닥치면 하시라도 죽임을 당할 수밖에 없는 절박한 순간에도, 다니엘은 사람을 찾아가지 아니하고 맨 먼저 하나님께 나아가 하나님께 찬양을 드린 것입니다. 하나님 앞에 찬양의 제사를 올려드린 것입니다. 그것이 다니엘의 평소 신앙의 모습이었다는 결론입니다. 다니엘은 확실한 찬송의 사람이었습니다.

> † 바로 그 날 밤에 다니엘은 환상을 보고, 그 비밀을 밝히 알게 되었다. 다니엘은 하늘의 하나님을 찬송하였다. 다니엘은 다음과 같이 찬송하였다. "지혜와 권능이 하나님의 것이니, 영원부터 영원까지 하나님의 이름을 찬송하여라. 때와 계절을 바뀌게 하시고 왕들을 폐하기도 하시고 세우기도 하신다. 지혜자들에게 지혜를 주시고, 총명한 사람들에게 지식을 주신다. 심오한 것과 비밀을 드러내시고, 어둠 속에 감추어진 것도 아신다. 그 분은 빛으로 둘러싸인 분이시다. 나의 조상을 돌보신 하나님, 나에게 지혜와 힘을 주시며 주님께 간구한 것을 들어주시며 왕이 명령한 것을 알게 해주셨으니, 주님께 감사하며 찬양을 드립니다."(단 2:19-23, 표준새번역)

(2) 사자굴 속의 찬양

또 다니엘은 사자굴을 눈 앞에 둔 상황에서도, 하나님 앞에서 감사 기도와 감사 찬송을 드렸습니다. 무엇을 감사했을까요? 하나님의 은혜를 감사한 것입니다. 60여 년을 바벨론 제국의 고위 공직자로 살게 하신 지난 세월의 은혜만도 감사한데, 또 자신을 민족 해방을 위한 제물로 삼아주시니, 그것을 감사한 것입니다. 그 은혜, 그 사랑에 감격해서 하나님을 찬양한 것입니다. 그 입술로 찬미의 제사를 드린 것입니다. 다니엘은 사자의 제물이 되기 전에 먼저 자신을 하나님께 감사의 제물로 드린 것입니다.

그렇다면, 이미 최고의 제사를 받으신 하나님께서 또 무슨 제물이 필요하겠습니까? "되었다. 그것으로 족하다." 그래서 하나님께서는 천사를 보내 사자들의 입을 봉해버린 것입니다. 그 제물(다니엘)을 받으시고, 하나님은 이스라엘을 바벨론 포로에서 해방시키셨습니다. 이것이 다니엘 기도의 본질입니다.

---

† 다니엘이 이 조서에 어인이 찍힌 것을 알고도 자기 집에 돌아가서는, 그 방의 예루살렘으로 향하여 열린 창에서 전에 행하던 대로 하루 세 번씩 무릎을 꿇고 기도하며 그 하나님께 감사하였더라.(단 6:10)

[공동번역]단 6:10
왕이 그 금령문서에 서명하였다는 것을 알고도, 다니엘은 집에 올라가 전처럼 자기 하느님 앞에 무릎을 꿇고 기도와 **찬양**을 올렸다. 그는 예루살렘 쪽으로 창이 나 있는 다락방에서 하루에 세 번씩 기도를 드렸다.

[GWT]단 6:10
When Daniel learned that the document had been signed, he went to his house. An upper room in his house had windows that opened in the direction of Jerusalem. Three times each day he got down on his knees and prayed to his God. He had always **praised** God this way.

해설 '감사하다'로 번역된 아람어 **예다(ידא)**는 '감사하다, 찬양하다'의 뜻으로, 히브리어 **야다(ידא)**와 의미가 동일합니다. **야다(ידא)**는 '감사하다, 고백하다. 찬양하다'의 의미입니다. 즉, 감사 고백, 감사 찬양이라는 뜻입니다. 다니엘서의 일부분(2장4절~7장28절)은 아람어로 기록되어 있습니다. 나머지는 히브리어입니다.

일부 영어 성경은 감사를 찬송으로 번역하면서, '과거완료 시제'를 사용하고 있습니다. 직역하면, "그는 항상 이런 방법으로 하나님을 찬송해 왔다"입니다. 다시 말하면, "다니엘은 과거부터 현재까지 항상 이런 방법으로 기도하며, 하나님을 찬송해 왔다"라는 표현이 됩니다. 다니엘이 찬송의 사람이었음을 확실하게 증거하는 부분입니다.

그렇다면, 사자굴 속에 들어간 다니엘이, 그 사자굴 속에서 무엇을 하였을까요? 어떤 행동을 취하였을까요? 사자들 앞에서 부들부들 떨면서, 살려 달라고 애원했을까요? 자신을 잡아먹지 말아 달라고 애걸하였을까요? 아닙니다. 그렇다면 다니엘이 이곳까지 오지를 않았습니다. 기도 자체를 아예 하질 않았을 것입니다.

다니엘은 그곳에서도 하나님 앞에 감사 기도와 감사 찬송을 올려 드렸습니다. 사자굴 속에서도 하나님께 찬미의 제사를 올려드린 것입니다. 사자들 속에서, 사자들을 거느리고, 함께 찬양의 예배를 드렸습니다. 찬송의 집회를, 부흥회를 인도한 셈입니다.

그렇다면, (은혜받은)사자들이 어떻게 다니엘을 공격하겠습니까? 어떻게 그를 잡아먹을 수가 있겠습니까? 그 사자들도 하나님이 지으신 피조물입니다. 하나님의 통제 아래 있습니다. 전승에 의하면 (은혜받은)사자들이 다니엘을 포근히 감싸고 보호했다고 합니다. 찬송의 비밀입니다. 찬송의 능력입니다. 찬송은 하나님의 완전한 전신 갑주입니다. 다니엘은 이 전신 갑주를 입은 자입니다. 다니엘은 철저한 찬송의 사람이었습니다.

✝ 다니엘이 왕에게 고하되, 왕이여 원컨대 왕은 만세수를 하옵소서. 나의 하나님이 이미 그 천사를 보내어 사사들의 입을 봉하셨으므로 사자들이 나를 상해치 아니하였사오니, 이는 나의 무죄함이 그 앞에 명백함이오며, 또 왕이여 나는 왕의 앞에도 해를 끼치지 아니하였나이다. 왕이 심히 기뻐서 명하여 다니엘을 굴에서 올리라 하매 그들이 다니엘을 굴에서 올린즉, 그 몸이 조금도 상하지 아니하였으니, 이는 그가 자기 하나님을 의뢰함이었더라.(단 6:21-23)

다니엘이 저들에 의해 사자굴로 끌려 갈 때, 그 모습은 어떤 모습이었을까요? 기죽은 모습으로 풀이 죽어서 끌려갔을까요? 미아리 고개에서 인민군에게 끌려가는 남편들의 모습이었을까요? 아닙니다. 그는 당당하게 걸어갔습니다. 점령군 사령관처럼 위엄차게 앞장서서 걸어갔습니다. 하나님을 찬송하면서, 감사 찬송을 하면서, 당당히 사자굴을 향해 전진했습니다. 그 당당함과 위엄 앞에서 사자들도 그만 압도를 당하고 말았습니다. 감사 기도와 감사 찬송으로 하나님의 전신 갑주를 입은 다니엘을, 사자들이 감히 넘볼 수가 없었던 것입니다.

요세푸스의 고대사를 살펴보면, 다니엘을 사자굴에 던져 넣고 개가를 부르던 총리와 방백들은, 다니엘이 사자굴에서 살아서 돌아오자, 자신들의 잘못을 뉘우치고 회개하기는커녕 왕을 찾아가서 거칠게 항의를 합니다. "왕이 사자들에게 (사전에)먹이를 배불리 주어서, 배가 부른 사자들이 다니엘을 잡아먹지 않았다"는 것입니다. 실제로 사자는 배가 부르면 얼마 동안은, 눈앞에 먹이가 지나가도 잡아먹지 않는다고 합니다. 화가 난 다리오 왕은, "그렇다면 과연 사자들이 배가 부르면 사람을 잡아먹지 아니하는지 한번 테스트하겠노라" 하면서, 먼저 사자들에게 먹이를 배불리 먹이라고 명령합니다. 그 후에 그들을 사자굴에 던져 넣었습니다. 사자가 이미 배가 불렀으니, 그렇다면 너희들을 잡아먹지 아니할 것이 아니냐? 라는 논리였습니다. 그러나 결과는 성경에 기록된 대로였습니다.

> † 왕이 명을 내려 다니엘을 참소한 사람들을 끌어오게 하고, 그들을 그 처자들과 함께 사자굴에 던져 넣게 하였더니, 그들이 굴 밑에 닿기 전에 사자가 곧 그들을 움켜서, 그 뼈까지도 부숴뜨렸더라.(단 6:24)

이 사건(다니엘의 사자 굴 사건)으로 인하여, 바벨론 제국 전체에 왕의 조서가 내려갑니다. 하나님의 영광이 극도로 높아집니다. 그리고 얼마 후에, 이스라엘의 해방을 알리는 고레스 왕의 조서가 발표됩니다. 마침내 이스라엘은 70년 포로 생활에서 해방됩니다. 모두가 다니엘의 공로입니다.

성경에는 아주 중요한 두 가지 원칙이 있습니다. 복음의 두 기둥입니다. 하나는, '피 흘림이 없이는 죄 사함이 없다'는 원칙이고, 다른 하나는, '누군가가 죽어야 누군가가 살게 된다'는 원칙입니다. 다니엘이 죽어서 이스라엘이 살게 된 것입니다.

그는 강력하게 예수님을 예표하는 인물입니다. 그가 사자굴을 눈앞에 두고 드린 기도는, 예수님의 겟세마네 기도를 연상케 합니다. 예수님의 기도와 십자가 지심으로 인류가 구원받고 죄와 사망에서 해방되었듯이, 다니엘의 기도와 사자굴 사건으로 인하여 이스라엘이 바벨론 포로에서 풀려나고 해방되었기 때문입니다.

그는 다윗처럼 말씀과 기도와 찬양으로 무장한, 완벽한 신앙의 인물이었습니다. 십자가의 최정예 병사였습니다. 그는 사자굴을 눈앞에 두고도 사자굴 속에서도 하나님을 찬양한, 위대한 찬송의 사람이었습니다. 그의 삶에 배어 있는 감사 기도와 감사 찬송의 무기로 조국을 바벨론 포로에서 해방시킨 지대한 공로자입니다. 다니엘은 예수님을 강력하게 예표하는 성경의 인물입니다. 하나님의 사람 다니엘은, 확실한 찬송의 사람이었습니다.

그런 다니엘의 한평생을 하나님은 형통한 길로 인도하셨습니다. '권불 10년'이라고 했는데, 그는 60여 년을 제국의 고위 공직자로 있었고, 90세 이상을 장수하며, 노후를 아름답게 마무리했습니다. 에스겔서 14장은 노아, 다니엘, 욥을 인류 역사의 3대 의인으로 평가하고 있습니다.

> † 비록 노아, 다니엘, 욥, 이 세 사람이 거기 있을지라도, 그들은 자기의 의로 자기의 생명만 건지리라. 나 주 여호와의 말이니라.(겔 14:14)

(3) 풀무불 속의 찬양

참고로 우리말 성경(히브리 사본)에는 빠져 있으나, 다니엘서의 헬라어 사본에는 수록되어 있는 다니엘의 세 친구들의 찬양을 소개합니다. 그들이 풀무불 가운데서 하나님을 찬양하는, 감사 찬송의 기도문입니다. 참으로 가슴이 뭉클한 내용입니다. 사자굴 속의 다니엘의 찬양도 결코 우연이 아니었습니다. 그들이 그렇게 '훈련되고 양육되었다'는 증거입니다.

✝ 때에 느부갓네살 왕이 놀라 급히 일어나서 모사들에게 물어 가로되, 우리가 결박하여 불 가운데 던진 자는 세 사람이 아니었느냐. 그들이 왕에게 대답하여 가로되 왕이여 옳소이다. 왕이 또 말하여 가로되, 내가 보니 결박되지 아니한 네 사람이 불 가운데로 다니는데, 상하지도 아니하였고, 그 넷째의 모양은 신들의 아들과 같도다 하고, 느부갓네살이 극렬히 타는 풀무 아구 가까이 가서 불러 가로되, 지극히 높으신 하나님의 종 사드락, 메삭, 아벳느고야 나와서 이리로 오라 하매, 사드락과 메삭과 아벳느고가 불 가운데서 나온지라. 방백과 수령과 도백과 왕의 모사들이 모여 이 사람들을 본즉, 불이 능히 그 몸을 해하지 못하였고, 머리털도 그슬리지 아니하였고, 고의 빛도 변하지 아니하였고, 불 탄 냄새도 없었더라. (단 3:24-27)

♫ 아자리야(아사랴)의 노래

24 그들(세 친구들)은 불길 가운데를 걸으면서, 하느님을 찬양하고 주님께 찬미를 드렸다.

25 아자리야는 불 속에 우뚝 서서 입을 열어 이렇게 노래하였다.

26 우리 조상들의 하느님이시며 공경하올 주님, 찬미받으소서. 당신의 이름이 영원히 찬미를 받으소서.

27 당신께서 우리에게 하신 모든 일이 옳았으며, 당신의 모든 약속은 어김없이 이루어졌사오며, 당신의 길은 곧바르며 당신의 심판은 언제나 올바르옵니다.

28 당신께서 우리들에게 내리신, 그리고 우리 조상들의 거룩한 도시 예루살렘에 내리신, 모든 징벌에 있어서 당신의 판결은 옳았습니다. 당신께서 우리에게 이런 징벌을 내리신 것은 우리의 죄 때문이고, 우리는 당신의 징벌을 받아 마땅하옵니다.

29 우리는 죄를 지었으며 당신을 떠남으로써 죄악을 저질렀습니다. 과연 우리는 큰 죄를 지었습니다. 우리는 당신의 율법이 명하는 것을 귀담아 듣지 않았으며

30 그것을 지키지도 않았습니다. 우리에게 잘되라고 명령하신 것을 우리는 지키지 않았습니다.

31 그러므로 당신께서 우리에게 내리신 모든 징벌과 당신께서 우리에게 하신 모든 일은 정의로우신 처사였습니다.

32 당신은 우리를 원수들의 손에 넘기셨으며, 율법을 모르는 자들과 최악의 배교자들 손에 넘기셨고, 온 세상에서 가장 나쁜 불의한 왕의 손에 넘기셨습니다.

33 그래서 오늘날 우리는 입이 있어도 말을 못하고, 당신을 섬기고 경배한다는 우리들이 차지할 몫은 치욕과 불명예뿐입니다.

34 그러나 당신의 이름에 의지하오니 언제까지나 우리를 저버리지 마시고 당신의 계약을 외면하지 마소서.

35 당신의 친구 아브라함과 당신의 종 이사악과 당신의 거룩한 백성 이스라엘을 보시고, 당신의 자비를 우리에게서 거두지 마소서.

36 당신은 하늘의 별과 같이 무수하고 바닷가의 모래알과 같이 수많은 자손을 약속하셨습니다.

37 주님, 이제 우리는 모든 민족 중에서 가장 작은 민족이 되었고, 오늘 우리는 세상 어디에서나 천대받는 백성이 되었습니다. 이것은 우리의 죄 때문입니다.

38 지금 우리에게는 지도자도 예언자도 왕도 없으며, 번제물도 희생제물도 봉헌제물도 유향도 없고, 첫 열매를 바칠 장소조차 없습니다.

39 그러니 어디에서 당신의 자비를 구할 수 있겠습니까? 그러나 우리의 뉘우치는 마음과 겸손하게 된 정신을 받아 주소서.

40 이것을 염소와 황소의 번제물로 여기시며 수많은 살진 양으로 여기시고 받아 주소서. 이것이 오늘 당신께 바치는 제물이오니, 우리로 하여금 당신을 완전히 따르게 하소서. 당신께 희망을 건 사람들은 절대로 실망하지 않습니다.

41 이제 우리는 온전한 마음으로 당신을 따르렵니다. 그리고 당신을 두려워하며 당신의 얼굴을 다시 한번 뵙기를 갈망합니다.

42 우리로 하여금 부끄러움을 당하지 말게 하소서. 당신은 관대하시고 지극히 자비로운 분이시니 우리에게 관용을 베푸소서.

43 당신은 놀라운 업적을 이룩하신 분이시니, 우리를 구해 주소서. 주님, 당신 이름이 영광스럽게 빛나시기를 빕니다.

44 당신을 섬기는 사람을 학대하는 자들이 부끄러움을 당하게 하소서. 그들의 콧대가 꺾이고 힘을 박탈당하여 그들로 하여금 치욕을 뒤집어 쓰게 하소서.

45 당신 홀로 하느님이시고 주님이심을 알게 하시고 당신의 영광이 온 땅에 빛남을 알게 하소서.

46 왕의 종들은 그들을 불타는 가마 속에 집어 던지고, 거기에 나프다 기름과 송진과 삼 부스러기와 나뭇조각을 계속 넣었다.

47 그래서 불길이 가마 위로 마흔아홉 자나 치솟아 올라갔고

48 또 밖으로 퍼져 나와서, 가마 주위에 있던 갈대아 사람들을 태워 버렸다.

49 그러나 주의 천사가 가마로 내려와서 아자리야와 그의 동료들 곁으로 갔다. 그리고 불꽃을 가마 밖으로 내어 몰고

50 가마 가운데서 마치 산들바람이나 이슬과 같은 시원한 입김을 그들에게 불어 주었다. 그래서 불은 그들을 다치지 못하였고, 그들에게는 어떠한 아픔이나 괴로움도 미치지 않았다.

해설 '다니엘의 친구인 아사랴가 풀무불 속에 우뚝 서서 하나님의 영광을 찬양하였습니다. 풀무불 속에서 '찬미의 제사'를 드린 것입니다. 영광 받으신 하나님은 당신의 천사를 보내어 그들을 지키고 보호하셨습니다. 풀무불의 권세를 압도하는 하나님의 능력으로 하나님을 의지하는 당신의 종을 지키고 보호하신 것입니다. 찬양의 능력이 맹렬한 풀무불의 권세를 이긴 것입니다. 성도의 찬양은 하나님의 능력을 불러오는 강력한 수단입니다. 사단의 견고한 진을 파하는 강력한 무기입니다.

♫ 세 젊은이(친구들)의 노래

51 그때에 세 젊은이는 가마 속에서 입을 모아 하느님께 영광을 드리며, 하느님을 찬미하고 찬송하는 노래를 이렇게 불렀다.

52 우리 조상들의 주 하느님, 찬미받으소서. 영원무궁토록 주님을 높이 받들며 찬양합니다. 당신의 영광스럽고 거룩한 이름, 찬미받으소서. 영원무궁토록 그 이름 높이 받들며 찬양합니다.

53 성스럽고 영광스러운 성전 안에 계신 주님, 찬미받으소서. 영원

무궁토록 모든 것 위에 주님을 높이 받들며 영광을 올립니다.

54 당신의 왕국을 통치하시는 주님, 찬미받으소서. 영원무궁토록 모든 것 위에 주님을 높이 받들며 찬양합니다.

55 거룹 위에 앉으시어 깊은 곳을 살피시는 주님, 찬미받으소서. 영원무궁토록 모든 것 위에 주님을 높이 받들며 영광을 올립니다.

56 높은 하늘에 계신 주님, 찬미받으소서.

57 주님께서 만드신 만물이여, 주님을 찬미하여라. 주님께 지극한 영광과 영원한 찬양을 드려라.

58 주님의 천사들이여, 모두 주님을 찬미하여라. 주님께 지극한 영광과 영원한 찬양을 드려라.

59 천체들이여, 주님을 찬미하여라. 주님께 지극한 영광과 영원한 찬양을 드려라.

60 하늘 위의 물들이여, 주님을 찬미하여라. 주님께 지극한 영광과 영원한 찬양을 드려라.

61 주님의 권세들이여, 모두 주님을 찬미하여라. 주님께 지극한 영광과 영원한 찬양을 드려라.

62 해와 달이여, 주님을 찬미하여라. 주님께 지극한 영광과 영원한 찬양을 드려라.

63 하늘의 별들이여, 주님을 찬미하여라. 주님께 지극한 영광과 영원한 찬양을 드려라.

64 비와 이슬이여, 모두 주님을 찬미하여라. 주님께 지극한 영광과 영원한 찬양을 드려라.

65 바람들이여, 모두 주님을 찬미하여라. 주님께 지극한 영광과 영원한 찬양을 드려라.

66 불과 열이여, 주님을 찬미하여라. 주님께 지극한 영광과 영원한 찬양을 드려라.

67 겨울의 추위와 여름의 더위여, 주님을 찬미하여라. 주님께 지극한 영광과 영원한 찬양을 드려라.

68 이슬과 우박이여, 주님을 찬미하여라. 주님께 지극한 영광과 영원한 찬양을 드려라.

69 서리와 추위여, 주님을 찬미하여라. 주님께 지극한 영광과 영원한 찬양을 드려라.

70 얼음과 눈이여, 주님을 찬미하여라. 주님께 지극한 영광과 영원

한 찬양을 드려라.

71 밤과 낮들이여, 주님을 찬미하여라. 주님께 지극한 영광과 영원한 찬양을 드려라.

72 빛과 어둠이여, 주님을 찬미하여라. 주님께 지극한 영광과 영원한 찬양을 드려라.

73 번개와 구름이여, 주님을 찬미하여라. 주님께 지극한 영광과 영원한 찬양을 드려라.

74 땅이여, 주님을 찬미하여라. 주님께 지극한 영광과 영원한 찬양을 드려라.

75 산과 언덕들이여, 주님을 찬미하여라. 주님께 지극한 영광과 영원한 찬양을 드려라.

76 땅에서 자란 모든 것들이여, 주님을 찬미하여라. 주님께 지극한 영광과 영원한 찬양을 드려라.

77 샘물들이여, 주님을 찬미하여라. 주님께 지극한 영광과 영원한 찬양을 드려라.

78 바다와 강들이여, 주님을 찬미하여라. 주님께 지극한 영광과 영원한 찬양을 드려라.

79 고래와 바다에 사는 모든 것들이여, 주님을 찬미하여라. 주님께 지극한 영광과 영원한 찬양을 드려라.

80 하늘의 새들이여, 모두 주님을 찬미하여라. 주님께 지극한 영광과 영원한 찬양을 드려라.

81 야수들과 가축들이여, 주님을 찬미하여라. 주님께 지극한 영광과 영원한 찬양을 드려라.

82 사람의 아들들이여, 주님을 찬미하여라. 주님께 지극한 영광과 영원한 찬양을 드려라.

83 이스라엘아, 주님을 찬미하여라. 주님께 지극한 영광과 영원한 찬양을 드려라.

84 사제들이여, 주님을 찬미하여라. 주님께 지극한 영광과 영원한 찬양을 드려라.

85 주님의 종들이여, 주님을 찬미하여라. 주님께 지극한 영광과 영원한 찬양을 드려라.

86 의인들의 마음과 영혼이여, 주님을 찬미하여라. 주님께 지극한 영광과 영원한 찬양을 드려라.

87 성스러운 자들과 마음이 겸손한 사람들이여, 주님을 찬미하여라. 주님께 지극한 영광과 영원한 찬양을 드려라.

88 아나니야와 아자리야와 미사엘이여, 주님을 찬미하여라. 주님께 지극한 영광과 영원한 찬양을 드려라. 주님은 우리를 지옥에서 건져 주셨고 죽음의 손에서 빼내 주셨으며 불타는 가마 속에서 구해 주셨고 불길 속에서 구해 주셨다.

89 주님께 감사를 드려라. 주님은 선하시고 그 분의 사랑은 영원하시다.

90 주님을 경배하는 모든 이들이여, 모든 신들 위에 계시는 하느님을 찬미하여라. 그 분을 찬양하고 감사를 드려라. 그 분의 사랑은 영원하시다.

해설 풀무불의 권세를 압도하는 하나님의 능력으로 살아 남은 다니엘의 세 친구는, 풀무 가운데서 입을 모아 하나님의 영광을 찬양하였습니다. 찬미의 제사를 드린 것입니다. 하나님은 그런 당신의 종들을 머리털 하나 상하지 않도록 지키고 보호하셨습니다. 고난 속의 찬송은, 특별히 감사 찬송은, 하나님의 능력을 부르는 강력한 수단입니다. 풀무불의 권세를 압도하는 강력한 무기입니다. 하나님의 전신 갑주입니다.

4
하나님의 사람, 요셉

1) 말씀의 사람, 요셉

요셉도 철저한 말씀의 사람이었습니다. 종살이하는 과정에서, 주인인 보디발의 아내의 끈질긴 유혹과 시험이 있었지만, 그는 하나님의 명령을 생각하며 그 어려운 시험의 과정을 통과하였습니다. 하나님의 언약을 기억하며, 두렵고 떨리는 마음으로 죄의 유혹을 물리친 것입니다. 보이지 아니하는 하나님을 보는 것처럼 하여, 두려운 마음으로 죄의 유혹을 뿌리친 것입니다. 하나님의 말씀이 그를 붙들었기에 가능한 일이었습니다. 요셉이 필사적으로 하나님의 말씀(꿈과 언약)을 붙들었기에 가능한 일이었습니다.

✝ 그 후에 그 주인의 처가 요셉에게 눈짓하다가 동침하기를 청하니, 요셉이 거절하며 자기 주인의 처에게 이르되, 나의 주인이 가중 제반 소유를 간섭지 아니하고 다 내 손에 위임하였으니 이 집에는 나보다 큰 이가 없으며, 주인이 아무것도 내게 금하지 아니하였어도 금한 것은 당신뿐이니, 당신은 자기 아내임이라. 그런즉 내가 어찌 이 큰 악을 행하여 하나님께 득죄하리이까. 여인이 날마다 요셉에게 청하였으나 요셉이 듣지 아니하여 동침하지 아니할뿐더러

함께 있지도 아니하니라.(창 39:7-10)

† 청년이 무엇으로 그 행실을 깨끗케 하리이까. 주의 말씀을 따라 삼갈 것이니이다. 내가 전심으로 주를 찾았사오니 주의 계명에서 떠나지 말게 하소서. 내가 주께 범죄치 아니하려 하여 주의 말씀을 내 마음에 (깊이)두었나이다.(시 119:9-11)

창세기에는 요셉의 꿈 이야기만 수록되었을 뿐, 그 꿈이 성취되는 과정에 '하나님께서 어떻게 그를 인도하셨는지'에 대한 언급이 없습니다. 그러나 시편 105편의 기자는 분명히, "하나님의 말씀이 그를 붙들었다"고 기록하고 있습니다.

요셉이 17세 무렵에 종으로 팔려가서 30세에 총리가 되었으니, 13년의 세월 동안 모진 연단을 받은 셈인데, 그 오랜 세월에 순간순간 주어지는 하나님의 약속과 위로의 말씀이 없었다면, 요셉은 도저히 그 고난을 이겨내지 못했을 것입니다. 꿈만 가지고는 버틸 수 없었다는 이야기입니다.

하지만 하나님은, 종살이하는 고통의 시간에도, 감옥살이하는 억울한 시간에도, 항상 요셉과 함께 하시며 말씀으로 그를 위로하시고, 그의 꿈이 반드시 성취될 것을 여러 모양으로 확인시켜 주셨습니다. 그래서 요셉이 그 오랜 고난의 세월을 이겨냈을 뿐만 아니라, 참으로 어려운 시험의 과정을 무사히 통과할 수 있었던 것입니다.

(1) 기쁨, 소망, 위로, 생명의 말씀

† 주의 법이 나의 즐거움이 되지 아니하였더면, 내가 내 고난 중에

멸망하였으리이다.(시 119:92)
내가 주의 법도를 영원히 잊지 아니하오니, 주께서 이것들로 나를
살게 하심이니이다.(시 119:93)
주의 종에게 하신 말씀을 기억하소서, 주께서 (말씀으로)나로 소망
이 있게 하셨나이다.(시 119:49)
이 말씀은 나의 곤란 중에 위로라, 주의 말씀이 나를 살리셨음이
니이다.(시 119:50)
나의 나그네 된 집에서 주의 율례가 나의 노래가 되었나이다.(시
119:54)

(2) 연단, 단련의 말씀

† 그가 또 기근을 불러 그 땅에 임하게 하여 그 의뢰하는 양식을
다 끊으셨도다. 한 사람을 앞서 보내셨음이여 요셉이 종으로 팔렸
도다. 그 발이 착고에 상하며 그 몸이 쇠사슬에 매였으니, 곧 여호
와의 말씀이 응할 때까지라. 그 말씀이 저를 단련(연단)하였도다.(시
105:16-19)

해설 '단련하다'로 번역된 히브리어 **차라프(צרף)**는 '녹이다, 금이
나 은을 정련하다, 시험하다, 단련하다, 연단하다' 등의 의미가
있습니다.

하나님의 말씀이 그를 정금과 같이 연단하였습니다. 다시 말하면, 그가
하나님의 말씀을 붙잡고 고난의 풀무를 통과하는 과정에, 그의 신앙과
인격이 정금같이 연단이 된 것입니다. 총리의 자격을 구비한 것입니다.
복음의 능력입니다. 욥의 고백이기도 합니다.

† 나의 가는 길을 오직 그가 아시나니, 그가 나를 단련하신 후에
는 내가 정금같이 나오리라.(욥 23:10)

다윗이나 다니엘처럼, 예레미야나 바울처럼, 요셉도 그의 심장이 하나님의 말씀으로 불이 붙어 있는 사람이었습니다. 하나님의 약속과 언약이 신실함을 요셉 자신이 손수 체험했기 때문입니다. 물론 요셉은 모세의 율법이 선포되기 이전의 사람입니다. 하지만 모세의 율법 이전이라도 인간에게는 누구에게나 '본성'이라는 '마음의 법'이 있어서, 선악을 분별하게 되어 있습니다. 마음에 새겨진 본성이라는 율법이 '양심의 법'으로 작동하여, 혹은 송사하거나 혹은 변명하면서 하나님의 뜻을 제시하기 때문입니다.

> ✝ 율법 없는 이방인이 본성으로 율법의 일을 행할 때는, 이 사람은 율법이 없어도 자기가 자기에게 율법이 되나니, 이런 이들은 그 양심이 증거가 되어 그 생각들이 서로 혹은 송사하며 혹은 변명하여, '그 마음에 새긴 율법'의 행위를 나타내느니라.(롬 2:14-15)
>
> [표준새번역]롬 2:14-15
> 율법을 가지지 않은 이방 사람이, 사람의 본성을 따라 율법이 명하는 바를 행하면, 그들은 율법을 가지고 있지 않아도, 자기 자신이 자기에게 율법입니다. 그런 사람은, 율법이 요구하는 일이 자기의 마음에 적혀 있음을 드러내 보입니다. 그들의 양심도 이 사실을 증언합니다. 그들의 생각들이 서로 고발하기도 하고, 변호하기도 합니다.

선악과를 범한 아담 이후로 태어난 인간은, 본질상 영혼이 죽은 자들이기에, 그들의 양심 역시 정상적인 기능을 할 수 없는 존재들입니다. 하지만 하나님의 은혜로 택함 받은 소수의 사람들은, 율법이 주어지기 이전에도, 하나님의 뜻을 헤아리고 분별할 수 있는 양심과 지각을 가지고 있었습니다. 에녹, 노아, 아브라함, 욥 등이 그 경우입니다.

요셉의 경우도 동일합니다. 요셉은 자신의 양심에 비추인 하나님의 뜻을 헤아리고 분별하며, 하나님의 명령에 절대적으로 순종하는 믿음의 종이었습니다. 하나님의 말씀에 붙잡힌 바 되어, 그 말씀을 지키려고 발버둥을 치는 말씀의 종이었습니다.

† 이 집에는 나보다 큰 이가 없으며, 주인이 아무것도 내게 금하지 아니하였어도 금한 것은 당신뿐이니, 당신은 자기 아내임이라. 그런즉 내가 어찌 이 큰 악을 행하여 하나님께 득죄하리이까.(창 39:9)

[표준새번역]창 39:9
이 집안에서는, 나의 위에는 아무도 없습니다. 나의 주인께서 나의 마음대로 하지 못하게 한 것은 한 가지뿐입니다. 그것은 마님입니다. 마님은 주인 어른의 부인이시기 때문입니다. 그런데 내가 어찌 이런 나쁜 일을 저질러서, '하나님을 거역하는 죄'를 지을 수 있겠습니까?

[NLT]창 39:9
No one here has more authority than I do! He has held back nothing from me except you, because you are his wife. How could I ever do 'such a wicked thing'? It would be 'a great sin' against God.

해설 모세의 율법이 주어지기 이전이지만, 간음죄가 무서운 죄임을 요셉은 잘 알고 있었습니다(wicked thing, great sin). 그래서 요셉은 그 죄를 범하지 않으려고 발버둥을 쳤던 것입니다. 요셉은 모세의 율법 이전의 인물이지만, 구약성경 전체를 털어서도 모세의 율법(십계명)을 가장 잘 지킨 인물입니다. 그의 내면에서 작동하는 '마음의 법', '양심의 법'을 그가 잘 준수한 것입니다.

또한, 인간의 마음에 본능적으로 새겨진 양심의 법 외에도, 아담 이후로 내려오는 〈구전 율법〉이 있었다고 유대의 랍비들은 주장하고 있습니다. 모세 율법이 주어지기 이전부터 아브라함이 멜기세덱에게 십일조를 바치는 장면이나, 야곱이 벧엘에서 하나님 앞에 십일조의 약속을 하는 장면, 의인 욥이 가난한 자들을 성심껏 구제하는 장면 등이 그것입니다.

이삭이 거부가 된 원인도, 그가 추수의 십일조를 가지고 가난한 자들을 구제하였을 뿐만 아니라, 그가 열심히 구전 율법을 공부한 결과라고 전해지고 있습니다(미드라쉬 창세기편).

또한 노아홍수 때에 정결한 짐승과 부정한 짐승을 구분하는 것이나, 피의 식용을 금지하는 규정 등이 그것입니다. 유다의 며느리 다말을 통해 볼 수 있는 형사취수의 풍습 등도, 모세의 율법 이전에 구전 율법이 존재했음을 암시하는 부분들입니다.

(3) 구전 율법

† 네 자손을 하늘의 별과 같이 번성케 하며, 이 모든 땅을 네 자손에게 주리니 네 자손을 인하여 천하 만민이 복을 받으리라. 이는 아브라함이 내 말을 순종하고 내 명령과 내 계명과 내 율례와 내 법도를 지켰음이니라 하시니라.(창 26:4-5)

† 그가 아브람에게 축복하여 가로되, 천지의 주재시요 지극히 높으신 하나님이여 아브람에게 복을 주옵소서. 너희 대적을 네 손에 붙이신 지극히 높으신 하나님을 찬송할지로다 하매, 아브람이 그 얻은 것에서 십분 일을 멜기세덱에게 주었더라.(창 14:19-20)

† 야곱이 서원하여 가로되, 하나님이 나와 함께 계시사 내가 가는 이 길에서 나를 지키시고 먹을 양식과 입을 옷을 주사 나로 평안히 아비 집으로 돌아가게 하시오면, 여호와께서 나의 하나님이 되실 것이요, 내가 기둥으로 세운 이 돌이 하나님의 전이 될 것이요, 하나님께서 내게 주신 모든 것에서 십분 일을 내가 반드시 하나님께 드리겠나이다 하였더라.(창 28:20-22)

✝ 내가 언제 가난한 자의 소원을 막았던가 과부의 눈으로 실망케 하였던가. 나만 홀로 식물을 먹고 고아에게 먹이지 아니하였던가. 실상은 내가 젊었을 때부터 고아를 기르기를 그의 아비처럼 하였으며, 내가 모태에서 나온 후로 과부를 인도하였었노라. 내가 언제 사람이 의복이 없이 죽게 된 것이나 빈궁한 자가 덮을 것이 없는 것을 보고도, 나의 양털로 그 몸을 더웁게 입혀서 그로 나를 위하여 복을 빌게 하지 아니하였던가.(욥 38:16-20)

✝ 하나님이 노아와 그 아들들에게 이르시되… 그러나 고기를 그 생명 되는 피채 먹지 말 것이니라. 내가 반드시 너희 피 곧 너희 생명의 피를 찾으리니 짐승이면 그 짐승에게서, 사람이나 사람의 형제면 그에게서 그의 생명을 찾으리라. 무릇 사람의 피를 흘리면 사람이 그 피를 흘릴 것이니, 이는 하나님이 자기 형상대로 사람을 지었음이니라.(창 9:4-6)

✝ 유다가 그 며느리 다말에게 이르되, 수절하고 네 아비 집에 있어서 내 아들 셀라가 장성하기를 기다리라 하니, 셀라도 그 형들같이 죽을까 염려함이라. 다말이 가서 그 아비 집에 있으니라.(창 38:11)

요셉이 하나님을 경외하며, '간음하지 말라'는 하나님의 계명을 지키려고 발버둥을 쳤던 것도, 모세의 율법(십계명)이 제정되기 400여 년 전의 일입니다. 요셉에게는 그것을 금하는 '판단의 기준'이 있었다는 증거입니다. 그것이 요셉의 마음에 내재한 '양심의 법'이었는지, 시시로 들려주는 '하나님의 음성'이었는지, 아니면 요셉이 전해 들은 〈구전 율법〉이었는지 우리는 알 길이 없지만, 요셉의 내면에는 이미 하나님의 계명이 강력하게 자리 잡고 있었습니다. 그래서 요셉은 모세 율법 이전의 인물이지만, 모세의 율법(십계명)을 완벽하게 지킨 것입니다. 요셉은 그렇게 하나님의 말씀을 사랑하고, 온몸으로 하나님의 계명을 지킨, 말씀의 사람이었습니다.

그러한 요셉을 하나님께서는 형통한 길로 인도하셨습니다. 보디발의 집에서 종살이할 때에도, 시위대 감옥에서 억울하게 옥살이할 때에도, 하나님은 그를 형통한 길로 인도하셨습니다. 창세기 39장은 그가 형통한 비결이 '여호와께서 요셉과 함께하심에 있었다' 라고 기록하고 있습니다. 다시 말하면 '요셉이 항상 여호와와 함께 했다'는 표현입니다. 즉, "요셉이 필사적으로 여호와의 언약과 말씀을 붙드니, 그 말씀이 요셉을 견고하게 붙들었다"는 이야기입니다. 시편 105편의 내용이 바로 그것입니다. 그것이 요셉의 형통의 비결이었습니다.

> † 곧 여호와의 말씀이 응할 때까지라. 그 말씀이 저를 단련하였도다.(시 105:19)

> † 여호와께서 요셉과 함께 하시므로 그가 형통한 자가 되어 그 주인 애굽 사람의 집에 있으니, 그 주인이 여호와께서 그와 함께하심을 보며 또 여호와께서 그의 범사에 형통케 하심을 보았더라.(창 39:3)
> 전옥이 옥중 죄수를 다 요셉의 손에 맡기므로 그 제반 사무를 요셉이 처리하고, 전옥은 그의 손에 맡긴 것을 무엇이든지 돌아보지 아니하였으니, 이는 여호와께서 요셉과 함께 하심이라. 여호와께서 그의 범사에 형통케 하셨더라.(창 39:22-23)

> **해설** 요셉이 필사적으로 여호와의 언약과 말씀을 붙드니, 그 말씀이 요셉을 붙들었고, 결과는 범사에 형통함으로 나타났습니다. 임마누엘의 축복입니다. 그것은 시대를 초월한 복음의 진리입니다. 다윗, 모세, 다니엘, 여호수아 등 허다한 증인들이 그것을 대변하고 있습니다.

2) 기도의 사람, 요셉

하나님의 은혜를 깊이 체험한 자의 입술에서는, 반드시 감사 기도와 감사 찬송이 터져 나오게 되어 있습니다. 하나님의 은혜를 깊이 체험한 요셉도, 그 입술에서 감사 기도와 감사 찬송이 끊이질 않았습니다. 보디발의 집에서 종살이할 때에도, 시위대 감옥에서 옥살이할 때에도, 항상 기도하는 가운데 기쁨과 즐거움으로 그 일을 감당했습니다. 하나님과의 깊은 교제 속에서, 자신을 그곳까지 인도하신 하나님의 뜻을 헤아린 요셉은, 범사에 감사함으로 그 일을 감당했습니다.

요셉은 무슨 일을 하든지 늘 중얼거리며 속삭이는 기도를 하였습니다. 그래서 보디발의 집에 거하는 식구들은 누구나, 요셉이 늘 기도하는 사람이라는 것을 알게 되었습니다. 요셉은 늘 이렇게 속삭이는 기도를 하였습니다.

✝ "온 세상을 창조하신 하나님! 주님은 나의 믿음의 주요, 나를 지키시는 반석이심을 믿습니다. 항상 나를 지켜주시는 주님! 내게 은혜를 주셔서 주인인 보디발이 나를 신임하게 하여 주시고, 이 집이 나로 인하여 하나님의 은총을 받게 하여 주옵소서!"(미드라쉬 요셉편)

요셉의 기도는 하나님께 상달되었고, 하나님께서는 요셉을 위하여 보디발의 집에 축복을 내리셨습니다. 여호와의 복이 그의 집과 밭에 있는 모든 소유에 미친 것입니다. 보디발은 요셉을 전적으로 신임하였습니다. 그래서 그의 모든 소유를 요셉에게 일임하였습니다. 방 열쇠는 물론 창고 열쇠까지 요셉에게 안심하고 맡기게 되었습니다. 그 방에 무엇이 있는지 확인도 없이 통째로 맡겼습니다. 요셉이 자기가 맡은 일에는 충성을 다하고, 정직하고 깨끗한 사람임을 확신하였기 때문입니다.

✝ 그가 요셉에게 자기 집과 그 모든 소유물을 주관하게 한 때부터, 여호와께서 요셉을 위하여 그 애굽 사람의 집에 복을 내리시므로, 여호와의 복이 그의 집과 밭에 있는 모든 소유에 미친지라, 주인이 그 소유를 다 요셉의 손에 위임하고 자기 식료 외에는 간섭하지 아니하였더라. 요셉은 용모가 준수하고 아담하였더라.(창 39:5-6)

보디발의 아내의 유혹이 있었을 때에도, 요셉은 그녀가 육신의 정욕에 사로잡혀 더 이상 죄의 노예가 되지 않도록 그녀를 위해 중보 기도했습니다. 또한 자신도 육신의 소욕에 이끌려, 하나님의 금하신 간음죄라는 무서운 죄를 범하지 않도록 지켜달라고 간절하게 기도하였습니다. 죄의 유혹으로부터 자신을 지켜달라고 기도한 것입니다.

멤피스 출신으로 별명이 줄레이카(Zuleika)인 보디발의 아내는, 정말로 집요하게 요셉을 유혹하였습니다. 회유하고 협박하고, 때로는 거짓환자의 시늉을 하면서까지, 끈질기게 요셉을 시험하였습니다. 심지어바로 왕을 포함한 온 국민이 참여하는 '나일강의 축제기간'에도, 보디발의 아내는 아프다는 핑계로 집에 혼자 남아서, 요셉을 회유하고 유혹하였습니다. 요셉의 나이 20대의 일입니다. 하지만 요셉은 하나님의 언약을 기억하면서, 항상 기도함으로 이 어려운 시험을 물리쳤습니다. 평소에 그의 쌓인 기도가 있었기에, 하나님께서 그를 위경에서 건져주신것입니다. 요셉은 기도의 사람이었습니다.

✝ 이 집에는 나보다 큰 이가 없으며 주인이 아무것도 내게 금하지 아니하였어도, 금한 것은 당신뿐이니 당신은 자기 아내임이라. 그런즉 내가 어찌 이 큰 악을 행하여 하나님께 득죄하리이까. 여인이 날마다 요셉에게 청하였으나 요셉이 듣지 아니하여, 동침하지 아니할뿐더러 함께 있지도 아니하니라.(창 39:9-10)

보디발의 아내의 유혹을 물리친 결과는 감옥행이었습니다. 하지만 요셉은 죄의 유혹이 있는 감옥 밖보다는, 죄의 유혹이 없는 감옥 안이 훨씬 더 편하고 자유로웠습니다. 적어도 보디발의 아내의 시험으로부터 는 자유로울 수가 있었기 때문입니다.

감옥 안에서도 요셉은 항상 기도하면서, 기쁨과 즐거움으로 주어진 일을 감당해 나갔습니다. 요셉은 어떤 환경에서도 감사와 기쁨이 떠나 질 않았고, 감사 기도와 감사 찬송이 끊이질 않았습니다. 감옥에 있는 사람들은 '요셉이 늘 하나님과 함께 하는 모습'을 보았고, '하나님이 요 셉과 함께 하시는 것'도 보았습니다.

하나님이 늘 함께 하심으로, 그 결과는 '범사에 형통함'으로 나타났 습니다. 그리고 마침내 모든 죄수를 대표하는 옥장(죄수장)이 되었는데, 바로 그때에 바로 왕의 두 관원장이 요셉이 있는 감옥에 들어옴으로, 그들과의 인연이 주어집니다. 그리고 하나님의 때가 되자 하나님은 바 로 왕에게 꿈을 꾸게 하셨고, 그 꿈을 요셉이 해몽함으로 애굽의 총리 가 되어서, 요셉은 과거에 하나님께서 자신에게 주셨던 꿈을 성취할 수 있게 되었습니다.

하나님과 동행하는 가운데 하나님의 은혜를 깊이 체험한 요셉은, 어 떤 환경에서도 하나님께 감사하는 감사의 종이었습니다. 감사 찬송과 감사 기도가 끊이지 아니한, 기도의 종이었습니다.

† 항상 기뻐하라. 쉬지 말고 기도하라. 범사에 감사하라. 이는 그리 스도 예수 안에서 너희를 향하신 하나님의 뜻이니라.(살전 5:16-18) 서 그의 범사에 형통케 하셨더라.(창 39:22-23)

해설 중요한 믿음의 법칙입니다. 요셉의 13년 애굽 생활을 표현하는 구 절입니다. 감사와 기쁨은 우리의 결박을 푸는 천국의 열쇠입니다. 특별히 감사 기도와 감사 찬송은 모든 결박을 푸는 강력한 열쇠입니다. 요셉은 이러한 천국의 열쇠를 소유한 믿음의 종이었습니다. 그는 진정한 기도의 종이었습니다.

3) 찬송의 사람, 요셉

감사와 찬송은 히브리어 어원이 동일합니다. 요셉이 범사에 감사했다는 것은, 요셉이 범사에 찬송했다는 의미입니다. 하나님과 동행하는 가운데 그의 은혜와 사랑을 깊이 체험한 요셉은, 어떤 환경에서도 감사 기도와 감사 찬송이 끊이질 않았습니다. 그것은 하나님의 은혜를 깊이 체험한 자들의 공통적인 현상입니다.

하나님의 은혜를 깊이 체험한 자의 입술에서는, 누구나 감사 기도와 감사 찬송이 터져 나오게 되어 있습니다. 그래서 시위대 뜰에 갇힌 예레미야도, 빌립보 감옥의 사도 바울도, 사자굴 속의 다니엘도, 환경을 초월하여 하나님 앞에 감사 기도와 감사 찬송을 드렸던 것입니다.

하나님의 은혜를 깊이 체험한 요셉도, 보디발의 집에서 종살이할 때에나, 시위대 감옥에서 옥살이할 때에나, 항상 하나님께 감사하는 가운데 감사 찬송, 감사의 고백이 끊이질 않았습니다. 믿음의 사람 요셉은 찬송의 사람이었습니다.

† 항상 기뻐하라. 쉬지 말고 기도하라. 범사에 감사(찬송)하라. 이는 그리스도 예수 안에서 너희를 향하신 하나님의 뜻이니라.(살전 5:16-18)
[BBE]살전 5:16-18
Have joy at all times. Keep on with your prayers. In everything **give praise:** for this is the purpose of God in Christ Jesus for you.

보디발의 아내의 유혹이 있을 때에도 요셉은 그녀에게 대답하기를, "나는 당신의 남편도 두렵지만, 살아 계신 하나님이 두려워서 감히 그런 일을 할 수가 없다"고 단호하게 거절했습니다. 그러자 보디발의 아내가, "그런 소리 하지 말아라. 여기는 하나님이 안 계시다"고 말했습니다. 그러자 요셉은 또 다음과 같이 대답하였습니다.

> † 하나님은 위대하신 분이십니다. 그 분은 어느 곳에든지 계시며, 누구에게든지 '찬양을 받으셔야 할 분'이십니다.(미드라쉬 요셉편)
>
> **해설** 요셉의 신앙고백입니다. "하나님은 위대하시며, 무소부재하시며, 인간의 모든 행위를 감찰하시며, 모두에게 찬양을 받으셔야 할 분"이라는 것입니다. 정확한 신앙의 고백입니다. 그것이 그가 시험을 이기고 고난을 극복할 수 있었던 비결이었습니다.

형제들을 만나는 장면에서도 요셉의 감사와 임마누엘 신앙을 발견할 수가 있습니다. 형들이 자신을 애굽에 판 것이 아니라, 사실은 그의 꿈을 이루시려고 "하나님께서 그런 방법으로 자신을 애굽에 보냈다"는 것입니다. "하나님께서 계획하신 뜻을 이루기 위해서, 형들을 도구로 사용하여 자신을 애굽에 오게 하셨으니, 당신들은 미안하게 생각할 것이 없다"는 것입니다. 그래서 요셉은 오히려 형들에게 고마움과 감사한 마음을 가지고 있다는 것입니다. 자신의 꿈을 이루는데 그들(형제들)이 일조한 셈이기 때문입니다.

실제로 요셉은 항상 그러한 생각을 품고 있었기에, 범사에 감사하는 삶을 살았습니다. 하나님과의 깊은 교제 속에서 그가 그러한 사실을 익히 깨닫고 있었기 때문입니다. 그래서 형제들을 미워할 이유가 없었고, 보디발의 아내를 원망할 필요도 없었습니다. 그들은 요셉을 향한 하나님의 뜻을 이루는 도구로 사용된 자들일 뿐이기 때문입니다. 사실 요셉이 그들을 향하여 원망하거나 불평하는 마음을 품었다면, 자신이 먼저 망가져서 고난의 세월을 이겨 내지도 못하고, 하나님이 주신 꿈과는 상관이 없는 사람이 되었을 것입니다.

> † 요셉이 그 형들에게 이르되 나는 요셉이라 내 아버지께서 아직 살아 계시니이까. 형들이 그 앞에서 놀라서 능히 대답하지 못하는지라. 요셉이 형들에게 이르되 내게로 가까이 오소서. 그들이 가까이 가니 가로되 나는 당신들의 아우 요셉이니 당신들이 애굽에 판 자라. 당신들이 나를 이곳에 팔았으므로 근심하지 마소서 한탄하지 마소서. 하나님이 생명을 구원하시려고 나를 당신들 앞서 보내셨나이다. 이 땅에 이 년 동안 흉년이 들었으나, 아직 오 년은 기경도 못하고 추수도 못할지라. 하나님이 큰 구원으로 당신들의 생명을 보존하고 당신들의 후손을 세상에 두시려고 나를 당신들 앞서 보내셨나니, 그런즉 '나를 이리로 보낸 자'는 당신들이 아니요 하나님이시라. 하나님이 나로 바로의 아비를 삼으시며 그 온 집의 주를 삼으시며 애굽 온 땅의 치리자를 삼으셨나이다.(창 45:3-8)

부친인 야곱이 세상을 떠난 후에도, 요셉이 혹시나 자신들에게 보복하지나 않을까 하여 두려워하는 형제들에게, 요셉은 동일한 말로 그들을 안심시켰을 뿐만 아니라 오히려 간곡한 말로 그들을 위로하며, "그들을 책임지고 부양하겠노라"고 약속하는 장면도 그것을 설명합니다. 형제들이 자신의 진심을 몰라주는 안타까움에 울음을 터뜨리기까지 하였습니다. 요셉은 형제들을 진심으로 용서하였을 뿐만 아니라, 오히려 그들에게 감사하는 마음과 긍휼의 마음까지 품었습니다. 또한 하나님께서 주신 은혜를 생각하며, 범사에 감사함으로 하나님의 은혜를 항상 찬양하였습니다. 감사와 찬송은 그의 삶을 지탱하는 중요한 버팀목이었습니다. 요셉은 기쁨과 감사와 찬송의 종이었습니다.

> † 요셉의 형제들이 그 아비가 죽었음을 보고 말하되, 요셉이 혹시 우리를 미워하여 우리가 그에게 행한 모든 악을 다 갚지나 아니할까 하고 요셉에게 말을 전하여 가로되, 당신의 아버지가 돌아가시기 전에 명하여 이르시기를 너희는 이같이 요셉에게 이르라. 네 형들이 네게 악을 행하였을지라도 이제 바라건대 그 허물과 죄를 용서하라 하셨다 하라 하셨나니, 당신의 아버지의 하나님의 종들의 죄를 이제 용서하소서 하매 요셉이 그 말을 들을 때에 울었더라. 그 형들이 또 친히 와서 요셉의 앞에 엎드려 가로되 우리는 당신의 종이니이다. 요셉이 그들에게 이르되 두려워 마소서, 내가 하나님을 대신하리이까. 당신들은 나를 해하려 하였으나 하나님은 그것을 선으로 바꾸사 오늘과 같이 만민의 생명을 구원하게 하시려 하셨나니, 당신들은 두려워 마소서, 내가 당신들과 당신들의 자녀를 기르리이다 하고 그들을 간곡한 말로 위로하였더라. (창 50:15-21)

감사와 찬송은 동일한 어원입니다. 감사 찬송은 하나님이 기뻐하시는 거룩한 산 제사입니다. 모든 결박을 푸는 강력한 열쇠입니다. 천국의 열쇠입니다. 또한 하나님의 전신 갑주입니다. 사단은 이러한 열쇠를 소유한 자들을 감히 범접할 수가 없습니다. 동방의 의인 욥이 그러했고, 하나님의 사람 다윗이나, 사자굴 속의 다니엘이 그러했습니다. 하나님의 은혜를 깊이 깨닫고, 범사에 감사함으로 감사 찬송의 열쇠를 소유한 요셉 역시 그러했습니다. 그것으로 닫힌 환경의 문들을 열어 나갔습니다.

고난 중의 감사 찬송은 참으로 그 위력이 대단합니다. 견고한 진을 파하는 강력한 무기입니다. 고난 중의 욥이나, 사자굴 속의 다니엘, 빌립보 감옥의 바울이 그것의 증인들입니다.

요셉은 항상 하나님의 언약을 기억하며, 하나님의 명령과 계명을 철저히 순종하는 말씀의 종이었습니다. 또한 항상 기도하는 가운데 하나님의 뜻을 정확하게 분별할 줄 아는, 기도의 종이요 지혜로운 종이었습니다. 무엇보다도 하나님의 은혜를 깊이 체험한 그는, 범사에 감사함으로 그의 은혜만을 찬양하는, 감사의 종이요 찬송의 종이었습니다. 말씀과 기도로 잘 무장한 요셉은, 또한 찬송의 두루마기를 입은 찬송의 사람이었습니다.

허다한 증인들

지금까지 살펴본 대로, 성경 전체에는 믿음으로 이 땅을 살다 간 허다한 증인들의 이야기가 수록되어 있습니다. 그들은 공통적으로 이 땅에서 하나님을 찬양하는 삶을 살았습니다. 찬양으로 주님을 기쁘시게 하고, 찬송함으로 무거운 짐을 주님 앞에 벗어 버린, 확실한 찬송의 사람들이었습니다. 추가로 몇몇 증인들을 더 살펴보고자 합니다.

> 이러므로 우리에게 구름같이 둘러싼 '허다한 증인들'이 있으니, 모든 무거운 것과 얽매이기 쉬운 죄를 벗어 버리고, 인내로써 우리 앞에 당한 경주를 경주하며(히 12:1)

1
찬송의 사람, 아벨

의인이요 믿음의 사람인 아벨은, 그 마음의 중심이 항상 하나님을 향해 있었습니다. 그는 항상 하나님을 경외하고, 마음으로 하나님을 찬미했던 사람입니다. 중심을 보시는 하나님께서는, 아벨의 그러한 마음의 중심을 보시고, 그의 제사를 기쁘게 받으셨습니다. 제사 중의 제사는 찬미의 제사입니다. 마음의 중심을 드리는 제사이기 때문입니다. 제사는 마음의 중심을 드리는 행위이기 때문입니다.

반면에, 그의 형 가인은 마음에 없는 '형식적인 제사'를 드렸습니다. 중심을 보시는 하나님께서, 그런 형식적인 제사를 받으실 리가 없습니다. 제물에 문제가 있는 듯 오해해서는 안됩니다. 성경은 분명히 "가인과 그 제물을 열납하지 않았다"고 기록하고 있습니다. 제사를 드리는 당사자에게 문제가 있었다는 지적입니다. 곡물로 드리는 소제는, 이스라엘 5대 제사 중의 하나입니다. 소제는 하나님께서 기뻐 받으시는 제사입니다.

† 믿음으로 아벨은 가인보다 '더 나은 제사'를 하나님께 드림으로

의로운 자라 하시는 증거를 얻었으니, 하나님이 그 예물에 대하여
증거하심이라. 저가 죽었으나 그 믿음으로써 오히려 말하느니
라.(히 11:4)

[공동번역]히 11:4
아벨은 믿음으로 카인의 것보다 '더 나은 제물'을 하느님께 바쳤습니다. 그 믿
음을 보신 하느님께서는 그의 예물을 기꺼이 받으시고, 그를 올바른 사람으로
인정해 주셨습니다. 그는 믿음으로 죽은 후에도 여전히 말하고 있습니다.

해설 '더 나은'으로 번역된 헬라어 **폴뤼스**(πολύς)는 '더 나은, 더 좋은,
더 많은, 더 큰, 더 뛰어난, 더 후한' 등의 의미가 있습니다. 영어 성경에
는 a better, a more excellent, a more acceptable, exceeding 등
으로 번역되어 있습니다. "믿음으로 아벨은 가인보다, 더 나은, 더 좋은,
더 많은, 더 큰, 더 뛰어난, 더 후한 제사를 드렸다"는 뜻입니다.

† 세월이 지난 후에 가인은 땅의 소산으로 제물을 삼아 여호와께
드렸고, 아벨은 자기도 양의 첫 새끼와 그 기름으로 드렸더니, 여
호와께서 아벨과 그 제물은 열납하셨으나, 가인과 그 제물은 열납
하지 아니하신지라. 가인이 심히 분하여 안색이 변하니(창 4:3-5)

[현대인의성경] 창 4:3-5
추수 때가 되어 가인은 자기 농산물을 여호와께 예물로 드렸고, 아벨은 자기 양
의 첫새끼를 잡아 그 중에서도 '제일 살지고 좋은 부분'을 여호와께 드렸다. 여
호와께서는 아벨의 예물을 기쁘게 받으셨으나 가인의 예물은 받지 않으셨다.

[NIV]창 4:3-5
In the course of time Cain brought some of the fruits of the soil
as an offering to the LORD. But Abel brought 'fat portions' from
some of the firstborn of his flock. The LORD looked with favor on
Abel and his offering, but on Cain and his offering he did not
look with favor.

해설 마음의 중심이 항상 하나님을 향해 있던 아벨은, 양떼 가운데 가
장 좋은 것을 제물로 바쳤습니다. 최상의 것을 후하게 바쳤습니다. 정성
껏 기쁜 마음으로 바쳤습니다. 그의 중심이 담긴 제물을 드린 것입니다.
그러나 가인은 마음의 중심이 실리지 않는 형식적인 제물을 드렸습니다.
의무감에서 인색하게 바쳤습니다. 정성이 없는 제물을 드렸습니다. 마음

을 잘못 먹은 것입니다.

하나님께서 그런 제물을 받으실 리가 없습니다. 하나님은 중심을 보시는 분이시기 때문입니다. 제사는 하나님 앞에 우리의 마음을 표현하는 수단이기 때문입니다.

✝ 각각 그 마음에 정한 대로 할 것이요 인색함으로나 억지로 하지 말지니, 하나님은 즐겨 내는 자를 사랑하시느니라.(고후 9:7)

[공동번역]고후 9:7

각각 마음에서 우러나는 대로 내야지 아까워하면서 내거나 마지못해 내는 일은 없어야 합니다. 하느님께서는 기쁜 마음으로 내는 사람을 사랑하십니다.

✝ 감사로 제사를 드리는 자가 나를 영화롭게 하나니, 그 행위를 옳게 하는 자에게 내가 하나님의 구원을 보이리라.(시50:23)

[표준새번역]시 50:23

감사하는 마음으로 제물을 바치는 사람이 나에게 영광을 돌리는 사람이니, 올바른 길을 걷는 사람에게, 내가 나의 구원을 보여 주겠다.

[공동번역]시 50:23

감사하는 마음을 제물로 바치는 자, 나를 높이 받드는 자이니, 올바르게 사는 자에게 내가 하느님의 구원을 보여주리라.

해설 하나님이 진정으로 받고 싶어 하는 제사는, 감사하는 마음입니다. 하나님께서는, 마음의 중심이 실린 진정한 감사의 제사를 원하십니다. 왜 아벨의 제사는 열납하시고, 가인의 제사를 거절하셨는지 그 이유가 여기에 있습니다. 가인은 마음에 내키지 않는 형식적인 제사를 드렸습니다. 감사가 빠진 제사를 드린 것입니다.

✝ 여호와께서 사무엘에게 이르시되, 그 용모와 신장을 보지 말라 내가 이미 그를 버렸노라. 나의 보는 것은 사람과 같지 아니하니 사람은 외모를 보거니와 나 여호와는 중심을 보느니라(삼상 16:7)

[공동번역]삼상 16:7

그러나 야훼께서는 사무엘에게 "용모나 신장을 보지는 말라. 그는 이미 내 눈 밖에 났다. 하느님은 사람들처럼 보지 않는다. 사람들은 겉모양을 보지만 나 야훼는 속마음을 들여다 본다" 하고 이르셨다.

[NKJV]삼상 16:7

For the Lord does not see as man sees; for man looks at the outward appearance, but the LORD looks at the heart.

해설 하나님은 외모가 아닌 사람의 마음의 중심을 보십니다. 또한 사람의 마음의 중심을 보시고자 제사를 요구하신 것입니다. 제사 중의 제사는 찬미의 제사입니다. 마음의 중심을 드리는 행위이기 때문입니다. 아벨은 그의 마음의 중심이 항상 하나님을 향해 있었던 믿음의 사람이었습니다. 마음으로 하나님을 찬양했던 찬송의 사람이었습니다.

2
찬송의 사람, 에녹

외경(위경)의 에녹서를 보면, 그는 천사와 천문학에 조예가 깊었던 인물로 나타납니다. 천체의 운행과 하나님의 창조의 질서를 깨달은 그는, 우주의 비밀을 소유한 자로 하나님과 깊은 영적 교제를 나누며 이 땅을 살았습니다. 우주의 비밀을 깨달은 그는 또한 찬송의 비밀을 소유한 사람이었습니다. 왜냐하면, 온 우주는 하나님을 찬양하는 존재이기 때문입니다.

에녹은 이 땅에서 철저히 하나님을 찬양하는 삶을 살았습니다. 찬양함으로 열렬하게 하나님을 찾는 삶을 살았던 것입니다. 히브리서 11장은 그 사실을 잘 입증해 주고 있습니다. 하나님은 그것을 기뻐하셔서 당신의 곁에 두고자, 그를 산 채로 하늘로 옮기셨습니다. 가까이서 그의 찬송을 듣고 싶어서였을 것입니다.

† 믿음으로 에녹은 죽음을 보지 않고 옮기웠으니, 하나님이 저를 옮기심으로 다시 보이지 아니하니라. 저는 옮기우기 전에 하나님을 기쁘시게 하는 자라 하는 증거를 받았느니라. 믿음이 없이는 기쁘시게 못 하나니, 하나님께 나아가는 자는 반드시 그가 계신 것과,

또한 그가 자기를 찾는 자들에게 상 주시는 이심을 믿어야 할지니라.(히 11:5-6)

[킹제임스흠정역]히 11:6

그러나 믿음이 없이는 하나님을 기쁘게 하지 못하나니 그 분께 가는 자는 반드시 그 분께서 계시는 것과 또 그 분께서 부지런히(열심히, 간절하게) 자신을 찾는 자들에게 보상해 주시는 분이심을 믿어야 하느니라.

[NKJV]히 11:6

But without faith it is impossible to please Him, for he who comes to God must believe that He is, and that He is a rewarder of those who **diligently** seek Him.

[NIV]히 11:6

And without faith it is impossible to please God, because anyone who comes to him must believe that he exists and that he rewards those who **earnestly** seek him.

`해설` '찾는'으로 번역된 헬라어 **에크제테오**($\acute{\epsilon}\kappa\zeta\eta\tau\acute{\epsilon}\omega$)는 '부지런히 연구하면서 찾는 것'을 의미합니다. 영어 성경은 diligently, earnestly, sincerely, seriously seek 등으로 번역을 했습니다. 선지자 에녹은 우주의 비밀을 깨닫고 천문학에 능통한 자로, 하나님을 부지런히 연구하고 찾았던 인물입니다. 아브라함과 유사한 부분입니다.

♫ 옛날 선지 에녹같이 우리들도 천국에
들려 올라갈 때까지 주와 같이 걷겠네.
한 걸음 한 걸음 주 예수와 함께
날마다 날마다 우리는 걷겠네. (통일찬송 456)

히브리서 11장에서는, 어떤 경우에도 하나님이 계심을 믿고(exist), 열렬하게 찾는 자들(earnestly seek)에게는 상을 주신다고 약속하고 있습니다. 천국은 철저한 계급사회입니다. 부익부 빈익빈입니다. 평범하게 찾으면 구원입니다. 열렬하게(부지런히, 진지하게, 심각하게) 찾아야 상급입니다. 달란트 비유는 좋은 예입니다.

찬송의 비밀을 소유한 에녹은, 이 땅에서 찬송함으로 하나님을 기쁘시게 해드린, 찬송의 사람이었습니다. 찬송함으로 하나님을 열렬하게 (부지런히, 진지하게, 심각하게) 찾았던 믿음의 사람이었습니다.

또한 에녹은 이 땅에 살면서 하나님과의 친밀한 관계를 즐겼던 사람입니다. 하나님과의 친밀한 교제 속에, 철저히 하나님과 동행하는 삶을 산 것입니다. 그래서 하나님은 당신의 친구인 에녹을 좀 더 가까이에 두고자, 그를 취해 가신 것입니다. 에녹은 하나님을 기쁘시게 하는 방법을 터득한 인물이었습니다.

> † 에녹은 육십오 세에 므두셀라를 낳았고, 므두셀라를 낳은 후 삼백 년을 하나님과 동행하며 자녀를 낳았으며, 그가 삼백육십오 세를 향수하였더라. 에녹이 하나님과 동행하더니, 하나님이 그를 데려가시므로 세상에 있지 아니하였더라.(창 5:21-24)
>
> [현대인의성경]창 5:21-24
> 에녹은 65세에 므두셀라를 낳았고, 그 후에도 300년 동안 하나님과 깊은 교제를 나누며 자녀를 지내다가 365세까지 살았다. 그가 하나님과 깊은 교제를 나누며 사는 중에, 하나님이 그를 데려가시므로 그가 사라지고 말았다.
>
> [NLT]창 5:22-24
> After the birth of Methuselah, Enoch lived another 300 years in **close fellowship** with God, and he had other sons and daughters. Enoch lived 365 years in all. He enjoyed a **close relationship** with God throughout his life. Then suddenly, he disappeared because God took him.

계시록 11장의, 마지막 시대에 땅을 심판할 권세를 가지고 나타난 두 증인을, 일부 학자들은 에녹과 엘리야로 봅니다. 그들은 이 땅에서 죽음을 보지 아니하고 승천했던 두 주인공들입니다. 그들이 강력한 영권을 가진 선지자들로 다시 나타나서, 3년 반(42달, 1260일, 한 때와 두 때와 반 때) 동안 자신들의 사역을 충성스럽게 감당합니다. 에녹이 그만큼 하나님과 친밀한 교제를 나눈 인물이었음을 입증하는 대목입니다. 그는 하나님과의 친밀한 교제 가운데 하나님과 동행하며, 항상 하나님을 찬송한, 찬송의 사람이었습니다.

✝ 내가 나의 '두 증인'에게 권세를 주리니, 저희가 굵은 베옷을 입고 '일천이백육십 일'을 예언하리라. 이는 이 땅의 주 앞에 섰는 '두 감람나무'와 '두 촛대'니, 만일 누구든지 저희를 해하고자 한즉 저희 입에서 불이 나서 그 원수를 소멸할지니, 누구든지 해하려 하면 반드시 이와 같이 죽임을 당하리라. 저희가 권세를 가지고 하늘을 닫아 그 예언을 하는 날 동안 비 오지 못하게 하고, 또 권세를 가지고 물을 변하여 피 되게 하고, 아무 때든지 원하는 대로 여러 가지 재앙으로 땅을 치리로다.(계 11:3-6)

✝ 아담의 칠대손 에녹은 이렇게 예언하였습니다. "보아라, 주님께서 수만 명이나 되는 거룩한 천사들을 거느리고 오셨으니, 이것은 모든 사람을 심판하시고, 모든 불경건한 자들이 저지른 온갖 불경건한 행실과, 또 불경건한 죄인들이 주님을 거슬러서 말한 모든 거친 말을 들추어내서, 그들을 단죄하시려는 것이다."(유 1:14-15, 표준새번역)

해설 외경(위경)인 〈제 2 에녹서〉를 인용한 부분입니다. 천문학에 능통한 에녹은 우주의 비밀을 깨달은 경건한 인물이었습니다. 우주의 비밀을 깨달은 그는 또한 찬양의 비밀을 깨달은 자였습니다. 우주의 존재 목적은 하나님을 찬양하는 것이며, 천사들 역시 하나님을 수종 들며 하나님의 영광을 찬양하는 존재들이기 때문입니다. 경건한 의인이었던 에녹은 또한 찬송의 사람이었습니다.

3
찬송의 사람, 노아

아담의 10대 손 노아는 당대의 의인이며 하나님의 마음에 합한 인물이었습니다. 그가 홍수로 멸망을 당할 수밖에 없는 패역한 시대를 살았지만, 그는 경건하고 하나님의 보시기에 의로운 인물이었습니다. 무엇보다도 그는 하나님의 마음을 헤아릴 줄 아는 인물이었습니다. 하나님의 눈에 맺힌 눈물을 보고 하나님의 탄식소리를 들었던 인물이었습니다. 그가 하나님과 가까이에서 동행하는 삶을 살았기 때문입니다. '위로, 안위, 안식, 즐거움'이라는 그의 이름처럼(노아, Noah), 그는 (철저하게 타락해 버린 인류로 인하여 고통당하시는)하나님을 위로하고 그의 기쁨이 되었던 인물입니다. 그러한 그를 하나님은 세상을 멸하는 홍수의 심판에서 구원하시고, 믿음을 좇는 '의의 후사'로 세우셨습니다.

† 라멕은 182 세에 아들을 낳고 이름을 노아라 하여 가로되, 여호와께서 땅을 저주하시므로 수고로이 일하는 우리를 이 아들이 안위하리라 하였더라.(창 5:28-29)

[표준새번역]창 5:29
그는 아들의 이름을 노아라고 짓고 말하였다. "주님께서 저주하신 땅 때문에, 우리가 수고하고 고통을 겪어야 하는데, 이 아들이 우리를 위로할 것이다."

[NIV]창 5:29

He named him Noah and said, "He will **comfort** us in the labor and painful toil of our hands caused by the ground the Lord has cursed."

해설 인류의 조상인 아담의 범죄로 말미암아 저주를 받은 땅에서 고통스런 삶을 살아 가던 라멕이, 그의 아들의 이름을 노아(Noah)라고 지었습니다. '위로, 안식, 휴식, 즐거움'을 갈망한 것입니다. 영어 성경은 comfort, relief, rest 등으로 번역했습니다.

✝ 노아의 사적은 이러하니라. 노아는 의인이요 당세에 완전한 자라 그가 하나님과 동행하였으며(창 6:9)

[공동번역]창 6:9

노아의 이야기는 이러하다. 그 당시에 노아만큼 '올바르고 흠없는 사람'이 없었다. 그는 하느님을 모시고 사는 사람이었다.

[NLT]창 6:9

This is the account of Noah and his family. Noah was a righteous man, the only blameless person living on earth at the time, and he walked in **close fellowship** with God.

해설 하나님의 사람 노아는 하나님과 가까이 동행하며 친밀히 교제하는 가운데 하나님을 기쁘시게 하는 삶을 살았습니다. 그는 흠이 없는 온전한 인물이었습니다. 마음의 중심이 항상 하나님을 향해 있었던, 충성된 종이었습니다.

✝ 그러나 노아는 여호와께 은혜를 입었더라.(창 6:8)

[KJV]창 6:8

But Noah found grace in the eyes of the LORD.

[NIV]창 6:8

But Noah found favor in the eyes of the Lord.

해설 하나님과 가까이에서 동행했던 노아는, 타락한 인류의 죄악상으로 인하여 고통당하시는 하나님의 마음을 누구보다도 깊이 헤아렸던 인물입니다. 인류의 심판을 앞두고 고뇌하시는 하나님의 눈에서 그의 눈물을 본 것입니다.

하나님과 가까이에서 동행한 그는, 항상 하나님을 위로하고 하나님을 찬양하였습니다. 하나님을 찬양하는 '경배의 제단'을 쌓았습니다. 그것이 하나님께는 기쁨이 되고 위로가 되었습니다. 세상에서는 사람들의 죄악으로 인한 악취가 피어올랐지만, 의인인 노아가 드리는 찬양은 하나님을 기쁘시게 하는 거룩한 향기가 되었습니다. 하나님은 그 향기를 흠향하셨습니다. 찬미의 제사는 하나님을 기쁘시게 하는 최고의 제사이기 때문입니다.

그는 하나님의 이름을 '찬양받으실 분, 찬양받기에 합당한 분'으로 호칭을 하고 있습니다. 그의 신앙 고백인 것입니다. 당대의 의인이요 믿음의 사람이었던 노아는 찬양의 사람이었습니다.

† 또 가로되 셈의 하나님 여호와를 찬송하리로다. 가나안은 셈의 종이 되고(창 9:26)
[표준새번역] 창 9:26
그는 또 말하였다. "셈의 주 하나님은 **찬양받으실 분**이시다. 셈은 가나안을 종으로 부릴 것이다."
해설 노아는 하나님의 이름을 찬양받으실 분, 찬양받기에 합당하신 분으로 호칭을 하고 있습니다. 노아가 평소에 그러한 마음과 생각을 품고, 항상 찬양 가운데 하나님과 동행했다는 증거입니다. 항상 찬양 가운데 하나님과의 친밀한 교제를 나눈 것입니다.

† 노아가 여호와를 위하여 단을 쌓고 모든 정결한 짐승 중에서, 모든 정결한 새 중에서 취하여 번제로 단에 드렸더니, 여호와께서 그 향기를 흠향하시고(창 8:20-21)
해설 찬양 가운데 하나님과 동행한 노아는, 여호와를 위하여 '예배의 제단'을 쌓았습니다. 경배와 찬양의 제단을 쌓은 것입니다. 하나님은 그러한 노아의 행위와 예배를 기쁘게 받으시고, 홍수의 심판에서 그를 구원하셨을 뿐만 아니라, 그를 통하여 '영원한 언약'을 세우셨습니다. 다시는 홍수로 세상을 멸하지 않겠다는 '무지개 언약'입니다.

✝ 하나님이 노아와 그와 함께 한 아들들에게 일러 가라사대, 내가 너희와 언약을 세우리니 다시는 모든 생물을 홍수로 멸하지 아니할 것이라. 땅을 침몰할 홍수가 다시 있지 아니하리라. 하나님이 가라사대 내가 나와 너희 및 너희와 함께 하는 모든 생물 사이에 영세까지 세우는 언약의 증거는 이것이라. 내가 내 무지개를 구름 속에 두었나니 이것이 나의 세상과의 언약의 증거니라.(창 9:8-13)

해설 홍수의 공포를 경험하고 나서 무서워하는 모든 피조물을 하나님께서 안심시키고 희망을 주는 언약입니다. 의인인 노아가 하나님께로부터 받은 영원한 언약입니다. 이 언약(무지개 언약)이 없었더라면 세상은 (인간의 죄악으로 인하여)노아의 홍수와 같은 심판을 수도 없이 반복해서 당해야만 했을 것입니다.

✝ 믿음으로 노아는 아직 보지 못하는 일에 경고하심을 받아 (하나님을)경외함으로 방주를 예비하여 그 집을 구원하였으니, 이로 말미암아 세상을 정죄하고 믿음을 좇는 의의 후사가 되었느니라.(히 11:7)

해설 히브리서 기자는 노아의 모든 행위를 믿음에 의한 것으로 규정하고 있습니다. 아벨, 에녹에 이어서 믿음을 좇은 의의 후사로 규정한 것입니다. 의인인 이들 3인(아벨, 에녹, 노아)은 또한 공통적으로 '찬송의 사람들'이었습니다.

✝ 비록 노아, 다니엘, 욥, 이 세 사람이 거기 있을지라도 그들은 자기의 의로 자기의 생명만 건지리라 나 주 여호와의 말이니라.(겔 14:14)

해설 아담 이후 선지자 에스겔 시대까지 이 땅을 살다 간 모든 인류 가운데 의인 3인을 꼽는데, 그 첫 번째로 노아가 거명되고 있습니다. 노아는 그렇게 거룩하고 경건하며 흠이 없는 의로운 인물이었습니다. 그는 하나님의 마음을 깊이 헤아리고 하나님을 기쁘시게 하는 방법을 터득한 믿음의 사람이었습니다. 하나님과 친밀히 교제하는 가운데 하나님의 은혜와 영광을 끊임없이 찬양하는 찬송의 사람이었습니다.

4
찬송의 사람, 욥

욥은 처절한 고난 가운데서도 하나님을 향하여 원망하거나 불평하지 아니하고, 오히려 감사 기도와 감사 찬송을 드린, 위대한 찬송의 사람이었습니다. 고난 중에도 더욱더 하나님을 가까이 하여, 그를 경배하고 찬양하는, 참된 예배의 사람이었습니다. 고난 중에도 입술의 문을 지킨, 참된 믿음의 사람이었습니다. 사단은 더 이상 그를 공격할 방법이 없었습니다. 고난을 당하면 당할수록 더욱더 하나님을 가까이하는 인물이었기 때문입니다. 히브리서 기자는 이런 사람을, '세상이 감당치 못할 자'라고 표현하고 있습니다. 욥은 찬양의 비밀을 간직한 찬송의 사람이었습니다.

† 욥이 일어나 겉옷을 찢고 머리털을 밀고 땅에 엎드려 경배하며 가로되, 내가 모태에서 적신이 나왔사온즉 또한 적신이 그리로 돌아가올지라. 주신 자도 여호와시요 취하신 자도 여호와시오니 여호와의 이름이 찬송을 받으실지니이다 하고, 이 모든 일에 욥이 범죄하지 아니하고, 하나님을 향하여 어리석게 원망하지 아니하니라.(욥 1:20-22)

해설 재산과 자녀를 모두 잃은 극심한 고난 가운데서도, 욥은 하나님을 향하여 원망하지 아니하고 오히려 하나님께 경배와 찬송을 드렸습니다. 즉, 예배를 드린 것입니다.

† 사단이 이에 여호와 앞에서 물러가서 욥을 쳐서, 그 발바닥에서 정수리까지 악창이 나게 한지라. 욥이 재 가운데 앉아서 기와 조각을 가져다가 몸을 긁고 있더니, 그 아내가 그에게 이르되, 당신이 그래도 자기의 순전을 지키겠느뇨. 하나님을 욕하고 죽으라. 욥이 이르되, 그대의 말이 어리석은 여자 중 하나의 말 같도다. 우리가 하나님께 복을 받았은즉, 재앙도 받지 아니하겠느뇨 하고, 이 모든 일에 욥이 입술로 범죄치 아니하니라.(욥 2:7-10)

[공동번역]욥 2:7-10
사탄은 야훼 앞에서 물러 나오는 길로 곧 욥을 쳐, 발바닥에서 정수리까지 심한 부스럼이 나게 하였다. 욥은 잿더미에 앉아서 토기 조각으로 몸을 긁었다. 그의 아내가 그에게 말하였다. "당신은 아직도 요지부동이군요? 하느님을 욕하고 죽으시오." 그러나 욥은 이렇게 대답하였다. "당신조차 미련한 여인처럼 말하다니! 우리가 하느님에게서 좋은 것을 받았는데, 나쁜 것이라고 하여 어찌 거절할 수 있단 말이오?" 이렇게 욥은 이 모든 일을 당하여도 입술로 죄를 짓지 않았다.

해설 고난 중에도 끝까지 인내하고 신실함을 유지하는, 욥의 견고한 믿음이 참으로 아름답습니다. 하나님을 향하여 원망하거나 불평하지 아니하고 끝까지 입술의 문을 지킨, 욥의 인내가 참으로 아름답습니다. 욥의 입술의 열매가 참으로 아름답습니다. 욥은 경건한 믿음 위에 찬송의 비밀을 소유한, 진정한 믿음의 사람이었습니다. 사단은 이런 사람을 감당할 수가 없습니다.

또한 욥은 '천체와 우주의 비밀'을 깨달은 자였습니다. 그것들을 만드신 이가 하나님이기에, 그것들은 모두가 하나님의 영광을 찬양하는 존재들임을 욥이 익히 깨달은 것입니다. 에녹이나 아브라함과 유사한 부분입니다. 우주 만물의 창조와 존재의 목적이 하나님의 은혜의 영광을 찬미하는 것이기에, 욥은 어떤 환경에서도 하나님의 은혜를 생각하며 하나님의 영광만을 찬양하였습니다. 믿음의 사람 욥은 찬송의 비밀을 소유한 찬송의 사람이었습니다.

✝ 그가 해를 명하여 뜨지 못하게 하시며 별들을 봉하시며, 그가 홀로 하늘을 펴시며 바다 물결을 밟으시며, 북두성과 삼성과 묘성과 남방의 밀실을 만드셨으며, 측량할 수 없는 큰 일을, 셀 수 없는 기이한 일을 행하시느니라.(욥 9:7-10)

✝ 이제 모든 짐승에게 물어보라 그것들이 네게 가르치리라. 공중의 새에게 물어보라 그것들이 또한 네게 고하리라. 땅에게 말하라 네게 가르치리라. 바다의 고기도 네게 설명하리라. 이것들 중에 어느 것이 여호와의 손이 이를 행하신 줄을 알지 못하랴. 생물들의 혼과 인생들의 영이 다 그의 손에 있느니라.(욥 12:7-10)

해설 들짐승들이 하나님의 영광을 찬양하고 있습니다. 공중의 새들이 하나님의 영광을 찬양하고 있습니다. 바다의 고기들이 하나님의 영광을 찬양하고 있습니다. 이름없는 들풀들이 하나님의 영광을 찬양하고 있습니다. 만물이 하나님의 은혜를 깨닫고, 그의 은혜의 영광을 찬양하고 있습니다. 욥이 깨달은 진리입니다. 욥은 찬송의 비밀을 간직한 찬송의 사람이었습니다.

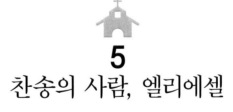

5
찬송의 사람, 엘리에셀

아브라함의 늙은 종 '다메섹 엘리에셀'은 철저하게 믿음의 사람이었습니다. 주인의 아들 이삭의 신부감을 구하기 위해서, 아브라함의 고향인 메소포타미아 하란까지 다녀오는 여행의 과정에서 그가 보여준 모든 믿음의 행위들은, 참으로 우리의 가슴을 뭉클하게 만듭니다. 감동 그 자체입니다. 착하고 충성된 종입니다. 경건하고 의로운 종입니다.

그는 매사를 기도하고 처리하는 기도의 사람이었습니다. 어떠한 상황에서도 여호와께 경배하고 여호와를 찬송하는 참된 예배의 사람이었습니다. 그의 삶에 경배와 찬송이 배어 있는, 성숙한 믿음의 종이었습니다. 그를 보면 마치 아브라함의 모습을 보는 듯합니다. 종은 주인의 모습이며, 주인의 거울이기 때문입니다.

✝ 그는 기도하였다. "주님, 나의 주인 아브라함을 보살펴 주신 하나님, 오늘 일이 잘 되게 하여 주십시오. 나의 주인 아브라함에게 은총을 베풀어 주십시오. 제가 여기 우물 곁에 서 있다가, 마을 사람의 딸들이 물을 길으러 나오면, 제가 그 가운데서 한 소녀에게 '물동이를 기울여서, 물을 한 모금 마실 수 있게 하여 달라' 하겠습

니다. 그때에 그 소녀가 '드십시오. 낙타들에게도 제가 물을 주겠습니다' 하고 말하면, 그가 바로 주님께서 주님의 종 이삭의 아내로 정하신 여인인 줄로 알겠습니다. 이것으로써 주님께서 저의 주인에게 은총을 베푸신 줄로 알겠습니다." 기도를 미처 마치기도 전에, 리브가가 물동이를 어깨에 메고 나왔다. 그의 아버지는 브두엘이고, 할머니는 밀가이다. 밀가는 아브라함의 동생 나홀의 아내로서, 아브라함에게는 제수뻘이 되는 사람이다.(창 24:12-15, 표준새번역)

† 약대가 마시기를 다하매 그가(엘리에셀) 반 세겔중 금고리 한 개와 열 세겔 중 금 손목고리 한 쌍을 그에게 주며 가로되, 네가 뉘 딸이냐 청컨대 내게 고하라. 네 부친의 집에 우리 유숙할 곳이 있느냐. 그 여자가 그에게 이르되 나는 밀가가 나홀에게 낳은 아들 브두엘의 딸이니이다. 또 가로되 우리에게 짚과 보리가 족하며 유숙할 곳도 있나이다. 이에 그 사람이 머리를 숙여 여호와께 경배하고 가로되, 나의 주인 아브라함의 하나님 여호와를 찬송하나이다. 나의 주인에게 주의 인자와 성실을 끊이지 아니하셨사오며, 여호와께서 길에서 나를 인도하사 내 주인의 동생 집에 이르게 하셨나이다 하니라.(창 24:22-27)

[공동번역]창 24:26-27

그는 야훼께 엎드려 경배하고는 "내 주인의 하느님 야훼, 찬양을 받으실 분이어라. 야훼께서는 내 주인을 버리지 않으시고, 참으로 신의를 지키셨구나. 야훼께서 이렇게 나를 주인의 친척 집에까지 인도해 주셨구나." 하며 찬양하였다.

해설 우물가에서 뜻밖에 이삭의 신부감을 만나는 극적인 순간에도, 그는 먼저 여호와 하나님께 경배와 찬송을 드립니다. 즉 예배를 드린 것입니다.

† 내가(엘리에셀) 묵도하기를 마치지 못하여, 리브가가 물 항아리를 어깨에 메고 나와서 우물로 내려와 긷기로, 내가 그에게 이르기를 청컨대 내게 마시우라 한즉, 그가 급히 물 항아리를 어깨에서 내리며 가로되, 마시라 내가 당신의 약대에게도 마시우리라 하기로, 내가 마시매 그가 또 약대에게도 마시운지라. 내가 그에게 묻기를 네가 뉘 딸이뇨 한즉, 가로되 밀가가 나홀에게 낳은 브두엘의 딸(손녀)이라 하기로, 내가 고리를 그 코에 꿰고 손목고리를 그 손에

끼우고, 나의 주인 아브라함의 하나님 여호와께서 나를 바른 길로 인도하사, 나의 주인의 동생의 딸(손녀)을 그 아들을 위하여 댁하게 하셨으므로, 내가 머리를 숙여 그에게 경배하고 찬송하였나이다.(창 24:45-48)

해설 그는 매사를 묵도(기도)함으로, 먼저 하나님의 뜻을 구했습니다. 그리고 주어진 응답의 결과 앞에서도, 먼저 하나님께 영광을 돌려 드렸습니다. 그는 항상 하나님만을 경배하고, 하나님만을 찬송했습니다. 참으로 충성된 종입니다. 마치 아브라함의 모습을 보는 듯합니다.

✝ 이에 그들 곧 종과 종자들이 먹고 마시고 유숙하고 아침에 일어나서 그가 가로되, 나를 보내어 내 주인에게로 돌아가게 하소서. 리브가의 오라비와 그 어미가 가로되, 소녀로 며칠을 적어도 열흘을 우리와 함께 있게 하라. 그 후에 그가 갈 것이니라. 그 사람이 그들에게 이르되, 나를 만류치 마소서 여호와께서 내게 형통한 길을 주셨으니, 나를 보내어 내 주인에게로 돌아가게 하소서. 그들이 가로되 우리가 소녀를 불러 그에게 물으리라 하고, 리브가를 불러 그에게 이르되, 네가 이 사람과 함께 가려느냐. 그가 대답하되 가겠나이다. 리브가가 일어나 비자와 함께 약대를 타고 그 사람을 따라가니, 종이 리브가를 데리고 가니라.(창 24:54-61)

해설 항상 하나님만을 경배하고, 찬양하고, 범사를 기도로 처리하는 이 착한 종을, 하나님은 평탄한 길로 형통한 길로 인도하셨습니다. 그것이 믿음의 법칙입니다. 이러한 종을 소유한 아브라함은 참으로 복 있는 사람입니다. 아브라함의 늙은 종 엘리에셀은 찬송의 사람이었습니다.

6
찬송의 사람, 아브라함

종의 모습은 곧 주인의 모습입니다. 자녀가 아비의 거울이듯이, 종은 주인의 거울입니다. 아브라함의 종 엘리에셀이 항상 기도하고 하나님께 경배와 찬양을 드렸다는 사실은, 곧 그의 주인 아브라함이 항상 기도하고 하나님께 경배와 찬양을 드렸다는 결론입니다. 경배와 찬양은 곧 예배입니다. 구약의 제사입니다.

창세기 12장 이하에 보면, 아브라함은 가는 곳마다 제일 먼저 하는 일이, 주님 앞에 제단을 쌓아서 바치고, 주님의 이름을 부르며, 예배를 드리는 일이었습니다. 기도하고, 경배와 찬송을 드렸다는 사실입니다. 찬미의 제사를 드렸다는 사실입니다. 하나님은 뿔과 굽이 있는 황소보다도, 아브라함이 바치는 이 찬미의 제사를 더 기쁘게 받으셨습니다. 찬미의 제사는 하나님이 기뻐 받으시는 최고의 제사이기 때문입니다.

따라서 그의 모습을 가까이서 지켜본 아브라함의 종 엘리에셀이 주인의 모습을 본받아 경배와 찬송의 사람이 된 것은 너무나도 당연한 일입니다. 종은 주인의 거울이기 때문입니다. 믿음의 조상 아브라함은 확실한 찬송의 사람이었습니다.

✝ 아브람은 그 땅을 지나서, 세겜 땅 곧 모레의 상수리나무가 있는 곳에 이르렀다. 그때에 그 땅에는 '가나안 사람들'이 살고 있었다. 주님께서 아브람에게 나타나셔서 말씀하셨다. "내가 너의 자손에게 이 땅을 주겠다." 아브람은 거기에서 자기에게 나타나신 주님께 제단을 쌓아서 바쳤다. 아브람은 또 거기에서 떠나, '베델의 동쪽에 있는 산간지방'으로 옮겨 가서 장막을 쳤다. 서쪽은 베델이고 동쪽은 아이이다. 아브람은 거기에서도 제단을 쌓아서 주님께 바치고, 주님의 이름을 부르며 예배를 드렸다.(창 12:6-8, 표준새번역)

[NLT]창 12:8
After that, Abram traveled southward and set up camp in the hill country between Bethel on the west and Ai on the east. There he **built an altar** and **worshiped** the LORD.

아브라함이 가나안 땅에 들어와서 처음 한 일은 여호와께 제단을 쌓는 일이었습니다. 그는 가는 곳마다 여호와 앞에 제단을 쌓고, 여호와의 이름을 불러 예배를 드렸습니다. 경배와 찬양을 드린 것입니다. 이방의 땅에서 하나님을 찬양하는, 찬미의 제사를 드린 것입니다. 아브라함의 입술을 통하여 죄악의 땅, 어둠의 땅 가나안에 찬양의 향기가 울려퍼진 것입니다. 경배와 찬양은 아브라함의 삶에 밴 그의 삶의 방식이었습니다. 그의 삶의 목표이자, 삶의 중심 축이었습니다.

✝ 아브람은 이집트를 떠나서, 네겝으로 올라갔다. 그는 아내를 데리고서, 모든 소유를 가지고 이집트를 떠났다. 조카 롯도 그와 함께 갔다. 아브람은 집짐승과 은과 금이 많은 큰 부자가 되었다. 그는 네겝에서는 얼마 살지 않고 그곳을 떠나, 이곳 저곳으로 떠돌아다니다가, 베델 부근에 이르렀다. 그곳은 베델과 아이 사이에 있는, 예전에 장막을 치고 살던 곳이다. 그곳은 그가 처음으로 제단을 쌓은 곳이다. 거기에서 아브람은 주님의 이름을 부르며, 예배를 드렸다.(창 13:1-4, 표준새번역)

[공동번역]창 13:1-4

아브람은 모든 재물을 거두어가지고 아내와 함께 이집트에서 나와 네겝으로 올라갔다. 롯도 함께 올라갔다. 아브람은 가축과 은과 금을 많이 가진 큰 부자가 되었다. 아브람은 네겝에서 베델 쪽으로 옮겨가다가 전에 천막을 쳤던 베델과 아이 사이에 이르렀다. 그곳은 지난날 아브람이 제단을 쌓고, 야훼의 이름을 불러 예배하던 곳이었다.

[NLT]창 13:4

This was the place where Abram had built the altar, and there he again **worshiped** the LORD.

† 아브라함은 브엘세바에 에셀 나무를 심고, 거기에서 영생하시는 주 하나님의 이름을 부르며 예배를 드렸다.(창 21:33, 표준새번역)

[공동번역]창 21:33

아브라함은 브엘세바에 에셀나무를 심고, 그곳에서 영원하신 하느님 야훼의 이름을 불러 예배하였다.

[NLT]창 21:33

Then Abraham planted a tamarisk tree at Beersheba, and he **worshiped** the LORD, the Eternal God, at that place.

아브라함은 가나안 땅에 도착하기 이전부터 이미 찬송의 비밀을 소유한 사람이었습니다. 유대 역사가 요세푸스의 유대 고대사를 비롯한 『성경 밖의 자료들』을 살펴보면, 아브라함은 '천문학'과 '자연과학'에 능통한 인물이었습니다. 특히 천문학에 관심이 많았던 그는, 아주 어린 나이에 이미 '창조주 하나님'을 깨달아 알고 있었습니다. 그래서 그는 어려서부터 하나님을 전파하는 데 열심이 특심했던 인물로 전해지고 있습니다. 그 일로 인하여 그는, 우상의 도시 갈대아 우르에서 많은 핍박을 받게 되었고, 그 핍박을 견디다 못해 그의 가족이 결국은 하란으로 이주한 것으로 전해지고 있습니다.

"그가 우주의 비밀을 익히 깨달아 알고 있었다"는 사실은, "그가 또한 찬송의 비밀을 깨달아 알고 있었다"는 증거이기도 합니다. 이미 살펴본 대로, 온 우주는 하나님의 영광을 찬양하는 존재이기 때문입니다. 그래서 그는 가는 곳마다 하나님 앞에 예배의 제단을 쌓았습니다. 심지어 독자 이삭을 제물로 바치는 모리아 산에서까지, 그는 하나님 앞에 예배를 드렸습니다. '경배와 찬양의 제단'을 쌓은 것입니다. 하나님은 그의 중심을 받으시고, 독자 이삭을 다시 살려주셨습니다. 이미 최고의 제사를 받으셨기 때문입니다. 부활의 신앙을 소유한 아브라함은 위대한 믿음의 사람이자, 동시에 찬양의 사람이었습니다.

† 그는 자기 종들에게 말하였다. "내가 이 아이와 저리로 가서 예배를 드리고 너희에게로 함께 돌아올 터이니, 그동안 너희는 나귀와 함께 여기에서 기다리고 있거라."(창 22:5, 표준새번역)

[NIV]창 22:5
He said to his servants, "Stay here with the donkey while I and the boy go over there. We will **worship** and then we will come back to you."

해설 독자 이삭을 제물로 바치는 모리아 산에서까지 그는 하나님 앞에 예배를 드렸습니다. 경배와 찬양의 제단을 쌓은 것입니다. 또한 번제로 죽여 바친 아들 이삭과 함께 다시 돌아오겠다는 부활의 신앙을 갖고 있었습니다.

† 저가 하나님이 능히 죽은 자 가운데서 다시 살리실 줄로 생각한지라. 비유컨대 죽은 자 가운데서 도로 받은 것이니라.(히 11:19)

[공동번역]히 11:19
아브라함은 하느님께서 죽었던 사람들까지 살리실 수 있다고 믿고 있었습니다. 그러므로 아브라함에게는 이를테면 죽었던 이사악을 되찾은 셈이 되었습니다.

해설 아브라함의 부활 신앙입니다. 죽은 자를 살리시는 하나님의 능력을 믿고 그 하나님을 찬양한 것입니다.

✝ 기록된바 내가 너를 많은 민족의 조상으로 세웠다 하심과 같으니, 그의 믿은바 하나님은 죽은 자를 살리시며 없는 것을 있는 것 같이 부르시는 이시니라.(롬 4:17)

하나님을 전파하는 데 열심이 특심(特甚)했던 아브라함은, 가나안 땅에 가뭄이 들자 애굽으로 내려갑니다. 두 가지 이유에서입니다. 첫째는, 가뭄을 피해서, 즉 경제적인 이유에서입니다. 우리는 보통 이 사실만 기억하고 있습니다. 그런데 사실은 더 중요한 이유가 있었습니다. 요세푸스는 그의 저서인 유대 고대사에서, 이 사실을 분명하게 기록하고 있습니다.

아브라함이 애굽에 내려간 중요한 이유는, 창조주 하나님을 애굽에 전파하기 위한 '선교적 목적'이 있었다는 것입니다. 아브라함은 애굽 사람들이 신(하나님)을 어떻게 알고 섬기고 있는지가 궁금했고, 만약 그들(애굽 사람들)이 하나님을 모르거나 잘못 섬기고 있다면, 하나님을 바로 알고 섬기도록 그들에게 가르쳐 주고 싶은, '선교적 열망'이 있어서 애굽을 방문했다는 것입니다.

하나님을 전파하는 데 열심이 특심했던 아브라함은, 이 땅에서 그렇게 '선교적 삶'을 살았던 것입니다.

✝ 그 땅에 기근이 있으므로 아브람이 애굽에 우거하려 하여 그리로 내려갔으니, 이는 그 땅에 기근이 심하였음이라. 그가 애굽에 가까이 이를 때에 그 아내 사래더러 말하되, 나 알기에 그대는 아리따운 여인이라. 애굽 사람이 그대를 볼 때에 이르기를 이는 그의 아내라 하고 나는 죽이고 그대는 살리리니, 원컨대 그대는 나의

누이라 하라. 그리하면 내가 그대로 인하여 안전하고 내 목숨이 그대로 인하여 보존하겠노라 하니라. 아브람이 애굽에 이르렀을 때에 애굽 사람들이 그 여인의 심히 아리따움을 보았고, 바로의 대신들도 그를 보고 바로 앞에 칭찬하므로, 그 여인을 바로의 궁으로 취하여 들인지라.(창 12:10-15)

아브라함의 아내 사라의 일로 죄를 범한 애굽 왕 바로는, 아브라함이 애굽 땅에 온 목적을 듣고서, 사죄하는 의미에서 아브라함이 애굽의 박사들과 점성가들과 함께 하나님에 대하여 토론할 수 있는 장을 마련해 줍니다. 그러자 아브라함은 그들에게, 자신이 알고 있는 '창조주 하나님'을 전파했고, 동시에 천문학과 수학까지도 전해준 것으로 알려져 있습니다. 그렇다면 애굽이 자랑하는 천문학, 수학 등은, 아브라함이 그들에게 전해준 아브라함의 유산인 셈입니다.

아브라함은 대단한 '선교적 열정'을 가진 인물이었습니다. 하나님을 전파하는 데 열심이 특심했던 인물입니다. 주위 사람들에게 하나님을 전파하는 것이, 그의 유일한 삶의 목표이자 기쁨이었습니다. 가나안 땅에 거주하면서도 그는 항상, 그의 집의 대문을 개방하고 살았습니다. 모든 지나가는 나그네들을 집으로 불러들여서 풍성하게 접대한 후에, 그는 그들에게 자신이 섬기는 하나님을 열심히 전파했습니다. 그러던 어느 날 지나가는 나그네를 접대한 것이, 부지중에 (소돔 성을 멸하러 가던) 천사들을 접대하게 된 것입니다. 소돔 성에 거주하던 그의 조카 롯이 나그네를 접대하는 장면도, 그가 삼촌 아브라함의 평소의 모습을 본받은 것입니다.

아브라함은 믿음의 사람이요, 선교적 열심이 특심했던 인물이었습니다. 그는 하나님을 전파하고자 하는 거룩한 열정으로 중심에 불이 붙은 인물이었습니다. 하나님을 향한 뜨거운 믿음과 선교의 열정으로 천국을 향하여 부단히 침노했던 인물이었습니다. 그래서 그가 믿음의 조상으로 선택을 받은 것입니다. 특별히 그는 이 땅에서 사는 동안, 하나님만을 바라보며 하나님만을 찬양했던, 위대한 찬송의 사람이었습니다.

† 형제 사랑하기를 계속하고, 손님 대접하기를 잊지 말라. 이로써 부지중에 천사들을 대접한 이들이 있었느니라.(히 13:1-2)

† 여호와께서 마므레 상수리 수풀 근처에서 아브라함에게 나타나시니라. 오정 즈음에 그가 장막 문에 앉았다가 눈을 들어 본즉, 사람 셋이 맞은편에 섰는지라. 그가 그들을 보자 곧 장막 문에서 달려나가 영접하며 몸을 땅에 굽혀 가로되, 내 주여 내가 주께 은혜를 입었사오면 원컨대 종을 떠나 지나가지 마옵시고, 물을 조금 가져오게 하사 당신들의 발을 씻으시고 나무 아래서 쉬소서. 내가 떡을 조금 가져오리니 당신들의 마음을 쾌활케 하신 후에 지나가소서. 당신들이 종에게 오셨음이니이다. 그들이 가로되 네 말대로 그리하라. 아브라함이 급히 장막에 들어가 사라에게 이르러 이르되, 속히 고운 가루 세 스아를 가져다가 반죽하여 떡을 만들라 하고, 아브라함이 또 짐승 떼에 달려가서 기름지고 좋은 송아지를 취하여 하인에게 주니 그가 급히 요리한지라. 아브라함이 버터와 우유와 하인이 요리한 송아지를 가져다가 그들의 앞에 진설하고, 나무아래 모셔 서매 그들이 먹으니라… 그 사람들이 거기서 일어나서 소돔으로 향하고, 아브라함은 그들을 전송하러 함께 나가니라.(창 18:1-8, 16)

해설 나그네를 극진하게 접대하는, 평소 아브라함의 모습입니다. 그는 지나가는 나그네들을 집으로 맞아들여 풍성하게 접대한 후에, 그들에게 '창조주 하나님'을 전파하곤 하였습니다. 이날도 무더운 날의 대낮에 나그네를 접대했다가, 그는 부지중에 (소돔 성을 멸하러 가던) 천사들을 접대하게 된 것입니다. 이 땅에서 '선교적 삶'을 살다간 아브라함의 아름다운 모습입니다. 그는 항상 기쁨으로 그 일을 감당했습니다. 하나님을 찬송하면서 감당했습니다.

또한 아브라함은 환경을 초월한 찬송의 사람이었습니다. 그는 어떤 절망적인 상황에서도 희망을 잃지 않고 더욱 굳게 믿었을 뿐만 아니라, 더욱더 하나님을 찬양하였습니다. 그의 나이 100세가 되어 모든 희망이 사라졌음에도 불구하고, 자손을 주시겠다는 하나님의 약속을 조금도 의심치 아니하고 믿음에 견고하여져서, 절망하거나 낙담하는 대신 도리어 하나님께 영광을 돌리며 하나님께 찬양을 드렸습니다. '찬미의 제사'를 드린 것입니다. 하나님은 아브라함의 그 믿음을 보시고, 다시 한번 그를 믿음의 조상으로 인정하셨습니다. 아브라함은 환경을 뛰어넘은, 위대한 찬송의 사람이었습니다.

✝ 기록된바 내가 너를 많은 민족의 조상으로 세웠다 하심과 같으니, 그의 믿은바 하나님은 죽은 자를 살리시며 없는 것을 있는 것 같이 부르시는 이시니라. 아브라함이 바랄 수 없는 중에 바라고 믿었으니, 이는 네 후손이 이같으리라 하신 말씀대로 많은 민족의 조상이 되게 하려 하심을 인함이라. 그가 백 세나 되어 자기 몸의 죽은 것 같음과 사라의 태의 죽은 것 같음을 알고도 믿음이 약하여지지 아니하고, 믿음이 없어 하나님의 약속을 의심치 않고 믿음에 견고하여져서 하나님께 영광을 돌리며, 약속하신 그것을 또한 능히 이루실 줄을 확신하였으니, 그러므로 이것을 저에게 의로 여기셨느니라. (롬 4:17-22)

[공동번역]롬 4:19-22
그의 나이가 백 세에 가까워서 이미 죽은 사람이나 다름없이 되었고, 또 그의 아내 사라의 몸에서도 이제는 아기를 바랄 수 없다는 것을 알았지만, 그는 믿음을 가지고 희망을 잃지 않았습니다. 그는 끝내 하느님의 약속을 믿고 의심하

지 않았을 뿐만 아니라, 더욱 굳게 믿으며 **하느님을 찬양**하였습니다. 그리고 그는 하느님께서 약속하신 것을 능히 이루어 주시리라고 확신하였습니다. 하느님께서는 이런 믿음을 보시고 아브라함을 올바른 사람으로 인정하셨습니다.

해설 '영광'으로 번역된 헬라어 **독사**($\delta\delta\xi\alpha$)는 '영광, 영예, 거룩, 찬양, 경배' 라는 의미로 사용된 단어입니다. 아브라함은 절망 속에서도 희망을 잃지 않았을 뿐만 아니라, 더욱 굳게 믿으며 하나님의 영광을 찬양하였습니다. 하나님은 그 믿음을 보시고 아브라함을 의롭다 인정하셨습니다. 믿음의 사람 아브라함은, 환경을 초월한 찬송의 사람이었습니다.

7
찬송의 사람, 모세

시편 가운데 모세가 쓴 시편이 딱 하나 있습니다. 시편 90편인데, 모세가 하나님의 영원하심을 찬양하는 내용입니다. 출애굽기 15장에는, 하나님의 기적으로 이스라엘 백성이 홍해를 건넌 후에, 모세가 하나님을 찬양하는 내용이 나옵니다. 하나님의 영광과 그의 영원하신 능력을 찬양하는 내용입니다.

또 가나안 땅이 바라보이는 모압 평지에서, 모세가 이스라엘 백성을 교육하면서도, 그들이 가나안 땅에 들어가서 항상 하나님의 은혜를 기억하고, 하나님만을 찬양할 것을 당부하고 있습니다. 죽음을 눈앞에 둔 마지막 고별사에서도, 이스라엘 백성이 항상 하나님만을 찬송할 것을 간곡히 당부하고 있습니다. 찬송의 내용을 아예 노래로 써서 가르치고 있습니다.

하나님의 사람 모세는 광야의 한평생을 하나님을 찬송하다가, 찬송 가운데 부르심을 받은, 위대한 찬송의 사람이었습니다.

† 주여 주는 대대에 우리의 거처가 되셨나이다. 산이 생기기 전,

땅과 세계도 주께서 조성하시기 전, 곧 영원부터 영원까지 주는 하나님이시니이다. 주께서 사람을 티끌로 돌아가게 하시고 말씀하시기를 너희 인생들은 돌아가라 하셨사오니, 주의 목전에는 천 년이 지나간 어제 같으며 밤의 한순간 같을 뿐임이니이다. 주께서 그들을 홍수처럼 쓸어가시나이다. 그들은 잠깐 자는 것 같으며 아침에 돋는 풀 같으니이다. 풀은 아침에 꽃이 피어 자라다가 저녁에는 시들어 마르나이다. 우리는 주의 노에 소멸되며 주의 분내심에 놀라나이다. 주께서 우리의 죄악을 주의 앞에 놓으시며 우리의 은밀한 죄를 주의 얼굴빛 가운데에 두셨사오니, 우리의 모든 날이 주의 분노 중에 지나가며 우리의 평생이 순식간에 다하였나이다. 우리의 연수가 칠십이요 강건하면 팔십이라도, 그 연수의 자랑은 수고와 슬픔뿐이요 신속히 가니, 우리가 날아가나이다. 누가 주의 노여움의 능력을 알며 누가 주의 진노의 두려움을 알리이까. 우리에게 우리 날 계수함을 가르치사 지혜로운 마음을 얻게 하소서.(시편 90편, 하나님의 사람 모세의 기도)

해설 '시편 가운데 유일한 모세의 시편이며, 가장 오래된 시편입니다. 인생의 유한함에 비추어, 하나님의 영원하심을 찬양하는 그의 기도문입니다.

† 이때에 모세와 이스라엘 자손이 이 노래로 여호와께 노래하니 일렀으되, 내가 여호와를 찬송하리니 그는 높고 영화로우심이요, 말과 그 탄 자를 바다에 던지셨음이로다. 여호와는 나의 힘이요 노래시며 나의 구원이시로다. 그는 나의 하나님이시니 내가 그를 찬송할 것이요, 내 아비의 하나님이시니 내가 그를 높이리로다. 여호와는 용사시니 여호와는 그의 이름이시로다. 그가 바로의 병거와 그 군대를 바다에 던지시니 그 택한 장관이 홍해에 잠겼고, 큰 물이 그들을 덮으니 그들이 돌처럼 깊음에 내렸도다. 여호와여 주의 오른손이 권능으로 영광을 나타내시니이다. 여호와여 주의 오른손이 원수를 부수시니이다. 주께서 주의 큰 위엄으로 주를 거스리는 자를 엎으시나이다. 여호와여 신 중에 주와 같은 자 누구니이까. 주와 같이 거룩함에 영광스러우며, 찬송할 만한 위엄이 있으며, 기이한 일을 행하는 자 누구니이까. 주께서 오른손을 드신즉 땅이 그들을 삼켰나이다. 주께서 그 구속하신 백성을 은혜로 인도하시되, 주의 힘으로 그들을 주의 성결한 처소에 들어가게 하시나

이다. 열방이 듣고 떨며 블레셋 거민이 두려움에 잡히며, 에돔 방백이 놀라고 모압 영웅이 떨림에 잡히며, 가나안 서민이 다 낙담하나이다. 놀람과 두려움이 그들에게 미치매 주의 팔이 큼을 인하여 그들이 돌같이 고요하였사오되, 여호와 주의 백성이 통과하기까지 곧 주의 사신 백성이 통과하기까지였나이다.(출 15장, 하나님의 사람 모세의 노래)

해설 '이스라엘이 홍해를 건넌 직후에, 모세와 이스라엘 백성이 홍해의 물 가에서 함께 부른 찬송입니다. 하나님의 크신 권능과 거룩하심, 그의 영광을 찬양하는 내용입니다. 마치 다윗의 시편을 보는 듯합니다.

✝ 이스라엘아 네 하나님 여호와께서 네게 요구하시 는 것이 무엇이냐. 곧 네 하나님 여호와를 경외하여 그 모든 도를 행하고, 그를 사랑하며, 마음을 다하고 성품을 다하여 네 하나님 여호와를 섬기고, 내가 오늘날 네 행복을 위하여 네게 명하는 여호와의 명령과 규례를 지킬 것이 아니냐. 하늘과 모든 하늘의 하늘과 땅과 그 위의 만물은 본래 네 하나님 여호와께 속한 것이로되, 여호와께서 오직 네 열조를 기뻐하시고 그들을 사랑하사 그 후손 너희를 만민 중에서 택하셨음이 오늘날과 같으니라. 그러므로 너희는 마음에 할례를 행하고 다시는 목을 곧게 하지 말라. 너희의 하나님 여호와는 신의 신이시며 주의 주시요, 크고 능하시며 두려우신 하나님이시라. 네 하나님 여호와를 경외하여 그를 섬기며 그에게 친근히 하고 그 이름으로 맹세하라. 그는 네 찬송이시요 네 하나님이시라. 네가 목도한바 이같이 크고 두려운 일을 너를 위하여 행하셨느니라.(신 10:12-21)

[표준새번역]신 10:21
당신들이 **찬양할 분**은 당신들의 하나님뿐이니, 당신들이 본 대로, 그 분은 당신들에게 크고 두려운 일들을 하여 주신 하나님이십니다.

해설 가나안 땅이 바라다보이는 모압 평지에서, 출애굽 2세대를 상대로 한, 모세의 고별 설교입니다. 하나님의 은혜를 기억하고, 항상 하나님만을 찬송할 것을 간곡하게 부탁하고 있습니다. 하나님의 사람 모세는 한평생 하나님의 은혜의 영광만을 찬송한, 위대한 찬송의 사람이었습니다.

8
찬송의 사람, 여호사밧

유다의 네 번째 왕 여호사밧은, 일평생 하나님만을 의지한 선한 왕이었습니다. 그는 여호와의 말씀을 사랑하여, 친히 전국을 순회하면서까지 백성들에게 여호와의 율법을 가르친, 말씀의 사람이었습니다. 또한 에돔의 연합군이 유다를 침공하자 백성들을 성전에 집결시켜, 함께 (하나님 앞에)부르짖으며 금식 기도한, 기도의 사람이었습니다. 그는 에돔의 연합군이 유다를 침공했을 때, 하나님만을 의지하고 하나님을 찬송함으로써, 국가의 큰 위기를 넘긴 믿음의 사람이었습니다. 그는 찬송의 비밀을 깨달아 아는, 찬송의 사람이었습니다.

†저가 위에 있은 지 삼 년에 그 방백 벤하일과 오바댜와 스가랴와 느다넬과 미가야를 보내어 유다 여러 성읍에 가서 가르치게 하고, 또 저희와 함께 레위 사람 스마야와 느다냐와 스바댜와 아사헬과 스미라못과 여호나단과 아도니야와 도비야와 도바도니야 등 레위 사람을 보내고, 또 저희와 함께 제사장 엘리사마와 여호람을 보내었더니, 저희가 여호와의 율법 책을 가지고 유다에서 가르치되, 그 모든 성읍으로 순행하며 인민을 가르쳤더라.(대하 17:7-9)

✝ 여호사밧이 예루살렘에 거하더니, 나가서 브엘세바에서부터 에브라임 산지까지 민간에 순행하며, 저희를 그 열조의 하나님 여호와께로 돌아오게 하고,(대하 19:4)

해설 여호사밧은 말씀을 사랑했던 선한 왕이었습니다. 그는 방백과 제사장들로 전국을 순회하며, 인민들에게 하나님의 말씀을 가르치도록 했고, 자신도 직접 전국을 순행하며 백성들을 가르쳤습니다. 나라를 하나님의 말씀의 기초 위에 견고하게 세운 것입니다.

✝ 그 후에 모압 자손과 암몬 자손이 몇 마온 사람과 함께 와서 여호사밧을 치고자 한지라. 혹이 와서 여호사밧에게 고하여 가로되, 큰 무리가 바다 저편 아람에서 왕을 치러 오는데 이제 하사손다말 곧 엔게디에 있나이다. 여호사밧이 두려워하여 여호와께로 낯을 향하여 간구하고, 온 유다 백성에게 금식하라 공포하매, 유다 사람이 여호와께 도우심을 구하려 하여 유다 모든 성읍에서 모여와서 여호와께 간구하더라. 여호사밧이 여호와의 전 새 뜰 앞에서 유다와 예루살렘의 회중 가운데 서서 기도하여 가로되, 우리 열조의 하나님 여호와여 주는 하늘에서 하나님이 아니시니이까, 이방 사람의 모든 나라를 다스리지 아니하시나이까, 주의 손에 권세와 능력이 있사오니 능히 막을 사람이 없나이다… 우리 하나님이여 저희를 징벌하지 아니하시나이까, 우리를 치러 오는 이 큰 무리를 우리가 대적할 능력이 없고, 어떻게 할 줄도 알지 못하옵고, 오직 주만 바라보나이다 하고, 유다 모든 사람은 그 아내와 자녀와 어린 자로 더불어 여호와 앞에 섰더라.(대하 20:1-13)

해설 국가의 위기상황에 대처하는 여호사밧 왕의 모습입니다. 그는 먼저 하나님을 찾고 하나님만을 의지하며 하나님께 간구합니다. 온 백성으로 더불어 성전에 모여서 금식 기도합니다. 기도로써 문제를 하나님의 손에 맡긴 것입니다. 그러자 하나님께서 그 일에 개입하십니다.

✝ 여호와의 신이 회중 가운데서 레위 사람 야하시엘에게 임하셨으니, 저는 아삽 자손 맛다냐의 현손이요 여이엘의 증손이요 브나야의 손자요 스가랴의 아들이더라. 야하시엘이 가로되 온 유다와 예루살렘 거민과 여호사밧 왕이여 들을지어다. 여호와께서 너희에게

말씀하시기를, 이 큰 무리로 인하여 두려워하거나 놀라지 말라. 이 전쟁이 너희에게 속한 것이 아니요 하나님께 속한 것이니라. 내일 너희는 마주 내려가라. 저희가 시스 고개로 말미암아 올라오리니, 너희가 골짜기 어귀 여루엘 들 앞에서 만나려니와, 이 전쟁에는 너희가 싸울 것이 없나니, 항오를 이루고 서서 너희와 함께한 여호와가 구원하는 것을 보라. 유다와 예루살렘아 너희는 두려워하며 놀라지 말고 내일 저희를 마주 나가라. 여호와가 너희와 함께 하리라 하셨느니라 하매, 여호사밧이 몸을 굽혀 얼굴을 땅에 대니, 온 유다와 예루살렘 거민들도 여호와 앞에 엎드려 경배하고, 그핫 자손과 고라 자손에게 속한 레위 사람들은 서서 심히 큰 소리로 이스라엘 하나님 여호와를 찬송하니라.(대하 20:14-19)

해설 여호와가 함께하여 친히 싸우시겠다는, 임마누엘의 약속입니다. '여호와 닛시'의 약속입니다. 그 약속을 신뢰한 여호사밧 왕은, 여호와 앞에 엎드려 경배하고, 심히 큰 소리로 여호와를 찬송합니다. 즉, 예배를 드린 것입니다.

✝ 이에 백성들이 일찍이 일어나서 드고아 들로 나가니라. 나갈 때에 여호사밧이 서서 가로되 유다와 예루살렘 거민들아 내 말을 들을지어다. 너희는 너희 하나님 여호와를 신뢰하라, 그리하면 견고히 서리라. 그 선지자를 신뢰하라, 그리하면 형통하리라 하고, 백성으로 더불어 의논하고 노래하는 자를 택하여 거룩한 예복을 입히고 군대 앞에서 행하며 여호와를 찬송하여 이르기를, 여호와께 감사하세 그 자비하심이 영원하도다 하게 하였더니(대하 20:20-21)

해설 아예 찬양대를 편성하여, 거룩한 예복을 입히고, 군대 앞에서 나아가게 합니다. 참 이상한 전쟁의 모습입니다. 여호와를 절대적으로 신뢰하는, 여호사밧 왕이기에 가능한 일이었습니다.

✝ 그 노래와 찬송이 시작될 때에 여호와께서 복병을 두어, 유다를 치러 온 암몬 자손과 모압과 세일 산 사람을 치게 하시므로 저희가 패하였으니, 곧 암몬과 모압 자손이 일어나 세일 산 거민을 쳐서 진멸하고, 세일 거민을 멸한 후에는 저희가 피차에 살육하였더라. 유다 사람이 들 망대에 이르러 그 무리를 본즉, 땅에 엎드러진 시

체뿐이요 하나도 피한 자가 없는지라.(대하 20:22-24)

해설 찬송을 받으신 하나님께서는, 직접 나서서 이 전쟁에 개입하십니다. 강력하게 개입하십니다. 적들은 자기들끼리 싸우다가 자멸합니다. 전멸당합니다. 찬송의 위력입니다. '3국의 연합군'이 이스라엘 백성의 찬양 앞에서 전멸당하는 통쾌한 장면입니다. 엄청난 찬양의 능력입니다. 찬양은 하나님이 우리에게 허락하신 강력한 무기입니다. 여호사밧 왕은 이 비밀을 깨닫고 이 강력한 무기를 사용할 줄 아는, 찬송의 사람이었습니다.

✝ 여호사밧과 그 백성이 가서 적군의 물건을 취할 새 본즉, 그 가운데에 재물과 의복과 보물이 많이 있는고로 각기 취하는데, 그 물건이 너무 많아 능히 가져갈 수 없을 만큼 많으므로 사흘 동안에 취하고, 제사일에 무리가 브라가 골짜기에 모여서 거기서 여호와를 송축한지라. 그러므로 오늘날까지 그곳을 '브라가 골짜기'라 일컫더라. 유다와 예루살렘 모든 사람이 여호사밧을 선두로 즐거이 예루살렘으로 돌아왔으니, 이는 여호와께서 저희로 그 적군을 이김을 인하여 즐거워하게 하셨음이라. 무리가 비파와 수금과 나팔을 합주하고 예루살렘에 이르러 여호와의 전에 나아가니라.(대하 20:25-28)

해설 '브라가'는 송축 즉, 찬양이란 뜻입니다. 여호사밧 왕과 그 백성이 여호와를 찬양했더니, 아골 골짜기가 브라가 골짜기로 바뀌었습니다. 괴로움의 골짜기가 기쁨과 행복의 골짜기로 바뀐 것입니다. 빈궁과 궁핍의 골짜기가 풍요의 골짜기로 바뀐 것입니다. 찬송의 비밀입니다. 찬송의 능력입니다. 믿음의 공식입니다. 찬송은 천국의 열쇠입니다. 강력한 열쇠입니다.

✝ 이방 모든 나라가 여호와께서 이스라엘의 적군을 치셨다 함을 듣고, 하나님을 두려워한고로, 여호사밧의 나라가 태평하였으니, 이는 그 하나님이 사방에서 저희에게 평강을 주셨음이더라.(대하 20:29-30)

해설 왕이 여호와를 찬송하니 태평성대와 평화의 시대가 도래합니다. 어둠과 고통의 역사가 물러가고 회복의 역사가 시작됩니다. 찬송은 실로 위대한 하나님의 능력입니다. 믿음의 비밀입니다. 여호사밧은 이 비밀을 소유한 지혜로운 왕이었습니다. 여호사밧은 확실한 찬송의 사람이었습니다.

9
찬송의 사람, 히스기야

유다의 3대 선한 왕을 꼽는다면 4대 여호사밧, 13대 히스기야, 16대 요시야 왕을 꼽을 수가 있습니다. 공통적으로 말씀을 사랑하고, 말씀으로 기도하며, 말씀을 찬양했던 왕들입니다. 믿음의 출발이 말씀이라는 것은, 제 1권 복음의 능력 편에서 이미 말씀드렸습니다. 너무나 중요한 사실입니다. 그리고 복음의 최종 열매, 가장 높은 단계의 열매가 곧 찬양이라는 것도 이미 말씀드렸습니다. 찬송, 특히 고난 중에 감사 찬송은 성숙한 성도의 입술에서 나오는, 참으로 소중한 입술의 열매입니다.

✝ 히스기야가 명하여 번제를 단에 드릴 새, 번제 드리기를 시작하는 동시에 여호와의 시(시편)로 노래하고 나팔을 불며 이스라엘 왕 다윗의 악기를 울리고, 온 회중이 경배하며 노래하는 자들은 노래하고 나팔 부는 자들은 나팔을 불어 번제를 마치기까지 이르니라. 제사 드리기를 마치매 왕과 그 함께 있는 자가 다 엎드려 경배하니라. 히스기야 왕이 귀인들로 더불어 레위 사람을 명하여, 다윗과 선견자 아삽의 시로 여호와를 찬송하게 하매, 저희가 즐거움으로 찬송하고 몸을 굽혀 경배하니라. (대하 29:27-30)

해설 히스기야는 말씀을 사랑하여, 시편과 잠언의 일부를 편집한 왕입니다. 주의 말씀(시편)을 사랑하여 주의 말씀을 노래할 정도로, 그는 철서한 말씀의 사람이었습니다. 또한 하나님을 경배하고 찬양하는 찬송의 사람이었습니다.

† 예루살렘에 모인 이스라엘 자손이 크게 즐거워하며 칠 일 동안 무교절을 지켰고, 레위 사람들과 제사장들은 날마다 여호와를 칭송하며, 큰 소리 나는 악기를 울려 여호와를 찬양하였으며, 히스기야는 여호와를 섬기는 일에 통달한 모든 레위 사람에게 위로하였더라. 이와 같이 절기 칠 일 동안에 무리가 먹으며 화목제를 드리고, 그 열조의 하나님 여호와께 감사하였더라.(대하 30:21-22)

[공동번역]대하 30:21-22
예루살렘에 있던 온 이스라엘 백성이, 기뻐 어쩔 줄을 모르며 칠 일간 무교절을 지키는데, 레위 인과 사제들은 날마다 온 힘을 다 내어 야훼께 찬양을 불러 올렸다. 히즈키야는 레위 인들이 훌륭하게 야훼를 찬양하는 것을 보고 칭찬해 주었다. 이렇게 하여 칠 일간 친교제물을 잡아 바치고, 선조들의 하느님 야훼께 **감사 찬송**을 부르며 절기를 지켰다.

† 히스기야는 레위 사람들과 제사장들을 갈래를 따라 다시 조직하여, 각자에게 특수한 임무를 맡겼다. 제사장들과 레위 사람들은 각자 맡은 임무에 따라, 번제를 드리는 일, 화목제를 드리는 일, 성전 예배에 참석하는 일, 주님의 성전 여러 곳에서 찬양과 감사의 노래를 부르는 일을 하였다.(대하 31:2, 표준새번역)

해설 히스기야 왕의 종교 개혁 실상입니다. 레위 인들과 제사장들을 성전 곳곳에 배치하여, 항상 여호와께 감사 찬송을 드리도록 조치하였습니다. '다윗 왕의 규정'을 부활시킨 것입니다.

히스기야는 어떠한 위경 가운데서도 하나님만을 의지하고 하나님만을 찬양했던, 아름다운 입술의 소유자입니다. 따라서 그의 입술에서 나오는 기도 또한 대단한 위력을 가진 것이었습니다. 하룻밤에 앗수르 병사 185,000명을 섬멸시킬 수 있는, 원자 폭탄과도 같은 기도였습니다. 찬양하는 입술은 위대한 입술입니다. 찬양은 강력한 무기입니다. 히스기야는, 말씀과 기도와 찬양으로 잘 무장된, 십자가의 정병이었습니다. 변함없는 찬양의 사람이었습니다.

> ✝ 이러므로 히스기야 왕이 아모스의 아들 선지자 이사야로 더불어 하늘을 향하여 부르짖어 기도하였더니, 여호와께서 한 천사를 보내어 앗수르 왕의 영에서 모든 큰 용사와 대장과 장관들을 멸하신지라. 앗수르 왕이 얼굴이 뜨뜻하여 그 고국으로 돌아갔더니, 그 신의 전에 들어갔을 때에 그 몸에서 난 자들이 거기서 칼로 죽였더라.(대하 32:20-21)

> ✝ 여호와의 사자가 나가서 앗수르 진 중에서 185,000인을 쳤으므로, 아침에 일찍이 일어나 본즉 시체뿐이라. 이에 앗수르 왕 산헤립이 떠나 돌아가서 니느웨에 거하더니, 자기 신 니스록의 묘에서 경배할 때에 그 아들 아드람멜렉과 사레셀이 그를 칼로 죽이고 아라랏 땅으로 도망한고로, 그 아들 에살핫돈이 이어 왕이 되니라.(사 37:36-38)

해설 앗수르의 침공을 받은 히스기야 왕은, 선지자 이사야로 더불어 방백들과 함께 기도를 합니다. 그리하여 하나님의 도움의 손길을 이끌어 냅니다. 앗수르의 군대가 하룻밤에 전멸을 당한 것입니다. 1,000년 제국 앗수르는 이 사건 이후 쇠퇴하여, 결국 역사의 무대에서 사라집니다. 합심 기도의 위력입니다. 히스기야는 위대한 기도의 사람이었습니다.

> ✝ 스올(무덤, 죽음, 음부)에서는 아무도 주님께 감사드릴 수 없습니다. 죽은 사람은 아무도 주님을 찬양할 수 없습니다. 죽은 사람은 아무도 주님의 신실하심을 의지할 수 없습니다. 제가 오늘 주님을 찬양하듯, 오직 살아 있는 사람만이 주님을 찬양할 수 있습니다. 부모들이 자녀들에게 주님의 신실하심을 일러줍니다. 주님, 주님께서 저를 낫게 하셨습니다. 우리가 수금을 뜯으며, 주님을 찬양하겠습니다. 사는 날 동안, 우리가 주님의 성전에서 주님을 찬양하겠습니다.(사 38:18-20, 표준새번역)

히스기야가 불치의 병에 걸려서, 유언을 하고 주변을 정리하라는 통고를 받습니다. 그때에 그가 성전을 바라보니 기도한 내용입니다. 살려 주시면 남은 평생, 주님의 성전에서 주님만을 찬양하겠노라는 간절한 기도입니다. 하나님은 그 기도를 들으시고, 그의 생명을 15년 연장시켜 주셨습니다. 즉, 하나님을 계속해서 찬양하라고 다시 살려 주신 것입니다.

찬송은 기도 응답의 조건이자 당위성입니다. 생존의 목적입니다. 히스기야는 일평생 하나님만을 의지하고 하나님만을 찬송한, 위대한 찬송의 사람이었습니다.

10
찬송의 사람, 예레미야

예레미야를 일컬어 흔히들 '눈물의 선지자'라고 표현합니다. 실제로 그는 많은 눈물을 흘렸습니다.

첫째, 자신으로 인한 눈물입니다. 사역을 감당하는 과정에서 자신이 당하는 아픔과 고통으로 인하여 그가 흘린 눈물입니다. 사역의 특수성 때문에 그는 동족으로부터 많은 오해를 받고 멸시와 핍박을 받았습니다.

둘째, 동족으로 인한 긍휼의 눈물입니다. 그가 아무리 외쳐도 그들은 하나님께로 돌아오지 않았습니다. 생명 길을 외면하고, 경주 말처럼 그들은 각자 사망의 길을 향하여 질주했습니다. 그리고 결국은 포로가 되고, 조국은 멸망을 당하고 맙니다. 그 가슴 아픈 역사의 현실 앞에서, 예레미야는 동족을 인하여 많은 눈물을 흘렸습니다. 안타까움의 눈물이요 긍휼의 눈물입니다.

셋째, 하나님을 향한 감격의 눈물입니다. 이스라엘을 징계하시는 하나님의 깊은 마음을 헤아리고, 그 은혜와 그 사랑에 감동하여 감격의 눈물을 흘린 것입니다. 징계의 궁극적인 목적은 이스라엘의 회복이었기 때문입니다.

넷째, 자신에게 귀한 사명 주심을 감사하는, 감격의 눈물이었습니다. 현실은 고통스러울지라도 자신에게 주어진 사명이 너무나도 귀한 것임을 깨닫고, 자신에게 그 귀한 사명 주심을 감사하며 하나님을 향하여 감격의 눈물을 흘렸습니다.

† 베냐민 땅 아나돗의 제사장 중 힐기야의 아들 예레미야의 말이라. 아몬의 아들 유다 왕 요시야의 다스린 지 십삼 년에 여호와의 말씀이 예레미야에게 임하였고, 요시야의 아들 유다 왕 여호야김 시대부터 요시야의 아들 유다 왕 시드기야의 제십일년 말까지 임하니라. 이 해 오 월에 예루살렘이 사로잡히니라.(렘 1:1-3)

해설 제사장 힐기야는, 그 당시 요시야 왕의 종교 개혁을 주도했던 대제사장입니다. 8세에 왕위에 오른 어린 요시야 왕을 잘 보필해서, 그의 종교 개혁을 성공적으로 이끈 최고의 공로자입니다. 그는 요시야 왕이 신뢰하고 의지했던, 매우 경건한 인물이었습니다. 예레미야는 그의 아들(대제사장 힐기야의 아들)로 태어났으니 아주 귀한 신분인 셈입니다. 귀족입니다. 그런 귀족 청년 예레미야를 하나님께서 부르십니다. 그를 자신의 도구로, 열방의 선지자로 사용하시겠다는 것입니다.

† 여호와의 말씀이 내게 임하니라 이르시되, 내가 너를 복중에 짓기 전에 너를 알았고, 네가 태에서 나오기 전에 너를 구별하였고, 너를 열방의 선지자로 세웠노라 하시기로(렘 1:4-5)

[표준새번역]렘 1:5
내가 너를 모태에서 짓기도 전에 너를 선택하고, 네가 태어나기도 전에 너를 거룩하게 구별해서, 뭇 민족에게 보낼 예언자로 세웠다.

[공동번역]렘 1:5
"내가 너를 점지해 주기 전에 나는 너를 뽑아 세웠다. 네가 세상에 떨어지기 전에 나는 너를 만방에 내 말을 전할 나의 예언자로 삼았다.

[현대어성경]렘 1:5
내가 모태에서 너를 만들기 이전에, 이미 나는 너와 할 일을 계획해 놓았었다. 네가 이 세상에 태어나기도 전에, 나는 이미 너를 구별해 세계 만민을 위한 예

언자로 선정해 놓았다.

[NKJV]렘 1:5

"Before I formed you in the womb I knew you; Before you were born I sanctified you; I ordained you a prophet to the nations."

[GWT]렘 1:5

Before I formed you in the womb, I knew you. Before you were born, I set you apart for my holy purpose. I appointed you to be a prophet to the nations.

해설 '알다'로 번역된 히브리어 **야다**(יָדַע)는, '전적으로 모든 것을 아는 것(know all about)'을 의미합니다. 인간과 그의 길에 대한 하나님의 지식에 사용되었으며, 하나님과의 인격적인 만남을 의미합니다. 부부간의 친밀한 관계에도('동침하다') 사용되는 단어입니다. 본문에서는 '관심을 가지다, 선택하다'의 의미로 사용되었습니다.

예레미야를 복중에 짓기 전에 하나님은 이미 그와 할 일을 정해 놓으셨습니다. 다시 말하면 '예레미야를 통해서 하실 일'을 계획하신 후에 그를 이 땅에 태어나게 하신 것입니다. 창세 전에 그를 열방의 선지자로 선택하신 것입니다. 그리고 때가 됨에 그를 대제사장 힐기야의 아들로 태어나게 하신 것입니다.

기가 막힌 사실입니다. 신묘막측한 일입니다. 우리 한 사람 한 사람이 세상에 태어난 것도 그러한 하나님의 계획과 섭리가 있어서입니다. 나를 통해서 하실 일이 있어서 세상을 창조하시고, 때가 됨에 나를 이 땅에 태어나게 하신 것입니다.

그래서 한 영혼이 천하(우주)보다 소중한 것입니다. 그래서 예수님께서 십자가를 지신 것입니다. '나를 사랑하사 나를 위하여' 십자가를 지신 것입니다. 한 영혼이 그렇게도 소중합니다. 우리 한 사람 한 사람이 '창조의 목적 부분'에 있기 때문입니다. 이 진리를 깨달은 자는 결단코 인생을 함부로 살 수가 없습니다. 그의 은혜와 사랑에 감격의 눈물을 흘리지 않을 수가 없습니다.

† 내가 가로되 슬프도소이다 주 여호와여, 보소서 나는 아이라 말

할 줄을 알지 못하나이다. 여호와께서 내게 이르시되, 너는 아이라 하지 말고 내가 너를 누구에게 보내든지 너는 가며, 내가 네게 무엇을 명하든지 너는 말할지니라. 너는 그들을 인하여 두려워 말라, 내가 너와 함께 하여 너를 구원하리라. 나 여호와의 말이니라 하시고(렘 1:6-8)

[NRSV]렘 1:6

Then I said, "Ah, Lord GOD! Truly I do not know how to speak, for I am only a boy."

[NLT]렘 1:6

"O Sovereign LORD," I said, "I can't speak for you! I'm too young!"

해설 깜짝 놀란 예레미야는 부당하다고 거절합니다. 자신의 나이가 너무 어려서(젊어서), 말에 힘이 없다(논리와 설득력이 부족하다)는 것입니다. 그의 나이 20세 전후일 무렵입니다. 기브온 산당에서, 솔로몬이 자신을 표현했던 말과 흡사합니다. '종은 작은 아이라, 출입할 줄을 알지 못하고'…

그런 예레미야에게 하나님은 먼저 말씀을 먹이십니다. 그리고 나서 구체적인 사명을 주십니다. 그것이 순서입니다. 에스겔도 이와 동일한 과정을 거칩니다.

† 여호와께서 그 손을 내밀어 내 입에 대시며 내게 이르시되, 보라 내가 내 말을 네 입에 두었노라. 보라 내가 오늘날 너를 열방 만국 위에 세우고, 너를 뽑으며 파괴하며 파멸하며 넘어뜨리며 건설하며 심게 하였느니라.(렘 1:9-10)

[공동번역]렘 1:9-10

그러시고 야훼께서는 손을 내밀어 나의 입에 대시며 이르셨다 "나는 이렇게 나의 말을 너의 입에 담아준다. 보아라! 나는 오늘 세계 만방을 너의 손에 맡긴다. 뽑기도 하고 무너뜨리기도 하고, 멸하기도 하고 헐어버리기도 하고, 세우기도 하고 심기도 하여라."

[GNT]렘 1:10

Today I give you authority over nations and kingdoms to uproot and to pull down, to destroy and to overthrow, to build and to plant.

해설 예레미야의 입에 담아준 여호와의 말씀을 통하여, 열방을 심판하고 새롭게 하겠다는 하나님의 경륜입니다. 열방의 역사의 성패가 예레미야의 입술에 달려 있습니다.

† 만군의 하나님 여호와시여 나는 주의 이름으로 일컬음을 받는 자라. 내가 주의 말씀을 얻어 먹었사오니, 주의 말씀은 내게 기쁨과 내 마음의 즐거움이오나.(렘 15:16)

[현대인의성경]렘 15:16

전능하신 하나님 여호와여, 주께서 말씀하셨을 때 나는 그 말씀을 맛있는 음식처럼 받아먹었습니다. 주의 말씀이 내 마음의 기쁨과 즐거움이 되었던 것은, 내가 주를 섬기는 종이었기 때문입니다.

[GWT]렘 15:16

Your words were found, and I **devoured** them. Your words are my joy and my heart's delight, because I am called by your name, O LORD God of Armies.

[ISV]렘 15:16

Your words were found, and I **consumed** them. Your words were joy and my hearts delight, because I bear your name, Lord God of the Heavenly Armies.

해설 devour ① 게걸스럽게 먹다; 먹어 치우다. ② 탐독하다, 열심히 듣다.

그는 주의 말씀을 맛있는 음식처럼 받아서 먹었습니다. 게걸스럽게 남김없이 먹어 치웠습니다. 그 말씀이 큰 기쁨과 즐거움이 되었고, 그의 삶을 지탱하는 기둥과 버팀목이 되었습니다. 다윗의 고백과 동일합니다.

† 내가 주의 계명을 너무나도 사모하므로, 입을 (크게)벌리고 헐떡입니다.(시 119:131, 표준새번역)

[NIV]시 119:131

I open my mouth and **pant, longing for** your commands.

해설 pant 는 '헐떡거리다, 두근거리다, 갈망(열망)하다, 몹시 그리워하다' 등의 뜻입니다. 다윗이 하나님의 말씀을 그렇게 사모했습니다.

그러나 그의 사역은 결코 쉬운 일이 아니었습니다. '적에게 항복하고 투항하라'는 것이기 때문입니다. 통상적이라면, '하나님이 우리 편이시니, 두려워 말고 힘을 내서 싸우라'고 전해야 할 터인데, 그 반대의 메시지를 전하고 있기 때문입니다. 당연히 핍박이 따릅니다. 멸시와 조롱이 따릅니다. 적의 앞잡이로 오해를 받습니다. 그래서 예레미야는 '그 사역을 더 이상 감당하지 않겠노라'고 마음 속으로 다짐합니다. 그러나 복음의 불이 붙은 그의 심장이 허락하지를 않습니다.

✝ 대저 내가 말할 때마다 외치며 강포와 멸망을 부르짖으오니, 여호와의 말씀으로 하여 내가 종일토록 치욕과 모욕거리가 됨이니이다. 내가 다시는 여호와를 선포하지 아니하며 그 이름으로 말하지 아니하리라 하면, '나의 중심이 불붙는 것 같아서 골수에 사무치니' 답답하여 견딜 수 없나이다.(렘 20:8-9)

[표준새번역]렘 20:9
'이제는 주님을 말하지 않겠다. 다시는 주님의 이름으로 외치지 않겠다' 하고 결심하여 보지만, 그때마다, '주님의 말씀이 나의 심장 속에서 불처럼 타올라 뼛속에까지 타들어 가니', 나는 견디다 못해 그만 항복하고 맙니다.

[공동번역]렘 20:9
'다시는 주의 이름을 입 밖에 내지 말자. 주의 이름으로 하던 말을 이제는 그만두자.' 하여도, '뼛속에 갇혀 있는 주의 말씀이 심장 속에서 불처럼 타올라', 견디다 못해 저는 손을 들고 맙니다.

[NKJV]렘 20:9
Then I said, "I will not make mention of Him, Nor speak anymore in His name." But His word was in my heart like a **burning fire** Shut up in my bones; I was weary of holding it back, And I could not.

[GNT]렘 20:9
But when I say, "I will forget the LORD and no longer speak in his name," then your message is like a fire **burning deep** within me. I try my best to hold it in, but can no longer keep it back.

해설 살기 위해서 예레미야는 그 불을 토해야만 했습니다. 그 불을 토하지 아니하면, 그의 심장이 불처럼 타올라서, 뼛속까지 타들어 가고야 말 것이기 때문입니다. 그 불을 토하지 아니하면, 자신이 살 수가 없었기 때문입니다. 이것이 복음 전파의 본질입니다. 살기 위해서 불을 토해야만 하는…. 사도 바울도 이와 동일한 고백을 하고 있습니다.

✝ 내가 복음을 전할지라도 자랑할 것이 없음은, 부득불 할 일임이라. 만일 복음을 전하지 아니하면, 내게 화가 있을 것임이로라.(고전 9:16)

패역한 백성들을 향하여 예레미야는 그 불을 토했습니다. 듣든지 아니 듣든지 그 불을 토했습니다. 복음의 불을 토한 것입니다. 복음은, 순종하는 자들에게는 생명의 불이요, 거역하고 불순종하는 자들에게는 죽음의 불입니다. 복음은 곧 심판입니다. 심판의 불입니다. 복음의 양면성입니다.

들을 귀가 있는 소수의 사람들은 예레미야를 통하여 선포되는 하나님의 말씀에 순종하여, 바벨론 포로의 길을 선택합니다. 하나님은 그들을 일컬어, 처음 익은 '극히 좋은 무화과'라고 말씀하고 계십니다. 그들이 나중에 돌아와서 이스라엘을 재건합니다.

✝ 그러나 그리스도의 개선 행렬에 언제나 우리를 참가시키시고, '그리스도를 아는 지식의 향기'(복음의 향기)를 어디에서나 우리를 통하여 풍기게 하시는 하나님께 감사를 드립니다. 우리는, '구원을 얻는 사람들' 가운데서나, '멸망을 당하는 사람들' 가운데서나, 하나님께 바치는 그리스도의 향기입니다. 그러나 '멸망을 당하는 사람들'에게는 죽음에 이르게 하는 죽음의 냄새가 되고, '구원을 얻는 사람들'에게는 생명에 이르게 하는 생명의 향기가 됩니다. 이런 일을 누가 감당할 수 있겠습니까?(고후 2:14-16, 표준새번역)

✝ 바벨론 왕 느부갓네살이 유다 왕 여호야김의 아들 여고냐와 유다 방백들과 목공들과 철공들을 예루살렘에서 바벨론으로 옮긴 후에, 여호와께서 여호와의 전 앞에 놓인 무화과 두 광주리로 내게 보이셨는데, 한 광주리에는 처음 익은 듯한 '극히 좋은 무화과'가

있고, 한 광주리에는 악하여 먹을 수 없는 '극히 악한 무화과'가 있느니라… 이스라엘의 하나님 여호와가 이같이 말하노라. 내가 이곳에서 옮겨 갈대아인의 땅에 이르게 한 유다 포로를 이 '좋은 무화과'같이 보아 좋게 할 것이라. 내가 그들을 돌아보아 좋게 하여 다시 이 땅으로 인도하고 세우고 헐지 아니하며 심고 뽑지 아니하겠고, 내가 여호와인 줄 아는 마음을 그들에게 주어서 그들로 전심으로 내게 돌아오게 하리니, 그들은 내 백성이 되겠고 나는 그들의 하나님이 되리라. 나 여호와가 이같이 말하노라. 내가 유다 왕 시드기야와 그 방백들과 예루살렘의 남은 자로서 이 땅에 남아 있는 자와 애굽 땅에 거하는 자들을, 이 악하여 먹을 수 없는 '악한 무화과' 같이 버리되, 세상 모든 나라 중에 흩어서 그들로 환난을 당하게 할 것이며, 또 그들로 내가 쫓아보낼 모든 곳에서 치욕을 당케 하며 말거리가 되게 하며 조롱과 저주를 받게 할 것이며, 내가 칼과 기근과 염병을 그들 중에 보내어 그들로 내가 그들과 그 열조에게 준 땅에서 멸절하기까지 이르게 하리라 하시니라.(렘 24장)

그러나 대부분의 사람들은 예레미야를 비방하고 핍박합니다. 그들은 결국 칼과 기근과 염병 등의 재앙으로 비참하게 죽임을 당하고, 칼을 피한 소수의 사람들만 애굽으로 피신합니다. 그 가슴 아픈 역사의 한복판에 예레미야가 있었습니다. 그는 고통으로 인하여 눈물을 흘리고, 동족의 아픔을 바라보면서 일평생을 울어야만 했습니다. 그래서 그에게는 '눈물의 선지자'라는 별칭이 붙게 되었습니다.

† 이를 인하여 내가 우니 내 눈에 눈물이 물같이 흐름이여, 나를 위로하여 내 영을 소성시킬 자가 멀리 떠났음이로다.(애 1:16)

† 처녀 내 백성의 파멸을 인하여 내 눈에 눈물이 시내처럼 흐르도다. 내 눈의 흐르는 눈물이 그치지 아니하고 쉬지 아니함이여(애 3:48-49)

† 어찌하면 내 머리는 물이 되고 내 눈은 눈물 근원이 될꼬, 그렇게 되면 살륙당한 딸 내 백성을 위하여 주야로 곡읍하리로다.(렘 9:1)

하지만 그의 눈물에는 더 깊은 배경이 있었습니다. 하나님의 은혜를 깊이 체험한 예레미야는, 이스라엘을 징계하시면서 '하나님 당신이 겪는 아픔'을 헤아린 것입니다. 자녀를 징계하는 '부모의 아픈 심정'을 헤아린 것입니다. 징계의 목적이 '이스라엘의 회복'이라는, 하나님의 깊은 마음을 깨닫고 그 은혜와 그 사랑에 감격하여, 감동의 눈물을 흘린 것입니다.

그는 고난 중에도 하나님 앞에, 늘 감사 기도와 감사 찬송을 올려드렸습니다. 그는 자주 노래를 지어 하나님을 찬양하곤 했습니다. 그는 고통 중에도 끝까지 하나님을 신뢰하고 하나님만을 찬양한, 찬송의 사람이었습니다. 위대한 선지자, 눈물의 선지자 예레미야는 찬송의 사람이었습니다.

† 영화로우신 보좌여 원시부터 높이 계시며 우리의 성소이시며 이스라엘의 소망이신 여호와여, 무릇 주를 버리는 자는 다 수치를 당할 것이라. 무릇 여호와를 떠나는 자는 흙에 기록이 되오리니, 이는 생수의 근원이신 여호와를 버림이니이다. 여호와여 주는 '나의 찬송'이시오니 나를 고치소서 그리하시면 내가 낫겠나이다. 나를 구원하소서 그리하시면 내가 구원을 얻으리이다.(렘 17:12-14)

[표준새번역]렘 17:14
주님, 저를 고쳐 주십시오. 그러면 제가 나을 것입니다. 저를 살려 주십시오. 그러면 제가 살아날 것입니다. 주님은 제가 **찬양할 분**이십니다.
[NKJV]렘 17:14
Heal me, O LORD, and I shall be healed; Save me, and I shall be

saved, For You are **my praise.**

[NIV]렘 17.14

Heal me, O LORD, and I will be healed; save me and I will be saved, for you are the one I praise.

11
찬송의 사람, 바울

1) 위대한 찬송의 사람

하나님의 은혜를 깊이 체험한 바울은 한평생을 그 복음, 즉 하나님의 은혜의 복음을 전파하는 데 바쳤습니다. 그리고 그 은혜와 사랑에 감격해서, 한평생을 감사 기도, 감사 찬송하는 삶을 살았습니다. 빌립보 감옥에서도, 로마 감옥에서도, 그는 오로지 하나님의 은혜만을 찬송했습니다. 그의 서신에는 하나님을 '영원히 찬양을 받으실 분'으로 표현하고 있습니다.

> † 이는 저희가 하나님의 진리를 거짓 것으로 바꾸어, 피조물을 조물주보다 더 경배하고 섬김이라. 주는 곧 '영원히 찬송할 이'시로다. 아멘.(롬 1:25)

[현대인의성경]롬 1:25
그들은 하나님의 진리를 거짓된 것으로 바꾸었고, 창조주 하나님보다는 그 분이 만드신 것들을 더 경배하며 섬겼습니다. 그러나 '길이길이 찬양을 받으실 분'은 하나님이십니다. 아멘.

[NIV]롬 1:25
They exchanged the truth of God for a lie, and worshiped and

served created things rather than the Creator--who is **forever praised.** Amen.

† 조상들도 저희 것이요 육신으로 하면 그리스도가 저희에게서 나셨으니, 저는 만물 위에 계셔 '세세에 찬양을 받으실 하나님'이시니라.(롬 9:5)

[표준새번역]롬 9:5
족장들은 그들의 조상이요 그리스도는 육신으로는 그들에게서 태어나셨습니다. 그는 만물 위에 계시면서, '영원토록 찬송을 받으실 하나님'이십니다.
[NIV]롬 9:5
Theirs are the patriarchs, and from them is traced the human ancestry of Christ, who is God over all, **forever praised!** Amen.

† 내가 부득불 자랑할진대 나의 약한 것을 자랑하리라. 주 예수의 아버지 '영원히 찬송할 하나님'이, 나의 거짓말 아니하는 줄을 아시느니라.(고후 11:30-31)

[공동번역]고후 11:30-31
내가 구태여 자랑을 해야 한다면 내 약점을 자랑하겠습니다. '영원토록 찬양을 받으실 주 예수의 아버지 하느님'께서, 내 말이 거짓말이 아니라는 것을 알고 계십니다.
[NIV]고후 11:31
The God and Father of the Lord Jesus, who is to be **praised forever**, knows that I am not lying.

2) 환경을 초월한, 찬송의 사람

바울이 복음을 전하다가 빌립보 감옥에 갇힙니다. 매를 맞고 옷이 찢긴 채, 피투성이가 되어 갇힙니다. 감옥 중에서도 가장 깊숙한 곳에, 발이 착고에 채인 채로 갇힙니다. 주의 일을 하다가 그렇게 갇힌 것입니다.

하지만 그는 그러한 상황에서도 하나님을 찬미했습니다. 하나님을 향하여 조금도 원망하거나 불평하지 아니하고, 오히려 하나님께 감사 기도와 감사 찬송을 올려 드렸습니다. 입술로 찬미의 제사를 드린 것입니다. 한밤중에 지치고 곤한 육신 가운데서도 그렇게 믿음의 제사를 드린 것입니다. 최고의 제사이지요. 하나님이 그 제사를 받으셨습니다. 기쁘게 받으셨습니다. 그리고 그 문제에 개입하셨습니다. 강력하게 개입하셨습니다.

어떻게 개입하셨나요? 강력한 지진을 보내서 감옥의 터전 자체를 아예 흔들어 버렸습니다. 옥문이 활짝 열리고 모든 결박들이 다 풀어졌습니다. 그리고 세상의 권세가 그 앞에 무릎을 꿇었습니다. 복음의 비밀입니다. 찬송의 비밀입니다. 엄청난 비밀입니다. 강력한 열쇠입니다. 이 비밀을 소유한 바울이, 그 강력한 찬양의 열쇠를 사용하여, 빌립보 감옥의 문을 활짝 열어젖히고, 간수의 무릎을 꿇게 만든 것입니다.

그는 로마 감옥에서도, 에베소 감옥에서도, 하나님만을 찬양했습니다(성경에는 기록되지 않았지만, 바울은 에베소에서 최소한 2회 이상 투옥된 것으로 보입니다. 학자들은 그가 전체적으로 6~7회 투옥된 것으로 보고 있습니다. 고린도후서 11장 참조). 그는 어디서나 어떤 환경에서나, 하나님만을 찬양했습니다. 고난이 크면 클수록 그는 더욱더 하나님을 찬양했습니다. 바울은 환경을 초월한, 위대한 찬송의 사람이었습니다.

✝ 상관들이 옷을 찢어 벗기고 매로 치라 하여, 많이 친 후에 옥에 가두고, 간수에게 분부하여 든든히 지키라 하니, 그가 이러한 영을 받아 저희를 깊은 옥에 가두고, 그 발을 착고에 든든히 채웠더니, 밤중쯤 되어 바울과 실라가 기도하고 하나님을 찬미하매 죄수들이 듣더라. 이에 홀연히 큰 지진이 나서 옥터가 움직이고, 문이

곧 다 열리며, 모든 사람의 매인 것이 다 벗어진지라.(행 16:22-26)

해설 모든 닫힌 문들이 열리고, 모든 결박들이 풀어졌습니다. 본인의 결박뿐만 아니라, 다른 사람의 결박까지 다 풀어졌습니다. 감사 찬송의 위력입니다.

† 간수가 자다가 깨어 옥문들이 열린 것을 보고, 죄수들이 도망한 줄 생각하고 검을 빼어 자결하려 하거늘, 바울이 크게 소리 질러 가로되, 네 몸을 상하지 말라 우리가 다 여기 있노라 하니, 간수가 등불을 달라고 하며 뛰어 들어가, 무서워 떨며 바울과 실라 앞에 부복하고, 저희를 데리고 나가 가로되, 선생들아 내가 어떻게 하여야 구원을 얻으리이까 하거늘, 가로되 주 예수를 믿으라 그리하면 너와 네 집이 구원을 얻으리라 하고, 주의 말씀을 그 사람과 그 집에 있는 모든 사람에게 전하더라. 밤 그 시에 간수가 저희를 데려다가 그 맞은 자리를 씻기고, 자기와 그 권속이 다 침례를 받은 후, 저희를 데리고 자기 집에 올라가서 음식을 차려 주고, 저와 온 집이 하나님을 믿었으므로 크게 기뻐하니라.(행 16:27-34)

해설 세상 권세(간수)가 죄수 앞에 부복하는 장면입니다. 연약한 빌립보 교회가 든든하게 세워지도록 발판이 마련됩니다. 찬송의 결과입니다. 감사 찬송의 위력입니다. 찬송의 비밀입니다. 바울은 이 비밀을 소유한, 위대한 찬송의 사람이었습니다.

3) 말씀에 사로잡힌, 말씀의 사람

그러면 바울이 위대한 찬송의 사람이 된, 근본적인 원인은 무엇입니까? 바로 복음입니다. 하나님의 말씀입니다. 복음을 통하여 하나님의 은혜와 사랑을 깊이 깨달은 바울은, 그의 심장이 불덩이가 되었습니다. 그 은혜와 사랑을 밖으로 표출하지 아니하면, 그는 살 수가 없었습니다. 그 불을 토하지 아니하면, 살 수가 없었던 것입니다. 예레미야와 동일한 현상입니다. 그 열매가 찬송이요, 그 결과가 영혼 구원으로 나타났습니다.

복음의 열매는 영혼 구원이요, 내적인 열매는 찬송입니다. 찬송은 가장 높은 단계의 열매입니다. 바울은 철저하게 말씀에 사로잡힌, 말씀의 사람이었습니다.

✝ 실라와 디모데가 마게도냐로서 내려오매, 바울이 '하나님의 말씀'에 붙잡혀, 유대인들에게 예수는 그리스도라 밝히 증거하니(행 18:5)

✝ 내가 복음을 전할지라도 자랑할 것이 없음은, '부득불 할 일'임이라. 만일 복음을 전하지 아니하면, 내게 화가 있을 것임이로라.(고전 9:16)

[표준새번역]고전 9:16
내가 복음을 전할지라도, 그것이 나에게 자랑거리가 될 수 없습니다. 나는 '어쩔 수 없이', 그것을 해야만 합니다. 내가 복음을 전하지 않으면, 나에게 화가 미칠 것입니다.

[NIV]고전 9:16
Yet when I preach the gospel, I cannot boast, for I am compelled to preach. Woe to me if I do not preach the gospel!

[NLT]고전 9:16
For preaching the Good News is not something I can boast about. I am compelled by God to do it. How terrible for me if I didn't do it!

해설 '부득불'의 헬라어 **아낭케**(ἀνάγκη)는 '필요성, 강제, 억지, 반드시, 필연적으로, 어쩔수 없이, 부득불'을 의미합니다.

"복음을 전한다 하여 자랑하거나 교만할 이유가 전혀 없습니다. 그것은 당연히(부득불, 어쩔 수 없이) 내가 감당해야 할 사명이기 때문입니다. 만약 복음을 전하지 아니하면 내게 화(재앙, 저주)가 미칠 것이기 때문입니다. 그것은 얼마나 무서운(두려운, 끔직한) 일인지요?" 바울의 고백입니다.

그래서 바울은 자신이 살기 위해서라도 복음을 전해야만 했습니다.
1. 구원의 삼석에 끼워서 복음을 선하고,
2. 죄인 괴수를 택하여 사명 주심에 감격하여 복음을 전하고,
3. 화를 면키 위해서라도 복음을 전해야만 했습니다.

4) 복음의 불, 성령의 불!

예수님이 이 땅에 오심도 그 불을 붙이기 위함이었습니다. 예레미야도, 사도 바울도, 그 불이 붙었던 대표적인 사람들입니다. 복음은 강력한 불입니다. 우리의 심장을 태우는 성령의 강한 불입니다.

✝ 내가 불을 땅에 던지러 왔노니, 이 불이 이미 붙었으면 내가 무엇을 원하리요. 나는 받을 세례가 있으니, 그 이루기까지 나의 답답함이 어떠하겠느냐. 내가 세상에 화평을 주려고 온 줄로 아느냐. 내가 너희에게 이르노니 아니라 도리어 분쟁케 하려 함이로라. 이후부터 한 집에 다섯 사람이 있어 분쟁하되, 셋이 둘과 둘이 셋과 하리니, 아비가 아들과 아들이 아비와, 어미가 딸과 딸이 어미와, 시어미가 며느리와, 며느리가 시어미와 분쟁하리라 하시니라.(눅 12:49-53)

[표준새번역]눅 12:49
"나는 세상에다가 불을 지르러 왔다. 불이 이미 붙었으면 내가 바랄 것이 무엇이 더 있겠느냐?"
[NKJV]눅 12:49
"I came to **send fire** on the earth, and how I wish it were already kindled!"
[NIV]눅 12:49
"I have come to **bring fire** on the earth, and how I wish it were already kindled!"

✝ 저희가 서로 말하되, 길에서 우리에게 말씀하시고, 우리에게 성

경을 풀어 주실 때에, 우리 속에서 마음이 뜨겁지 아니하더냐 하고, 곧 그 시로 일어나 예루살렘에 돌아가 보니, 열한 사도와 그와 함께 한 자들이 모여 있어 말하기를, 주께서 과연 살아나시고 시몬에게 나타나셨다 하는지라.(눅 24:32-34)

[공동번역]눅 24:32

그들은 "길에서 그 분이 우리에게 말씀하실 때나 성서를 설명해 주실 때에, 우리가 얼마나 뜨거운 감동을 느꼈던가!" 하고 서로 말하였다.

[NLT]눅 24:32

They said to each other, "Didn't our hearts feel **strangely warm** as he talked with us on the road and explained the Scriptures to us?"

[ISV]눅 24:32

Then they asked each other, "Our hearts **kept burning** within us as he was talking to us on the road and explaining the Scriptures to us, didn't they?"

† '이제는 주님을 말하지 않겠다. 다시는 주님의 이름으로 외치지 않겠다' 하고 결심하여 보지만, 그때마다, 주님의 말씀이 나의 심장 속에서 불처럼 타올라 뼛속에까지 타들어 가니, 나는 견디다 못해 그만 항복하고 맙니다.(렘 20:9, 표준새번역)

[NKJV]렘 20:9

Then I said, "I will not make mention of Him, Nor speak anymore in His name." But His word was in my heart like a **burning fire** Shut up in my bones; I was weary of holding it back, And I could not.

† 나 여호와가 말하노라 내 말이 불같지 아니하냐, 반석을 쳐서 부스러뜨리는 방망이 같지 아니하냐.(렘 23:29)

[표준새번역]렘 23:29

내 말은 **맹렬하게 타는 불**이다. 바위를 부수는 망치다.

† 그러므로 만군의 하나님 여호와가 이같이 말하노라. 그들이 이

말을 하였은즉 볼지어다, 내가 네 입에 있는 나의 말로 불이 되게 하고, 이 백성으로 나무가 되게 하리니, 그 불이 그들을 사르리라.(렘 5:14)

[공동번역]렘 5:14
이렇게 나오기 때문에 나 야훼는 만군의 하느님으로서 선언한다. '저들이 이런 말을 지껄이므로, 나는 너의 입에 **불 같은 말**을 담아 준다. 그 말은 이 백성을 섶처럼 살라 버릴 것이다.'

해설 선지자의 입에 담긴 여호와의 말씀이 맹렬한 불이 되어서, 패역한 백성을 심판하게 되리라는, 여호와의 경고의 말씀입니다. 심판의 말씀은 곧 풀무불입니다.

† 만군의 여호와가 이르노라. 보라 '극렬한 풀무불' 같은 날이 이르리니, 교만한 자와 악을 행하는 자는 다 초개 같을 것이라. 그 이르는 날이 그들을 살라 그 뿌리와 가지를 남기지 아니할 것이로되(말 4:1)

해설 예수님께서 선포하신 메시지가 거역하고 불순종하는 이들(서기관과 바리새인들)에게는 극렬한 풀무불이요 심판의 불이었습니다.

† 또 너희의 구하는 바 주가 홀연히 그 전에 임하리니, 곧 너희의 사모하는 바 언약의 사자가 임할 것이라. 그의 임하는 날을 누가 능히 당하며, 그의 나타나는 때에 누가 능히 서리요. 그는 '금을 연단하는 자의 불'과 표백하는 자의 잿물과 같을 것이라. 그가 은을 연단하여 깨끗케 하는 자같이, 앉아서 레위 자손을 깨끗케 하되 금, 은같이 그들을 연단하리니, 그들이 의로운 제물을 나 여호와께 드릴 것이라.(말 3:1-3)

[표준새번역]말 3:2
그러나 그가 이르는 날에 누가 견디어 내며, 그가 나타나는 때에, 누가 살아남겠느냐? 그는 **금과 은을 연단하는 불**과 같을 것이며, 표백하는 잿물과 같을 것이다.

[공동번역]말 3:2
그가 오는 날, 누가 당해 내랴? 그가 나타나는 날, 누가 버텨 내랴? 그는 **대장간의 불길** 같고, 빨래터의 잿물 같으리라.

여호와께서 시내에서 오시고 세일 산에서 일어나시고, 바란 산에서 비취시고 일만 성도 가운데서 강림하셨고, 그 오른손에는 '불 같은 율법'이 있도다. 여호와께서 백성을 사랑하시나니, 모든 성도가 그 수중에 있으며, 주의 발아래에 앉아서 주의 말씀을 받는도다. 모세가 우리에게 율법을 명하였으니, 곧 야곱의 총회의 기업이로다.(신 33:2-4)

[표준새번역]신 33:2-4

주께서 시내 산에서 오시고, 세일 산에서 해처럼 떠오르시고, 바란 산에서부터 당신의 백성을 비추신다. 수많은 천사들이 그를 옹위하고, 오른손에는 **활활 타는 불**을 들고 계신다. 주께서 뭇 백성을 사랑하시고, 그에게 속한 모든 성도를 보호하신다. 그러므로 우리가 주의 발아래에 무릎을 꿇고, 주의 말씀에 귀를 기울인다. 우리는 모세가 전하여 준 율법을 지킨다. 이 율법은 야곱의 자손이 가진 소유 가운데서, 가장 **으뜸가는 보물**이다.

[GNT]신 33:2-4

The LORD came from Mount Sinai; he rose like the sun over Edom and shone on his people from Mount Paran. Ten thousand angels were with him, a **flaming fire** at his right hand. The LORD loves his people and protects those who belong to him. So we bow at his feet and obey his commands. We obey the Law that Moses gave us, our nation's **most treasured possession.**

■해설■ 복음은 불임과 동시에, 세상에서 가장 으뜸가는 보물입니다. 또한 세상에서 가장 소중한 유산(상속, 기업)입니다. 천하 영광을 다 준다 해도 복음과는 바꿀 수가 없습니다. 복음은 곧 예수입니다. 말씀이 육신을 입고 이 땅에 오신 분이 바로 예수님이기 때문입니다.

정리하면, 복음은 ①활활 타는 불이요 ②방망이(쇠망치)요 ③으뜸가는 보물이요 ④소중한 유산(기업)입니다. 복음은 성령 충만의 확실한 통로입니다.

5) 푯대를 향하여, 부르심의 상급을 위하여!

복음은 곧 불입니다. 엔진에 불이 붙은 전투기는 반드시 이륙해야만 합니다. 정한 시간 내에 이륙하지 아니하면, 엔진이 과열되어 비행기가 폭발하기 때문입니다. 마찬가지로, 심장(엔진)에 불(복음의 불)이 붙은 성도는, 반드시 달려가야만 합니다. 달려갈 수밖에 없습니다. 달려가지 아니하면 살 수가 없기 때문입니다. 달려가지 아니하면 뼛속까지 타들어가는 화를 입기 때문입니다. 살기 위해서라도 달려가야만 하는 것입니다.

그래서 '예레미야'도 '사도 바울'도 달려갔습니다. '수가성의 여인'도 '엠마오의 두 제자'도 달려갔습니다. '12제자'도 달려갔습니다. '주기철 목사님'도 '손양원 목사님'도 달려갔습니다. 기쁨으로 달려갔습니다. 찬송하며 달려갔습니다. 푯대를 향하여, 부르심의 상급을 위하여!

복음은 우리 모두를 달려가게 만드는 강력한 원동력입니다. 기관차의 엔진입니다. 그리고 복음의 가장 꼭대기 열매는 바로 찬송입니다. 특별히 감사 찬송입니다.

✝ 내가 복음을 전할지라도 자랑할 것이 없음은 내가 부득불 할 일임이라. 만일 복음을 전하지 아니하면 내게 화가 있을 것임이로라.(고전 9:16)

해설 심장에 복음의 불이 붙은 바울은, 살기 위해서라도 그 불을 토해야만 했습니다. 그 불을 토하지 아니하면 자신이 살 수가 없었기 때문입니다. 뼛속까지 타들어 가는 화를 입기 때문입니다. 예레미야 선지자와 동일한 고백입니다.

✝ '이제는 주님을 말하지 않겠다. 다시는 주님의 이름으로 외치지 않겠다' 하고 결심하여 보지만, 그때마다 주님의 말씀이 나의 심장 속에서 불처럼 타올라 뼛속에까지 타들어 가니, 나는 견디다 못해 그만 항복하고 맙니다.(렘 20:8-9, 표준새번역)

해설 살기 위해서 예레미야도 그 불을 토해야만 했습니다. 그 불을 토하지 아니하면, 자신이 살 수가 없었기 때문입니다. 그것이 복음 전파의 본질입니다.

✝ 여자가 물동이를 버려두고 동네에 들어가서 사람들에게 이르되, 나의 행한 모든 일을 내게 말한 사람을 와 보라. 이는 그리스도가 아니냐 하니, 저희가 동네에서 나와 예수께로 오더라.(요 4:28-30).

해설 '수가성의 여인'도, 복음을 듣고 그의 중심이 뜨거워져서 동네를 향해 달려갔습니다. 물동이를 버려둔 채로 달려갔습니다. 부끄러움을 개의치 않고 달려갔습니다. 그리고 이 여인을 통해서 그 마을이 구원을 받았습니다. 후일 사마리아 복음전파의 기반이 되었습니다. 놀라운 사실입니다.

✝ 저희가 서로 말하되, 길에서 우리에게 말씀하시고 우리에게 성경을 풀어 주실 때에. 우리 속에서 마음이 뜨겁지 아니하더냐 하고, 곧 그 시로 일어나 예루살렘에 돌아가 보니, 열한 사도와 그와 함께한 자들이 모여 있어 말하기를, 주께서 과연 살아나시고 시몬에게 나타나셨다 하는지라. 두 사람도 길에서 된 일과, 예수께서 떡을 떼심으로 자기들에게 알려지신 것을 말하더라.(눅24:32-35).

해설 엠마오의 두 제자도 달려갔습니다. 교통수단이 있었던 시절이 아닙니다. 전깃불이 있었던 시절도 아닙니다. 하지만 한밤중에 왔던 길을 다시 달려갔습니다. 중심이 뜨거워져서 달려가지 아니하고는 견딜 수가 없었던 것입니다. 복음의 불을 받으면, 어느 누구도 그렇게 달려가게 되어 있습니다.

✝ 내가 이미 얻었다 함도 아니요, 온전히 이루었다 함도 아니라. 오직 내가 그리스도 예수께 잡힌바 된 그것을 잡으려고 좇아가노라. 형제들아 나는 아직 내가 잡은 줄로 여기지 아니하고, 오직 한 일 즉 뒤에 있는 것은 잊어버리고, 앞에 있는 것을 잡으려고, 푯대를 향하여, 그리스도 예수 안에서 하나님이 위에서 부르신 부름의 상을 위하여 좇아가노라.(빌 3:12-14)

[NRSV]빌 3:14

I **press on** toward the goal for the prize of the heavenly call of

God in Christ Jesus.

해설 press on 은 '강하게 누르나, 압박하나, 강력하게 밀어붙이나' 라는 의미로, 농구나 축구경기 등에서 강력한 압박작전을 펼칠 때 쓰는 용어입니다. 바울은 그렇게 목표(goal, mark)를 향하여, 높은 곳에서 부르시는(high calling) 부르심의 상급(the prize)을 향하여, 전력으로 질주했습니다. 목표는 ①그리스도 예수께서 나를 위해 마련한 상 ②그리스도 예수 안에서, 하나님이 위에서 나를 부르신 부름의 상 ③높은 곳(high calling, heavenly call)이었습니다.

'좇아가다'로 번역된 헬라어 **트레코**(τρέχω)는 '힘써 나아가다, 애써 전진한다, 달음질하다, 경주하다' 등의 의미가 있습니다. 목표물을 발견한 사냥개가, 그 목표물을 향해서 전력 질주하는 장면을 묘사하는 단어입니다. 심장에 복음의 불이 붙은 바울은, 그렇게 달려갔습니다. 기쁨으로 달려갔습니다. 감사 찬송하면서 달려갔습니다. 복음의 불이 붙으면, 누구나 그렇게 푯대를 향하여 달려가게 되어 있습니다. 복음의 방향성, 복음의 역동성입니다.

† 운동장에서 달음질하는 자들이 다 달아날지라도 오직 상 얻는 자는 하나인 줄을 너희가 알지 못하느냐. 너희도 (상을)얻도록 이와 같이 달음질하라.(고전 9:24)

[공동번역]고전 9:24
경기장에서 달음질하는 사람들이 다 같이 달리지만 상을 받는 사람은 하나 뿐이라는 것을 여러분은 모르십니까? 여러분도 힘껏 달려서 상을 받도록 하십시오.

6) 편만하게 채워진 복음의 향기

그는 에베소에서, 빌립보에서, 고린도에서, 로마의 감옥에서까지 그리고 땅끝 서바나에서까지 그 불을 토했습니다. 복음의 향기, 즉 '그리스도의 향기'를 토한 것입니다. 그리고 그가 그 불을 토한 모든 지역마다,

죽었던 영혼들이 다시 살아나는 역사들이 나타났습니다. 흑암의 권세들이 그가 전한 복음 앞에 손을 들었습니다. 그 강력한 복음 앞에서, 사단의 견고한 진들이 통쾌하게 무너져 내렸습니다.

✝ 이 일로 인하여 내가, 예루살렘으로부터 두루 행하여 일루리곤까지, 그리스도의 복음을 편만하게(널리, 남김없이) 전하였노라.(롬 15:19)

✝ 그러므로 또한 내가 너희에게 가려 하던 것이 여러 번 막혔더니, 이제는 이 지방에 일할 곳이 없고, 여러 해 전부터 언제든지 서바나로 갈 때에, 너희에게 가려는 원이 있었으니, 이는 지나가는 길에 너희를 보고, 먼저 너희와 교제하여 약간 만족을 받은 후에, 너희의 그리로 보내줌을 바람이라.(롬 15:22-24)

✝ 발견치 못하매 야손과 형제를 끌고 읍장들 앞에 가서 소리 질러 가로되, '천하를 어지럽게 하던 이 사람들'이 여기도 이르매 야손이 들였도다. 이 사람들이 다 가이사의 명을 거역하여 말하되, 다른 임금 곧 예수라 하는 이가 있다 하더이다 하니, 무리와 읍장들이 이 말을 듣고 소동하여, 야손과 그 나머지 사람들에게 보를 받고 놓으니라.(행 17:6-9)

해설 데살로니가 유대인들이 바울을 대적하여 소동하는 장면입니다. '천하를 어지럽게 한다'는 죄목입니다. 바울이 그가 전한 복음으로 천하를 어지럽게(소란스럽게) 만든 것입니다.

✝ 우리가 보니 이 사람은 염병이라. 천하에 퍼진 유대인을 다 소요케 하는 자요, 나사렛 이단의 괴수라. 저가 또 성전을 더럽게 하려 하므로 우리가 잡았사오니(행 24:5-6)

[공동번역]행 24:5
우리가 알아본 결과 이 자는 **몹쓸 전염병 같은 놈**'으로서, 온 천하에 있는 모든 유다인들을 선동하여 반란을 일으키려는 자이며, 나자렛 도당의 괴수입니다.

해설 '염병'으로 번역된 헬라어 **로이모스**$(\lambda o \iota \mu \acute{o} \varsigma)$는 '유행병, 전염병,

역병, 악성 전염병' 등을 의미합니다. 영어 성경은 a plague, a real pest, a pestilent fellow, a troublemaker 등으로 번역했습니다.

유대인들이 총독 앞에서 바울을 송사하는 장면입니다. 바울이 그렇다는 것입니다. '전염병과 같은 존재'라는 것입니다. 예수를 전염시키는 악성 전염병이라는 것입니다. 예수 향기를 퍼뜨리는 강력한 전염병이라는 것입니다.

세상에 이런 전염병이 있다니요? 참으로 유익한 전염병입니다. 거룩한 전염병입니다. 영혼을 깨우는 전염병입니다. 생명을 살리는 전염병입니다. 바울은 그 바이러스를 온 천하에 두루 다니며 퍼뜨렸습니다. 거룩한 바이러스, 생명의 바이러스입니다. 복음의 향기입니다.

7) 열매를 맺으며 자라는, 은혜의 복음

복음을 통하여 하나님의 은혜를 깨달은 바울은 오로지 그 복음만을 전했습니다. 하나님의 은혜의 복음, 십자가의 피 묻은 복음입니다. 그것이 바울이 전파하는 복음이었습니다. 복음은 하나님의 은혜, 믿음은 하나님의 은혜를 깨닫는 것입니다. 전도는 깨달은 하나님의 은혜를 전파하는 것입니다. 그 복음의 씨앗이 떨어진 지방마다 자라서 열매가 맺었습니다. 영혼 구원의 열매요, 구원받은 성도가 하나님의 은혜의 영광을 찬미하는, 찬양의 열매입니다. 영혼의 찬양은 복음의 최종 열매입니다. 가장 꼭대기 열매입니다.

✝ 이 복음은 온 세상에 전해진 것과 같이 여러분에게 전해졌고, 여러분이 '하나님의 은혜'를 듣고서 참되게 깨달은 그 날부터, 여러분 가운데서와 같이, 온 세상에서 열매를 맺으며 자라고 있습니다. 여러분은 '하나님의 은혜'를 우리와 함께 종이 된 사랑하는 에

바브라에게서 배웠습니다. 그는 여러분을 위하여 일하는 그리스도의 신실한 일꾼이요, 성령 안에서 여러분의 사랑을 우리에게 알려 준 사람입니다.(골 1:6-8, 표준새번역)

✝ 보라 이제 나는 심령에 매임을 받아 예루살렘으로 가는데, 저기서 무슨 일을 만날는지 알지 못하노라. 오직 성령이 각 성에서 내게 증거하여, 결박과 환난이 나를 기다린다 하시나, 나의 달려갈 길과 주 예수께 받은 사명, 곧 '하나님의 은혜의 복음' 증거하는 일을 마치려 함에는, 나의 생명을 조금도 귀한 것으로 여기지 아니하노라.(행 20:22-24)

✝ 찬송하리로다 하나님 곧 우리 주 예수 그리스도의 아버지께서, 그리스도 안에서 하늘에 속한 모든 신령한 복으로 우리에게 복 주시되, 곧 창세 전에 그리스도 안에서 우리를 택하사, 우리로 사랑 안에서 그 앞에 거룩하고 흠이 없게 하시려고, 그 기쁘신 뜻대로 우리를 예정하사, 예수 그리스도로 말미암아 자기의 아들들이 되게 하셨으니, 이는 그의 사랑하시는 자 안에서 우리에게 거저 주시는바, '그의 은혜의 영광'을 찬미하게 하려는 것이라.(엡 1:3-6)

해설 하나님께서 우리를 예정하시고 선택하시고 구원하여 주신 궁극적 목적은, 우리로 하여금 하나님의 은혜를 온전히 깨닫고 그의 은혜의 영광을 찬미하게 함에 있습니다. 복음을 통하여 하나님의 은혜를 깨달은 자의 입술에서 나오는 열매가 곧 찬양입니다. 찬양은 복음의 최종 열매입니다. 가장 꼭대기 열매입니다.

8) 말씀 충만, 성령 충만, 감사 충만의 열매

말씀이 충만한 바울의 입에서는, 항상 감사 기도, 감사 찬송이 떠나질 않았습니다. 감사는 성령 충만함의 증거입니다. 감사 찬송은 성령 충만함의 가장 확실한 증표입니다. 최고의 열매입니다. 하나님이 기쁘게 받으시는 최고의 제사입니다. 특별히 고난 중에 있는 성도의 감사 찬송은, 그 위력이 정말 대단합니다. 강력한 천국의 열쇠입니다. 하나님의 강권적인 개입을 불러오는 초대장입니다. 살펴본 대로 바울은 이 열쇠를 사용하여 빌립보 감옥의 문을 열었습니다. 굳게 닫힌 빌립보 감옥의 문을, 고통의 문을, 찬송으로 활짝 열었습니다. 찬송, 찬송으로! 찬송, 찬송으로!

† 그리스도의 말씀이 여러분 가운데 '풍성히 살아 있게' 하십시오. 온갖 지혜로 서로 가르치고 권고하십시오. 감사한 마음으로 시와 찬미와 신령한 노래로, 여러분의 하나님께 마음을 다하여 찬양하십시오. 그리고 말을 하든지 일을 하든지 무엇을 하든지, 모든 것을 주 예수의 이름으로 하고, 그 분에게서 힘을 얻어서 하나님 아버지께 감사를 드리십시오.(골 3:16-17, 표준새번역)

[공동번역]골 3:16-17
그리스도의 말씀이 **풍부한 생명력**으로 여러분 안에 살아 있기를 빕니다. 여러분은 모든 지혜를 다하여 서로 가르치고 충고하십시오. 그리고 성시와 찬송가와 영가를 부르며 '감사에 넘치는 **진정한 마음**'으로 하느님을 찬양하십시오. 여러분은 무슨 말이나 무슨 일이나 모두 주 예수의 이름으로 하고 그 분을 통해서 하느님 아버지께 감사를 드리십시오.
해설 말씀 충만→ 성령 충만→ 감사 충만→ 찬미의 제사.
믿음의 공식입니다.

† 술 취하지 말라, 이는 방탕한 것이니 오직 성령의 충만을 받으라. 시와 찬미와 신령한 노래들로 서로 화답하며, 너희의 마음으로 주께 노래하며 찬송하며, 범사에 우리 주 예수 그리스도의 이름으로, 항상 아버지 하나님께 감사하며(엡 5:18-20)

[공동번역]엡 5:18-20
술 취하지 마십시오. 방탕한 생활이 거기에서 옵니다. 여러분은 성령을 가득히 받아야 합니다. 성시와 찬송가와 영가를 모두 같이 부르십시오. 그리고 **진정한 마음**으로 노래 불러 주님을 찬양하십시오. 또 모든 일에 언제나, 우리 주 예수 그리스도의 이름으로, 하느님 아버지께 감사드리십시오.

9) 복음은 성령 충만의 확실한 통로!

바울은 말씀이 충만함으로 성령이 충만하고, 성령이 충만함으로 감사가 충만한, 감사의 종이었습니다. 가장 아름다운 감사의 열매는 감사 찬송입니다. 뿔과 굽이 있는 황소보다 하나님께서 더 기쁘게 받으시는, 최고의 제사입니다.

찬송은 닫힌 환경의 문들을 여는 강력한 열쇠입니다. 천국의 문을 여는 귀한 열쇠입니다. 우리 모두는 이미 이 열쇠를 소유한 자들입니다. 천국의 열쇠를 소유한 천국의 백성들입니다. 우리도 바울처럼, 믿음의 선진들처럼, 이 열쇠를 잘 사용하십시다! 그것이 믿음이요, 복음의 비밀입니다.

그리고 이 모든 은혜의 출발점은 하나님의 말씀입니다. 말씀의 중요성은 아무리 강조해도 지나침이 없습니다. 말씀을 주야로 묵상하는 가운데 성령이 충만하게 되고, 성령이 충만하면 반드시 감사 기도, 감사 찬송이 우리의 입에서 터져 나오게 되어 있습니다. 저절로 터져 나오게 되어 있습니다. 그것이 찬양의 본질입니다.

우리에게 이 귀한 특권을 허락하신 하나님께, 다시 한번 존귀와 영광과 감사와 찬양을 올려드립니다. 할렐루야! 아멘.

† 주의 의로운 규례를 인하여, 내가 하루 일곱 번씩 주를 찬양하나이다.(시 119:164)

† 주의 율례를 내게 가르치시므로, 내 입술이 찬송을 발할지니이다.(시 119:171)

[표준새번역]시 119:171

주께서 주의 율례를 나에게 가르치시니, 내 입술에서는 찬양이 쏟아져 나옵니다.

해설 '발하다'의 히브리어 **나바(נבע)**는 '용솟음쳐 나오다, 분출하다, 넘쳐 흐르다, 토하다, 쏟다' 등의 의미가 있습니다. 영어 성경은 utter, overflow, pour forth, pour out, be flowing with, burst forth 등으로 번역하고 있습니다.

말씀을 통하여 하나님의 은혜를 깨달은 성도의 입술에서는, 반드시 찬양이 쏟아져 나오게 되어 있습니다. 저절로 터져 나오게 되어 있습니다. 하나님을 찬양하지 아니하고는, 견딜 수가 없기 때문입니다. 찬양하지 아니하면, 그의 심장이 폭발하는 화를 당하고야 말 것이기 때문입니다. 복음의 능력입니다. 복음의 열매입니다.

† 주의 모든 계명이 의로우므로, 내 혀가 주의 말씀을 노래할지니이다.(시 119:172)

† 내가 너희와 라오디게아에 있는 자들과 무릇 내 육신의 얼굴을 보지 못한 자들을 위하여, 어떻게 힘쓰는 것을 너희가 알기를 원하노니, 이는 저희로 마음에 위안을 받고 사랑 안에서 연합하여, 원만한 이해의 모든 부요에 이르러, 하나님의 비밀인 그리스도를 깨닫게 하려 함이라. 그 안에는 지혜와 지식의 모든 보화가 감춰져 있느니라.(골 2:1-3)

[표준새번역]골 2:2-3

내가 이렇게 하는 것은, 그들이 사랑으로 결속되어 마음에 격려를 받음으로써, '풍부하고도 완전한 이해력'을 갖게 하고, 나아가서는 하나님의 비밀인 그리스도를 깨닫게 하려는 것입니다. 그리스도 안에는 모든 지혜와 지식의 보화가 감추어져 있습니다.

[공동번역]골 2:2-3

그것은 그들이 마음에 힘을 얻고 사랑으로 결합되어, '풍부하고도 완전한 이해력'을 가지고, 하느님의 심오한 진리인 그리스도를 깨닫게 하려는 것입니다. 그런데 이 진리 속에는 지혜와 지식의 온갖 보화가 감추어져 있습니다.

해설 복음(하나님의 은혜)을 깨달음에서 오는 충만한 확신이 곧 성령 충만함입니다. 충만한 확신(성령 충만함)은 복음을 깨달음에서 오는 것입니다. 따라서 말씀 충만은 성령 충만의 확실한 통로입니다. 그리고 성령 충만한 입술에서는, 반드시 찬송의 열매가 맺게 되어 있습니다. 감사 찬송이 터져 나오게 되어 있습니다.

찬송은 가장 높은 단계의 열매입니다. 감사 찬송은 신앙의 가장 꼭대기 열매입니다. 복음의 최종 열매입니다. 사도 바울은 말씀이 충만함으로 성령이 충만하고, 성령이 충만함으로 입술에 찬양의 열매가 가득한, 찬송의 사람이었습니다. 그는 환경을 초월하여, 진정한 찬송의 사람이었습니다.

12
최고의 제사, 찬미의 제사

살펴본 대로, 하나님은 제사를 기뻐하십니다. 마음의 고백이기 때문입니다. 특별히 감사의 제사를 기뻐하십니다. 믿음의 고백이기 때문입니다. 제사 중에 제사는 찬미의 제사입니다. 하나님을 향한 우리의 중심이, 사랑의 고백이 담겨 있기 때문입니다. 하나님이 기뻐 받으시는 예배의 핵심 내용이, 그 안에 다 들어 있기 때문입니다. 찬송은 최고의 제사입니다. 최고의 예배입니다.

† 그러므로 형제들아 내가 하나님의 모든 자비하심으로 너희를 권하노니, 너희 몸을 하나님이 기뻐하시는 거룩한 산 제사(제물)로 드리라. 이는 너희의 드릴 영적(합당한, 진정한) 예배니라.(롬 12:1)

† 오직 너희는 택하신 족속이요 왕 같은 제사장들이요 거룩한 나라요 그의 소유된 백성이니, 이는 너희를 어두운 데서 불러내어 그의 기이한 빛에 들어가게 하신 자의 아름다운 덕을 선전(널리 찬양)하게 하려 하심이라.(벧전 2:9)

† 감사(감사하는 마음, 감사 찬송)로 제사를 드리는 자가 나를 영화롭게 하나니, 그 행위를 옳게 하는 자에게 내가 하나님의 구원을 보이리

라.(시 50:23)

해설 감사 찬송은 제물 중의 최고의 제물이요, 제사 가운데 최고의 제사입니다. 가장 강력한 제사입니다.

† 이러므로 우리가 예수로 말미암아, 항상 '찬미의 제사'를 하나님께 드리자. 이는 그 이름을 증거(고백, 찬양)하는 입술의 열매니라. 오직 선을 행함과 서로 나눠주기를 잊지 말라. 이 같은 제사는 하나님이 기뻐하시느니라.(히 13:15-16).

† 내가 노래로 하나님의 이름을 찬송하며, 감사함(감사 찬송)으로 하나님을 광대하시다 하리니, 이것이 소 곧 '뿔과 굽이 있는 황소'를 드림보다 여호와를 더욱 기쁘시게 함이 될 것이라.(시 69:30-31)

† 너희는 말씀을 받들고 주님께로 돌아와서 이렇게 아뢰어라. "우리가 지은 모든 죄를 용서하여 주십시오. 우리를 자비롭게 받아 주십시오. 수송아지를 드리는 대신에, 우리가 입술을 열어 주님을 찬양하겠습니다."(호 14:2, 표준새번역)

해설 수송아지보다 입술로 드리는 찬양의 제사가 훨씬 더 좋은 제사입니다. 마음의 중심을 드리는 제사이기 때문입니다.

† 주의 의로운 규례를 인하여 내가 하루 일곱 번씩 주를 찬양하나이다. '주의 법을 사랑하는 자'에게는 큰 평안이 있으니 저희에게 장애물이 없으리이다.(시 119:164-5)

해설 주의 법을 사랑하여 주야로 그것을 묵상하며 항상 찬미의 제사를 드리는 자에게는, 어떤 장애물도 장애가 될 수 없습니다. 하나님께서 우리의 짐을 대신 짊어지시기 때문입니다.

† 날마다 우리의 주님을 찬송하여라. 하나님께서 우리의 짐을 대신 짊어지신다. 하나님은 우리의 구원이시다.(시 68:19, 표준새번역)

[NLT]시 68:19
Praise the Lord; praise God our savior! For each day he carries

us in his arms. Interlude

† 내 혼을 살게 하소서, 그리하시면 주를 찬송하리이다.(시 119:175)

† 호흡이 있는 자마다 여호와를 찬송할지어다. 할렐루야.(시 150: 6)
[NKJV]시 150:6
Let everything that has breath praise the LORD. Praise the
LORD!
【해설】 찬송은 구원의 목적이자 생존의 목적입니다. 우리가 살아 숨쉬는
궁극적 목적입니다.

종합하면, 찬송은 예배의 핵심이요, 하나님이 기뻐하시는 거룩한 산
제사입니다. 찬송은 믿음의 비밀이요 복음의 비밀이며 구원의 비밀입니
다. 찬송은 천지 창조의 비밀이며 우주의 비밀입니다. 또한 찬송은, 구
원받은 성도의 생존의 목적이자 거룩한 특권입니다. 십자가의 피값으
로 다시 주어진 소중한 권리입니다.

그러므로 성도는 하나님 앞에서 기뻐 뛰며 춤을 추며 찬양해야 할
의무가 있습니다. 하나님 앞에 쉬지 말고 감사 찬송을 올려 드려야만
합니다. 그것이 우리에게 호흡과 생명을 주신 궁극적 목적이기 때문입
니다. 우리를 구원하신 십자가의 목적이기 때문입니다.

우리에게 이 귀한 특권을 허락하신 하나님의 은혜에 다시 한 번 감사
드리며, 이 땅에서 우리의 삶은 끊임없이 그의 은혜의 영광을 찬미하
는 찬송의 삶이 되어야만 할 것입니다.

호흡이 있는 자마다 여호와를 찬양할지어다. 할렐루야!

2012년 10월 성지동산에서, 장 덕 재 (Paul)

참고도서 목록

- 요세푸스 유대 고대사/ 생명의 말씀사
- 요세푸스 유대 전쟁사/ 생명의 말씀사
- 이스라엘 역사(존 브라이트)/ 크리스챤
- 신 약 사(F.F. 브루스)/ 기독교 문서선교회
- 헤로도토스 역사/ 범우사
- 미드라쉬 전체/ 가능성계발원
- 성막, 성전 교재/ 가능성계발원
- 하나님의 사람들/ 하나 출판
- 성서백과대사전/ 성서교재간행사
- 기독교대백과사전/ 교문사
- 아가페 성경사전/ 아가페 출판
- 비전 성경사전/ 두란노
- 비전 성구사전/ 두란노
- 히브리어, 헬라어 사전/ 로고스 출판
- 표준새번역 성경/ 성서공회
- 공동번역 성경/ 성서공회
- 제 2의 성서(외경)/ 해누리
- 복음성가집/ 기독교 대한수도원